대한민국 대표 여행지 1000
전라도 | 제주도

대한민국 대표 여행지 1000 전라도·제주도

지은이 유연태, 송일봉, 권현지, 이민학, 강경원
펴낸이 안용백
펴낸곳 (주)넥서스

초판 1쇄 발행 2011년 9월 30일
초판 3쇄 발행 2012년 8월 5일

출판신고 1992년 4월 3일 제311-2002-2호
121-840 서울시 마포구 서교동 394-2
Tel (02)330-5500 Fax (02)330-5555

ISBN 978-89-5797-841-2 13980

저자와 출판사의 허락 없이 내용의 일부를
인용하거나 발췌하는 것을 금합니다.
저자와의 협의에 따라서 인지는 붙이지 않습니다.

가격은 뒤표지에 있습니다.
잘못 만들어진 책은 구입처에서 바꾸어 드립니다.

www.nexusbook.com
넥서스BOOKS는 (주)넥서스의 실용 브랜드입니다.

[당일치기 여행부터
전국일주까지
국내여행 완전정복]

대한민국 대표 여행지 1000

유연태·송일봉·권현지·이민학·강경원 지음

전라도 | 제주도

넥서스BOOKS

여는 글

《대한민국 대표 여행지 1000》을 펴내면서

여행의 진행에는 3단계가 있다. 준비, 실행, 추억이 그것이다. 준비 단계에서 사람들은 여러 경로를 통해 자신이 가고자 하는 여행지의 정보를 얻는다. 이 책은 바로 그 과정에서 최신의 정확한 정보를 원하는 독자들에게 도움을 주고자 기획하였다. 먼저 다섯 명의 여행 달인이 모여서 지역별, 테마별 국내 여행지를 선정했다. 한국인이라면 살아가는 동안에 꼭 한 번 가 봐야 할 필수 여행지들을 중심으로 뽑았다. 중심 여행지가 정해지고 주변 명소가 하나씩 더 가려져 명소의 숫자가 무려 1,000곳에 이르렀다.

실행 단계는 독자들이 집을 떠나 길 위에 올라 나를 찾는 시간들을 말한다. '인생은 나를 위해 술 한 잔 사 주지 않았다.'는 노랫말도 있지만 열심히 일한 당신에게 스스로 내려도 좋은 상이 바로 여행 아니던가? 걷기 좋은 길가에서, 바람 부는 언덕에서, 파도치는 바닷가에서 잠시 배낭을 내려 두고 커피 한 잔 마시고 싶을 때 이 책은 당신의 손길과 눈길을 간절히 기다릴 것이다. 지금 나는 어디 있는가, 다음은 어디로 갈 것인가를 상상할 때 이 책이 당신에게 조금이라도 도움을 줄 수 있다면 집필 작가들은 행복에 겨울 것이다.

마지막 단계는 여행을 마친 후 집으로 돌아와서 사진이나 메모를 보면서 그 시간들을 하나하나 더듬어 보는 추억의 시간이다. 비록 육체가 고단했던 나날들, 작은 화두 하나 풀어내지 못한 순간들이었다 할지라도 당신에게는 추억할 것이 있다. 그런 때 당신 곁에 이 책의 어느 쪽인가가 펼쳐져 있다면……. 책에 실린 사진과 글, 정보들을 보는 동안 당신은 한 번 더 지나온 발자취를 더듬어 보게 된다. '그래, 좋은 여행이었지.' 아주 단순한 세 마디 표현이지만 더 이상 적합한 수사는 찾기 어렵다.

만일 당신이 상상력 결핍증에 걸려 아무런 일도 해낼 수 없을 때, 창조적 아이디어가 필

요하건만 머리 속이 텅 비어 있을 때, 누군가를 사랑하고 싶지만 고백의 표현을 찾아내지 못할 때 당신은 그날로 여행을 떠나는 것이 좋다. 대한민국의 국토가 비록 좁기는 해도 돌멩이 한 개, 풀 한 포기도 애정 어린 눈으로 보면 다 가 봐야 하고 체험해 봐야 하고 느껴야 할 곳들이다. 그것들은 당신에게 상상력을 불어넣고, 창조력을 생성해 주고, 사랑을 키워 줄 것이다. 다시 말해 여행은 스토리텔링 시대의 '원 소스 멀티 유즈(One Source Multi Use)'를 위한 최고의 선물 아닐까.

이미 조선시대의 문인 이산해가 "나는 조그마한 땅에 태어났는데도 아직 나라 안의 훌륭한 경관조차 다 보지 못했다. 나의 글이 조잡하고 놀라울 것이 없는 이유가 바로 여기에 있다고 하겠다."고 여행의 가치를 말하지 않았는가. 그 당시에 누군가 선각자가 되어 《조선팔도 대표 여행지 1,000》이라도 펴냈더라면 21세기 대한민국의 위상이, 아니 우리들이 먹고사는 하루하루가 조금은 달라졌을 거라고 상상해 본다. 그럼 독도 문제로 일본과 다툴 일도 생기지 않았을 것이고 중국이 백두산을 넘보지도 않았을 것이다. 어디 감히 동해를 일본해로 표기해야 한다고 생떼를 부리는 망언이 발설될 수 있겠는가.

다섯 명의 여행작가는 모든 것이 스마트폰으로 집중되는 시대를 맞아 디지털유목민의 신분을 결코 망각하지 않고 대한민국의 영토를 누벼야겠다는 사명감마저 갖고 있다. 우리들은 머지 않은 때에 '대한민국 대표여행지 1,000'을 넘어 '대한민국 대표여행지 10,000'이라는 방대한 자료를 취재해서 글과 사진으로 변환시킨 뒤 그 결과를 독자들과 공유하고 싶다. 뜻을 같이하는 독자들도 우리의 작업에 참여한다면 더 없는 보람이다.

저자들을 대표하여 여행작가 유연태 씀

《대한민국 대표 여행지 1000》의 구성

《대한민국 대표여행지 1,000》은 한국인이 가장 사랑하는 여행지 1,000곳을 지역별, 테마별로 소개해 어느 지역으로 누구와 떠나든 최고의 여행지를 쉽게 찾을 수 있습니다. 또한 500개의 기본 여행지에 500개의 주변 명소를 함께 소개하고 추천 코스를 제안해 나만의 여행 코스를 쉽고 편하게 선택할 수 있도록 구성하였습니다.

▶ **여행지의 순서**
먼저 지역별로 찾기 쉽게 구분한 다음, 테마(테마여행, 테마거리, 문화유산, 박물관/미술관/공연관, 체험/학습, 공원/유원지/산책, 걷기, 산/휴양림/캠핑장, 바다/섬/계곡, 드라이브) 순으로 정리하였습니다.

▶ **가나다순 찾아보기와 테마별 찾아보기**
가고 싶은 여행지를 여러 가지 방법으로 빠르게 찾을 수 있도록 전국 가나다 순 찾아보기는 물론 테마별 가나다 순 찾아보기를 정리하여 책 뒤편에 실었습니다.

▶ **버스여행 '시티투어'**
전국의 대표적인 시티투어를 정리하여 책 속 부록에 실었습니다. 곳곳에 자리 잡은 명소와 대중교통으로는 가기 힘든 아름다운 유적지, 그리고 아이들은 물론 어른들에게도 유익한 박물관 등을 쉽고 편하게 둘러볼 수 있는 시티투어를 소개합니다.

〈사진 자료 제공〉
한태덕, 전계욱, 정철훈, 김정수, 조승렬, 이설화, 가평군청, 강릉시청, 거제시청, 고령군청, 광양시청, 보성군청, 성주군청, 연천군청, 영광군청, 영암군청, 울산광역시청, 이천시청, 전남도청, 정선군청, 진도군청, 진주시청, 창녕군청, 포항시청, 하동군청, 해남군청, 함양군청

*이 책에 실린 여행정보는 2011년 9월 기준으로 정리된 것이며, 향후 달라지는 내용은 쇄를 거듭할 때마다 수정·보완할 계획입니다.

이 책을 보는 법

❶ 스마트폰 지도 QR코드
스마트폰으로 QR코드를 찍기만 하면 스마트폰 지도를 이용해 목적지까지 헤매지 않고 찾아갈 수 있습니다.

❷ 여행 테마 상자
다양한 상황에 따라 쉽게 여행지를 고를 수 있도록 기본 여행지마다 테마를 정하고 여행 가기 좋은 계절, 함께 가면 좋은 사람을 추천하였습니다.

─**테마** 테마여행, 테마거리, 문화유산, 박물관/미술관/공연관, 체험/학습, 공원/유원지/산책, 걷기여행, 산/휴양림/캠핑장, 바다/섬/계곡, 드라이브를 키워드로 여행 스타일에 따라 여행지를 쉽게 고를 수 있습니다.

─**함께 가면 좋은 사람** 가족여행, 커플여행, 우정여행, 나홀로여행에 활용할 수 있도록 함께 가면 좋은 사람을 제안하였습니다.

─**여행 가기 좋은 계절** 여행지의 일 년 중 가장 아름답고 가기 좋은 계절을 추천하였습니다.

❸ 여행 정보
승용차와 대중교통으로 찾아가는 방법, 주소, 연락처, 먹거리 등 여행지에 대한 기본적인 정보를 수록했습니다.

❹ 추천 여행코스
주변의 가 볼 만한 곳을 엄선해 추천 코스를 제안하였습니다.

❺ 여행 TIP
여행의 만족도를 더욱 높이기 위해 여행지마다 가기 전에 알아 두면 좋은 팁을 정리했습니다.

❻ 주변 명소
여행지 가까이에 있는 명소를 사진, 설명과 함께 소개했습니다.

차례

여는글 4
《대한민국 대표 여행지 1000》의 구성 8
이 책을 보는 법 9
베스트 여행코스 12

전라북도

대아수목원 36	오스갤러리 37
임실치즈마을 38	새심자연휴양림 38
학원관광농장 39	고창 고인돌 유적지 39
순창전통고추장마을 40	순창향교 41
전주한옥마을과 경기전 42	남부시장 43
전주막걸리골목 44	가맥 45
근대문화유산투어 46	군산 구불길 47
금산사 48	망해사 49
송광사 50	화암사 51
적상산안국사 52	적상산 사고지 52
논개생가지 53	방화동가족휴양촌 53
내소사 54	격포해변 55
내장사 56	정읍사공원 57
실상사 58	황산대첩비 59
광한루원 60	춘향테마파크 60
고창읍성 61	동리 신재효 고택 61
벽골제 62	아리랑문학관 63
혼불문학관 64	서도역 64
덕진공원 65	영화의 거리 65
지리산둘레길 66	인월5일장 67
변산마실길 68	백산성 69
선운산도립공원 70	미당시문학관 71
강천산군립공원 72	회문산자연휴양림 73

대둔산도립공원 74	삼길포 75
마이산도립공원 76	은수사 77
무주구천동 33경 78	무주반디랜드 79
선유도 80	무녀도 80
웅포관광지 81	함라한옥마을 81
새만금방조제 82	군산 철길마을 83
옥정호·운암대교 84	사선대 85

전라남도·광주

죽녹원 90	송강정 91
메타세쿼이아길 92	관방제림 93
산수유마을 94	지리산온천스파랜드 95
매화마을 96	백운산자연휴양림 96
보성녹차밭 97	율포해변 97
회산백련지 98	호담항공우주전시관 99
영랑생가 100	백련사 100
땅끝마을 101	송호해변 101
법성포 102	가마미해변 103
토요민속여행 104	세방낙조 104
초의선사유적지 105	톱머리해변 105
왕인박사유적지 106	구림마을 107
녹우당 108	해남장터 108
대원사 109	티벳박물관 109
소쇄원 110	식영정 111
백양사 112	필암서원 113
불갑사 114	내산서원 115
나주목사내아목문화관 116	나주영상테마파크 117
운주사 118	고인돌유적지 119
쌍봉사 120	화순온천 121
송광사·선암사 122	불일암 123
낙안읍성 124	금둔사 125
태안사 126	조태일 시문학기념관 127

운조루 128
구례장터 129
화엄사 130
사성암 131
다산초당 132
무위사 133
대흥사 134
일지암 134
미황사 135
해남공룡박물관 135
운림산방 136
소전미술관 137
강진청자박물관 138
마량항 139
광주시립미술관 140
남도향토음식박물관 140
함평엑스포공원 141
돌머리해변 141
무안생태갯벌센터 142
조금나루유원지 142
목포근대역사관 143
갓바위 143
천관문학관 144
천관산자연휴양림 145
태백산맥문학기행 146
율포해수녹차탕 147
순천만 148
순천만자연생태관 148
섬진강기차마을 149
영화세트장 149
함평자연생태공원 150
용천사 150
무등산옛길 151
광주호 151
축령산자연휴양림 152
홍길동테마파크 153
월출산국립공원 154
강진다원 155
유달산 156
삼학도 156
팔영산 157
능가사 157
증도 158
신안해저유물기념비 159
흑산도 160
홍도 161
가거도 162
국흘도 163
조도 164
관매도 165
신비의 바닷길 166
남도진성 167
보길도 168
노화도 169
완도 170
장도 청해진유적지 170
신지도 171
동고리해변 171
청산도 172
여서도 173
나로도 174
봉래산 175
거문도 176
백도 177
돌산도 178
영취산 179
오동도 180
진남관 181
거금도 182
소록도 182
해창만간척지 183
마복산 183
백수해안도로 184
보은강연꽃방죽 185

제주도

중문관광단지 190
퍼시픽마리나&요트 191
지삿개주상절리 192
휴애리자연생활공원 193
성산일출봉 194
비자림 195
성읍민속마을 196
성읍승마장 196
빌레못동굴 197
다락쉼터 197
수월봉 198
차귀도 199
에코랜드 200
돌문화공원 201
거문오름·만장굴 202
김녕미로공원 203
다희연 204
선녀와 나무꾼 204
항몽유적지 205
유수암천 205
추사적거지 206
유리박물관 206
김영갑갤러리 207
일출랜드 207
국립제주박물관 208
북촌돌하르방 208
제주민속자연사박물관 209
삼성혈 209
이중섭미술관 210
기당미술관 211
오설록뮤지엄 212
신화레저 212
안덕·화순곶자왈 213
다빈치뮤지엄 213
제주올레 214
도두항 제주 유람선 215
곽금8경 216
납읍난대림 217
사려니숲길 218
산굼부리 219
한라산 220
어승생악 221
용눈이오름 222
다랑쉬오름 222
비양도 223
월령리 선인장군락지 223
우도 224
고망난돌 225
마라도 226
가파도 227
용머리해안·산방산 228
생각하는 정원 229
천지연폭포 230
새섬과 새연교 231
돈내코·쇠소깍 232
외돌개 233
섭지코지 234
제주허브동산 234
조천-구좌해안길 235
김녕요트 235

버스여행 '시티투어' 236
찾아보기 244

11

무등산 옛길 따라 걷기 *1박 2일 코스

_광주시 무등산과 광주호

시간	여행 일정	여행 포인트
1일차 10:00	**무등산 옛길** 호남의 명산 무등산 자락 타고 넘어가는 길	▶ 무등산에 얽힌 전설을 찾아보자. ▶ 옛길을 걸으며 선조들의 생활상을 엿보자.
12:00	**점심식사**	쉬어 가는 보리밥집 위치 : 광주시 동구 지산동 76-7 추천메뉴 : 보리밥
13:30	**광주호** 호숫가 낭만을 느낄 수 있는 산속의 호수	▶ 광주호숫가산책로를 따라 걸어 보자. ▶ 호수생태공원에서 수변식물에 대해 알아보자.
15:00	**소쇄원** 우리나라에서 가장 아름다운 정원	▶ 조선 정원 건축에 배인 선비 정신을 찾아보자. ▶ 소쇄원과 가사문학에 대해 알아보자.
16:30	**메타세쿼이어길** 사계절 아름다운 이국적인 가로수길	▶ 아름드리 거목이 줄지어 선 길에서 자전거를 타 보자. ▶ 메타세쿼이어길을 배경으로 근사한 사진을 찍어 보자.
18:30	**저녁 식사**	옛날제일식당 위치 : 전라남도 담양군 강쟁리 1664 추천메뉴 : 떡갈비
20:00	**숙박**	담양리조트(061-380-5000) 위치 : 전라남도 담양군 금성면 원율리 399 ▶ 따뜻한 온천에서 피로를 풀어 보자.

베스트 여행 코스

시간	여행 일정	여행 포인트
2일차 10:00	**송학민속체험박물관** 온갖 잡동사니를 통해 추억이 살아나는 곳	▶ 옛 물건을 보며 당시의 생활상을 짚어 보자. ▶ 제기 차기, 투호 등 옛 놀이를 즐겨 보자.
12:30	**점심식사**	진우네국수 위치 : 전라남도 담양읍 객사리 211-34 추천메뉴 : 국수와 계란
13:00	**관방제림** 담양천을 따라 수백 년 자란 거목이 늘어선 길	▶ 관방제림의 나무 이름을 알아보자. ▶ 거목을 배경으로 추억의 사진을 남겨 보자.
14:30	**죽녹원** 마음까지 씻기는 울창한 대나무숲	▶ 대나무 숲 속 산책로를 걸어 보자. ▶ 죽공예품을 감상해 보자.

전북의 아름다움 찾기 *1박 2일 코스

_전라북도 부안, 고창 일대

시간	여행 일정	여행 포인트
1일차 10:00	**채석강** 그림처럼 아름다운 해안절벽	▶ 해안절벽의 아름다움에 취해 보자. ▶ 모터보트를 타고 채석강을 바라보자. ▶ 격포항을 이모저모 둘러보자.
12:30	**점심식사**	격포항어촌계회센터 위치 : 격포항 추천메뉴 : 활어회
14:30	**곰소염전** 옛 사람의 지혜가 담긴 염전	▶ 염전을 배경으로 사진을 촬영하자. ▶ 천일염을 만드는 과정을 알아보자.
16:00	**고창읍성** 조선의 생활상을 엿볼 수 있는 아늑한 읍성	▶ 고창읍성 성벽을 밟아 보자. ▶ 대나무 숲 등 명승지에서 사진을 찍어 보자.
19:00	**저녁식사**	할매집풍천장어 위치 : 전라북도 고창군 아산면 삼인리 49 추천메뉴 : 장어구이
20:30	**숙박**	선운산관광호텔(063-561-3377) 위치 : 전라북도 고창군 아산면 삼인리 287-5 ▶ 선운산의 싱그러운 아침을 맛볼 수 있다.

베스트 여행 코스

시간	관광	여행 포인트
2일차 09:00	**선운사와 선운산** 맑고 고요한 산과 고즈넉한 사찰	▶ 4월 중순부터 5월 초순 사이에는 수령 500년 정도의 오래된 동백나무들이 꽃을 피운다. ▶ 선운사에서 주변 경치가 빼어난 선운산 도솔암까지 걸어 보자.
11:30	**미당시문학관** 시의 향기에 취할 수 있다.	▶ 미당 서정주의 시 세계를 알아보자. ▶ 미당의 고향 질마재 마을을 돌아보자.
12:30	**점심식사**	우정회관(063-563-5433) 위치 : 전라북도 고창군 심원면 연화리 729-7 추천메뉴 : 꽃게정식
14:30	**고창학원농장** 구릉진 언덕길 따라 걷다 보면 저절로 노래가 나오는 곳	▶ 아름다운 전원을 배경으로 사진을 찍어 보자. ▶ 농장 산책로를 걸으며 이야기꽃을 피워 보자.

전북 제일의 풍광과 문화를 찾는 여행 *1박 2일 코스

_전라북도 무주, 진안, 전주 일대

시간	여행 일정	여행 포인트
1일차 10:00	**적상산 안국사** 적상산 산정호수 위에 걸터앉은 절집	▶ 호국사찰 안국사의 유래를 알아보자. ▶ 산정호수를 천천히 거닐어 보자.
11:30	**적상산사고** 적상산에 설치한 《조선왕조실록》보관 창고	▶ 조선 4대 사고에 대해 알아보자. ▶ 적상산 사고의 유래에 대해 알아보자.
12:30	**점심식사**	별미가든 위치 : 전라북도 무주군 설천면 삼공리 713 추천메뉴 : 한정식
14:00	**무주 구천동계곡** 깊은 계곡에 감춰진 구천동 33경	▶ 덕유산 구천동 계곡따라 33경을 찾아보자. ▶ 구천동에 얽힌 전설과 설화를 알아보자.
16:30	**덕유산 향적봉** 곤도라를 타고 단숨에 오르는 덕유산 정상	▶ 설천봉에서 향적봉까지 걸어 올라가 보자. ▶ 향적봉의 일몰을 감상해 보자.
18:00	**저녁식사**	유황족보쌈 위치 : 무주덕유산리조트 안
20:00	**숙박**	무주덕유산리조트(063-322-9000) 위치 : 전라북도 무주군 설천면 심곡리 43-15 ▶ 이른 아침 덕유산의 맑은 공기를 들이마시면 가슴속까지 시원해진다.

베스트 여행 코스

시간	여행 일정	여행 포인트
2일차 09:00	**마이산도립공원** 진안고원 가운데 불쑥 솟아오른 두 개의 봉우리를 자랑하는 바위산	▶ 4월 중순이 되면 마이산 입구의 탑영제 근처가 벚꽃으로 뒤덮여 새하얘진다. ▶ 수마이봉과 암마이봉 사이에 등산로가 이어져 있어 마이산의 곳곳을 둘러볼 수 있다.
12:30	**점심식사**	교동떡갈비 위치 : 전라북도 전주시 완산구 풍남동 3가 76-49 추천메뉴 : 떡갈비
14:00	**전주한옥마을** 한옥의 아름다움이 살아 있는 마을	▶ 경기전, 전동성당 등 한옥마을 주변 명소를 돌아보자. ▶ 한옥마을 거리를 돌며 한옥의 아름다움을 사진에 담아 보자.

서해 바다 맛기행 *1박 2일 코스

_전라남도 영광, 무안 일대

시간	여행 일정	여행 포인트
11:00	**백제불교 최초도래지** 인도승 마라난타가 불법만리 포교행의 첫발을 내디딘 곳으로 영광군 법성포에 자리한다.	▶ 서해바다의 풍광을 감상해 보자. ▶ 인도풍의 이국적인 건축물을 사진에 담아 보자.
12:30	**점심식사** 쉬어 가는 보리밥집	칠산식당 위치 : 전라남도 영광군 법성면 법성리 649 추천메뉴 : 조기정식
14:00	**백수해안도로 드라이브** 아름다운 해안도로 절경에 흠뻑 빠지는 드라이브 코스	▶ 전망대에 올라 서해 바다와 해안도로 풍광을 감상해 보자. ▶ 노을전시관에서 노을에 대한 이모저모를 알아보자.
16:00	**불갑사 꽃무릇공원** 주홍빛 꽃길 따라 찾아가는 고즈넉한 사찰	▶ 불갑사 일주문을 걸어 보자. ▶ 9월 중순이 되면 꽃무릇이 만개한다.
19:00	저녁식사	두암식당 위치 : 전라남도 무안군 몽탄면 사창리 697-2 추천메뉴 : 돼지짚불구이
20:00	숙박	무안비치호텔(061-454-4900) 위치 : 전라남도 무안군 망운면 피서리 812-1

베스트 여행 코스

시간	여행 일정	여행 포인트
2일차 10:00	**무안갯벌생태공원** 갯벌에 대한 모든 정보를 모두 모아 놓은 공원	▶ 갯벌의 생태와 현황을 알아보자. ▶ 갯벌관찰 탐방로를 따라 걸어 보자.
12:30	**점심식사**	진우네국수 위치 : 전라남도 담양군 담양읍 객사리 211-34 추천메뉴 : 국수와 계란
14:30	**함평엑스포공원** 함평의 상징인 나비를 테마로 한 공원	▶ 나비를 비롯한 곤충의 생태에 대해 알아보자. ▶ 멸종위기에 처한 희귀동물 황금박쥐가 함평에서 서식하고 있어 황금박쥐생태관이 마련되어 있다.

19

남도문화기행 *2박 3일 코스
_전라남도 나주, 영암, 강진 일대

시간	여행 일정	여행 포인트
1일차 11:00	**나주 목사내아와 목문화관** 남도의 중심 나주의 역사와 문화를 체험하는 곳	▶ 목사내아에서 옛 조선 관료의 생활을 느껴 보자. ▶ 목문화관부터 시작해 정수루, 남문까지 둘러보면 좋다.
12:30	**점심식사**	하얀집 위치 : 전라남도 나주시 중앙동 48-17 추천메뉴 : 나주곰탕
14:00	**나주영상테마파크** 아름다운 영산강이 바라보이는 드라마 세트장	▶ 영산강의 황포돛배를 직접 타 보자. ▶ 영산강의 절경을 감상하자.
16:30	**반남고분군** 삼한시대 문화를 살펴볼 수 있는 곳	▶ 고대부족국가의 문화를 더듬어 보자. ▶ 백제, 가야, 일본 등 고대 해상교류의 흔적을 찾아보자.
18:00	**저녁식사**	동락식당(061-473-2892) 위치 : 전라남도 영암군 영암읍 서남리 41-3 추천메뉴 : 짱뚱어탕, 연포탕
20:00	**숙박**	월출산온천관광호텔(061-473-6311) 위치 : 전라남도 영암군 군서면 해창리 6-10 ▶ 뜨끈한 온천욕으로 피로를 씻어 보자.

베스트 여행 코스

시간	여행 일정	여행 포인트
2일차 10:00	**구림마을과 왕인박사유적지** 일본 아스카문화의 시조인 왕인박사의 발자취가 남아 있는 곳	▶ 월출산의 절경을 감상하고 구림마을을 거닐어 보자. ▶ 왕인박사의 일대기를 알아보자.
12:00	**독천낙지마을로 이동, 점심식사**	독천식당 위치 : 전라남도 영암군 학산면 독천리 184-12 추천메뉴 : 갈낙탕, 연포탕
14:00	**영랑생가와 금서당** 문인의 향기가 은은하게 배어 있는 아름다운 집	▶ 남도 문인의 시 세계를 감상해 보자. ▶ 금서당에 올라 김영렬 화백의 그림을 감상하고 차도 한 잔 마셔 보자.
15:30	**다산초당과 다산기념관** 다산 정약용의 유배생활과 그의 사상을 엿볼 수 있는 곳	▶ 다산의 4경을 찾아보자. ▶ 다산과 초의선사, 추사 김정희 등의 교류에 대해 알아보자.
18:00	**저녁식사**	해태식당 위치 : 전라남도 강진군 강진읍 남성리 33 추천메뉴 : 한정식
20:00	**숙박**	월출산펜션 허브정원(010-4596-8253) 위치 : 전라남도 강진군 성전면 월남리 905
3일차 10:00	**강진청자박물관** 고려청자의 빛깔과 멋을 직접 눈으로 확인할 수 있는 곳	▶ 고려청자의 연원과 제작 과정을 알아보자. ▶ 도자기 만들기를 체험해 보자.
12:00	**마량항으로 이동, 점심식사**	완도식당 위치 : 전라남도 강진군 마량면 마량리 978-6 추천메뉴 : 회, 매운탕
14:00	**마량항** 앞바다가 완도의 섬들로 이어지는 아름다운 항구	▶ 마량항에서 건어물을 장만해 보자. ▶ 마량항에서 고금도를 건너가 섬길 드라이브를 즐겨 보자.

전남의 바다여행 *2박 3일 코스

_전라남도 순천, 장흥, 보성

시간	여행 일정	여행 포인트
1일차 11:00	**순천만** 우리나라에서 가장 아름답고 건강한 갈대숲을 간직하고 있는 명소	▶ 순천만 갈대밭에서 멋진 사진을 촬영해 보자. ▶ 흑두루미, 황새 등 새들도 만나 보자.
12:30	**점심식사**	갈대밭식당 위치 : 전라남도 순천시 대대동 439-1 추천메뉴 : 짱뚱어전골
14:00	**선암사** 우리나라에서 가장 아름다운 사찰 풍경을 자랑하는 고찰	▶ 삼나무숲을 느릿느릿 산책하며 명상에 잠겨 보자. ▶ 순천의 명산인 조계산의 청량함을 느껴 보자.
16:00	**낙안읍성 민속마을** 타임머신 타고 옛날로 돌아간 듯 정겨운 옛 마을	▶ 읍성의 구조와 문화를 알아보자. ▶ 보기만 해도 정겨운 옛 마을을 사진에 담아 두자.
18:00	**저녁식사**	벌교꼬막식당 위치 : 전라남도 순천시 낙안면 동내리 482-10 추천메뉴 : 꼬막정식
19:30	**숙박**	한옥배나무집민박(010-8666-2163) 위치 : 전라남도 순천시 낙안면 이곡리 296-1 ▶ 전통 한옥으로 된 숙소이다.

베스트 여행 코스

시간	여행 일정	여행 포인트
2일차 10:00	**태백산맥 문학기행** 도도한 역사의 흐름을 담은 대하소설의 무대	▶ 소설《태백산맥》에 나오는 장소들을 돌아보자. ▶ 조정래문학관도 꼭 들러 보자.
12:30	**점심식사**	차목원(061-853-5558) 위치 : 전라남도 보성군 보성읍 봉산리 1291 추천메뉴 : 녹차꼬막회비빔밥
14:00	**보성녹차밭** 거닐기 좋은 사계절 푸른 녹차밭	▶ 아름다운 녹차밭을 배경으로 멋진 사진을 찍어 보자. ▶ 녹차를 마셔 보고 구매도 해 보자.
17:00	**율포해수녹차탕** 여행의 피로를 풀어 주는 해수녹차탕	▶ 해수녹차의 효과를 체험해 보자. ▶ 율포해변을 거닐어 보자.
19:00	**저녁식사**	갯마을횟집 위치 : 율포해수욕장 메뉴 : 회무침
21:00	**숙박**	보성다비치콘도 위치 : 전라남도 보성군 회천면 동율리 528-1 ▶ 아침에 율포해변을 산책하면 좋다.
3일차 10:00	**천관문학관과 문학공원** 문학의 고장 장흥 여행의 시작점	▶ 장흥 문인들의 생애와 작품을 감상해 보자. ▶ 문학공원을 산책하며 시비를 감상해 보자.
12:30	**점심식사**	담소원식당 위치 : 전라남도 장흥군 관산읍 옥당리 146-3 메뉴 : 토속한정식
14:00	**천관산도립공원** 억새로 유명한 장흥의 명산	▶ 천관산 억새밭에 올라 보자. ▶ 산 정상에서 장흥과 남해의 풍경을 눈에 담아 보자.

제주도 남서쪽 해안 산책 *1박 2일 코스

_제주도 대정, 안덕 일대

시간	여행 일정	여행 포인트
1일차 10:00	**마라도** 우리나라 최남단에 자리 잡은 고구마 형태의 섬	▶ 마라도항의 해안 절벽을 감상하고 아름다운 해안 산책 코스를 따라 산책도 즐겨 보자.
11:30	**점심식사**	마라도짜장면집 위치 : 제주도 서귀포시 대정읍 마라도 600 추천메뉴 : 해물자장면
14:00	**추사적거지** 추사 김정희가 추사체를 완성했던 유배지	▶ 추사 김정희의 추사체와 〈세한도〉 등 추사 관련 흔적을 만나 보자. ▶ 추사 김정희의 흔적을 찾아보는 길인 '추사 유배길'을 걸어 보자.
16:00	**오설록 뮤지엄** 24만 평의 부지에 조성된 녹차밭과 녹차전시관	▶ 한라산을 배경으로 끝없이 펼쳐지는 아름다운 녹차밭 전경을 감상하자. ▶ 녹차 관련 제품이 전시된 녹차 문화공간과 티하우스에 들러도 좋다.
18:00	**저녁식사**	순천미향(064-792-2004) 위치 : 제주도 서귀포시 안덕면 사계리 163-6 추천메뉴 : 해물탕, 흑돼지김치찌개
20:00	**숙박**	송악리조트(064-794-6307) 위치 : 제주도 서귀포시 대정읍 상모리 74 ▶ 〈1박 2일〉에 등장했던 리조트로 송악산과 산방산이 보이며 해변이 아름답다.

베스트 여행 코스

시간	여행 일정	여행 포인트
2일차 10:00	**산방산과 용머리해안** 제주도 한라산의 뚜껑이라 불리는 산방산과 바다를 향해 달리는 거대한 용처럼 생긴 용머리해안	▶ 한국 100대 명수에 선정되었던 산방산굴 약수를 맛보자. ▶ 산방연대에서 내려다보는 용머리해안의 풍경도 놓치지 말자. ▶ 용머리해안의 산책코스를 따라 걸어 보자.
12:30	**점심식사**	중앙식당 (064-794-9167) 위치 : 제주도 서귀포시 안덕면 화순리 1073-2 추천메뉴 : 성게보말죽
14:00	**안덕-화순곶자왈** 화산섬 제주의 허파라고 불리는 생태숲	▶ 삼나무테크 산책로가 놓여진 화순곶자왈 생태탐방로를 따라 제주도의 자연을 만끽하자. ▶ 산방산과 안덕곶자왈이 한눈에 내려다보이는 논오름과 상창리 숲길에서 색다른 트레킹을 즐겨 보자.
17:00	**다빈치뮤지엄** 아시아 유일의 다빈치뮤지엄 공인 전시관	▶ 다빈치의 아름다운 예술품과 창작품을 보면서 그의 창작열을 느껴 보자. ▶ 체험활동도 이루어지는 지하 커피숍에 들러 보자.

중문과 서귀포 럭셔리 여행 *1박 2일 코스

_제주도 중문, 서귀포 일대

시간	여행 일정	여행 포인트
1일차 10:00	**퍼시픽마리나&요트** 지삿개주상절리와 중문해수욕장 등 제주의 아름다운 풍광을 조망하는 요트투어	▶ 푸른 제주 바다 위 요트에서 바다낚시를 즐겨보자. ▶ 용암이 흘러내려 와 만들어진 지삿개주상절리를 바다에서 조망할 수 있다.
12:00	**점심식사**	씨푸드 샹그릴라(064-738-2111) 위치 : 제주도 서귀포시 색달동 2950-5 추천메뉴 : 해산물 뷔페
14:00	**지삿개주상절리** 자연이 만든 육각기둥의 바다 신전	▶ 전망대에서 육각기둥에 푸른 파도가 부딪치는 장관을 감상해 보자. ▶ 지삿개 자갈해변에서 바라보는 주상절리의 또 다른 풍광도 놓치지 말자.
16:00	**외돌개** 기암절벽 앞으로 우뚝 솟은 20m높이의 돌기둥	▶ 할망바위와 장군석의 전설이 전해져 오는 신비한 돌기둥 ▶ 드라마 〈대장금〉의 촬영지로 해안가 절경이 아름답다.
18:00	**저녁식사**	운해횟집(064-738-6000) 위치 : 제주도 서귀포시 대포동 2367-1 추천메뉴 : 회정식
20:00	**숙박**	누가빌리지(064-733-9977) 위치 : 제주도 서귀포시 토평동 3201 ▶ 앞으로는 서귀포 바다가 내려다보이고 뒤로는 한라산이 바라보인다.

베스트 여행 코스

시간	여행 일정	여행 포인트
2일차 10:00	**돈내코계곡과 원앙폭포** 한국 100대 명수 가운데 하나로 선정될 정도로 깨끗한 청정수가 흘러내리는 계곡	▶ 희귀식물인 한란과 겨울 딸기를 만나볼 수 있다. ▶ 쇠소깍까지 천변만화의 계곡이 이어져 트레킹 코스로도 손색이 없다.
12:30	**점심식사**	바이킹바베큐(064-739-0670) 위치 : 제주도 서귀포시 호근동 1641-2 추천메뉴 : 흑돼지바베큐
14:00	**천지연폭포와 서귀포층** 화산 용암과 퇴적층이 만들어 낸 보물로 세계 지질공원에 선정된 곳	▶ 천지연 위에 떨어지는 하얀 물기둥과 천지를 흔드는 굉음을 온몸으로 느껴 본다. ▶ 세계에서 유래를 찾아보기 힘들 정도로 희귀한 지층인 서귀포층을 살펴보자.
16:00	**새섬과 새연교** 서귀포항이 감싸고 있는 듯 자리 잡고 있는 아름다운 다리와 섬	▶ 서귀포항과 새섬을 연결하는 새연교는 야경이 무척 아름답다. ▶ 새연교를 건너서 이어지는 섬 일주 해안 산책로를 따라 걷기 여행을 즐겨 보자.

색다른 테마가 있는 제주도 동쪽 여행 *1박 2일 코스
_제주도 조천, 구좌, 표선, 성산 일대

시간	여행 일정	여행 포인트
1일차 10:00	**돌문화공원** 설화를 바탕으로 조성된 돌문화공원	▶ 설문대 할망과 오백장군 형상의 돌조각상과 곶자왈이 어우러지는 풍광을 감상하자. ▶ 돌하루방, 전통가옥 등 돌과 흙, 나무, 쇠, 물을 활용한 제주도의 생활상을 체험하자.
12:00	**점심식사**	다희연(064-782-0005) 위치 : 제주도 제주시 조천읍 선흘리 600 추천메뉴 : 녹차비빔밥, 돈까스
14:00	**다희연** 천연동굴카페가 자리한 유기농 녹차밭 	▶ 천연발효비료에다 화학비료를 소량으로 투입하는 무농약 녹차밭을 체험해 보자. ▶ 녹차밭을 조성하기 위해 터를 닦다가 발견한 천연동굴에서 녹차 한 잔을 마셔 보자.
16:00	**성읍민속마을** 돌담과 초가집 등 제주도 동부 중산간 지역의 특색이 살아 있는 민속마을 	▶ 일관헌과 성터, 돌하르방, 오래된 비석 등 다양한 문화유산을 만나 보자. ▶ 중산간 지대 특유의 민요, 민속놀이, 향토음식, 민간공예, 제주방언 등의 무형문화유산을 체험해 보자.
18:00	**저녁식사**	돌집식당(064-787-3222) 위치 : 제주도 서귀포시 표선면 성읍리 1624-3 추천메뉴 : 흑돼지구이, 홍게장
20:00	**숙박**	시드게스트하우스(064-784-7842) 위치 : 제주도 서귀포시 성산읍 오조리 338-1 ▶ 성산일출봉 인근에 자리 잡고 있어 성산일출봉을 구경하기에 좋다.

베스트 여행 코스

시간	여행 일정	여행 포인트
2일차 10:00	**섭지코지** 원래는 섬이었으나 모래가 퇴적하여 제주도와 연결된 육계도	▶ 곶부리가 둥글게 해변을 감싸고 있어 호수와 같이 잔잔한 신양 섭지코지해변을 걸어 보자. ▶ 영화 〈단적비연수〉, 〈이재수의 난〉, 〈천일야〉, 드라마 〈올인〉 등의 촬영장을 찾아보자.
12:30	**점심식사**	우리봉식당(064-782-0032) 위치 : 제주도 서귀포시 성산읍 성산리 157-1 추천메뉴 : 갈치조림, 오분작뚝배기
13:00	**성산일출봉** 세계자연유산과 세계지질공원에 선정된 제주도의 상징	▶ 올레 1코스가 지나는 중심 지역으로 일출명소이다. ▶ 광치기해변에서 바라보는 일출봉과 일출봉 정상에서 바라보는 광치기해변의 풍광을 놓치지 말자.
15:00	**우도** 제주도 푸른 바다에 누워 있는 소 형상의 섬	▶ 성산일출봉과 성산항에서 바라보는 우도의 풍광도 뛰어나다. ▶ 우도 등대에서 제주도의 푸른 바다와 아름다운 우도의 풍경을 눈에 담아 보자.

배 타고 가는 제주도 여행 *2박 3일 코스

_제주도 애월, 한림 일대

시간	여행 일정	여행 포인트
1일차 17:00	**제주행 코델리아호 밤바다 여행** 평택항에서 출항하는 제주행 카페리호 1박 2일 밤바다 여행	▶ 코델리아호 선상에서 맞이하는 서해 일몰과 남해 바다 일출을 놓치지 말자. ▶ 밤배를 타고 가면서 일행들과 즐거운 시간을 보내자.
2일차 10:00	**애월-하귀해안도로** 낙조가 아름다운 해안도로	▶ 바위 위에서 소금을 생산했다는 구엄리 소금빌레를 돌아보자. ▶ 해안가에 우뚝 솟아 있는 바위가 책처럼 쌓여 있는 다락빌레를 돌아보자.
11:30	**애월항 노아요트 체험** 애월해안의 절경을 바다 위에서 감상할 수 있는 요트 체험	▶ 아름다운 바다를 감상하며 낚시를 즐겨도 좋다.
12:30	**점심식사**	곤밥과 보리밥(064-799-0116) 위치 : 제주도 제주시 애월읍 애월리 1818(애월항 서편) 추천메뉴 : 보리밥 정식
14:00	**납읍난대림** 제주도 서부지역 평지에 남아 있는 유일한 상록수림으로 천연기념물로 지정되었다.	▶ 숲길과 나무테크가 어우러져 가벼운 산책을 즐길 수 있다. ▶ 납읍리 마을제를 지내는 포제단에서 제주도의 민속을 엿볼 수 있다.

베스트 여행 코스

시간	여행 일정	여행 포인트
16:00	**빌레못동굴** 세계에서 가장 길고(11,749m) 미로가 매우 많은 것으로 알려진 구석기 시대 동굴	▶ 연못 한가운데에서 수련이 자라나 신비스러운 분위기를 자아낸다. ▶ 한라산 북사면의 용암평원지역에 자리 잡은 미로 같은 중산간의 풍경을 감상하자.
18:00	**저녁식사**	흑돈가(064-747-0088) 위치 : 제주도 노형동 1509 추천메뉴 : 흑돼지오겹살
20:00	**숙박**	청아대리조트(064-746-8005) 위치 : 제주시 애월읍 광령2리 2786-10 ▶ 애월 앞바다가 내려다보이는 백송으로 지은 펜션이다.
3일차 09:00	**비양도** 고려시대의 화산폭발로 제주도 한림 앞바다에 생성된 섬	▶ 해안길을 따라 이어지는 산책코스를 따라 걸어 보자. ▶ 비양도 정상에 세워진 등대 전망대에서 보이는 아름다운 한라산의 모습을 놓치지 말자.
12:00	**점심식사**	호돌이식당(064-796-8475) 위치 : 비양도 포구 추천메뉴 : 보말죽
14:00	**차귀도** 독수리 바위 형상이 눈길을 끄는 이어도 촬영지	▶ 고산항에서 출항하는 잠수함 도항선을 타고 고산 앞바다의 풍광을 바라보자. ▶ 차귀도 앞바다에서 잠수함을 타고 제주도의 해저 세상을 체험하자.
17:00	**수월봉** 세계지질공원으로 선정된 세계 최고의 화산 쇄설암	▶ 여름에는 고산항에서 수월봉으로 이어지는 해안길에서 만나는 용천수로 더위를 식혀 보자. ▶ 천연기념물 제513호로 지정된 수월봉 화산쇄설층과 화산절벽을 살펴보자.

전라북도

덕유산국립공원, 지리산국립공원, 내장산국립공원, 변산반도국립공원, 대둔산도립공원, 모악산도립공원, 마이산도립공원, 옥정호, 용담호에 이어 최근에는 새만금방조제도 전라북도의 대표적 관광명소 반열에 이름을 올렸다. 호남고속도로, 서해안고속도로, 대전통영고속도로, 익산장수고속도로에 이어 전주광양고속도로가 전라북도로 관광객들을 이끈다.

먼저 전주로 여행을 떠난다면 경기전 답사 후 한옥마을을 한 바퀴 산책하고, 푸짐한 안주를 곁들여 막걸리를 마시고, 한옥에서 하룻밤을 묵어 봐야 제대로 여행을 즐겼다고 말할 수 있다. 군산에서는 새만금방조제를 드라이브하고 선유도까지 유람선을 타 보도록 한다. 김제의 진봉반도는 지평선을 볼 수 있는 곳이다. 여행 시기가 봄이라면 진안 마이산의 벚꽃, 여름이라면 부안 변산반도의 해변, 가을이라면 고창 학원농장의 메밀꽃과 내장사와 금산사의 단풍, 겨울이라면 무주 덕유산리조트의 눈꽃을 감상해야 한다.

전라북도

테마여행
대아수목원 36
임실치즈마을 38
학원관광농장 39
순창전통고추장마을 40

테마거리
전주한옥마을과 경기전 42
전주막걸리골목 44

문화유산
근대문화유산투어 46
금산사 48
송광사 50
적상산안국사 52
논개생가지 53
내소사 54
내장사 56
실상사 58
광한루원 60
고창읍성 61

체험/학습
벽골제 62
혼불문학관 64

공원/유원지/산책
덕진공원 65

걷기여행
지리산둘레길 66
변산마실길 68

산/휴양림/캠핑장
선운산도립공원 70
강천산군립공원 72
대둔산도립공원 74
마이산도립공원 76

바다/섬/계곡
무주구천동 33경 78
선유도 80

드라이브
웅포관광지 81
새만금방조제 82
옥정호운암대교 84

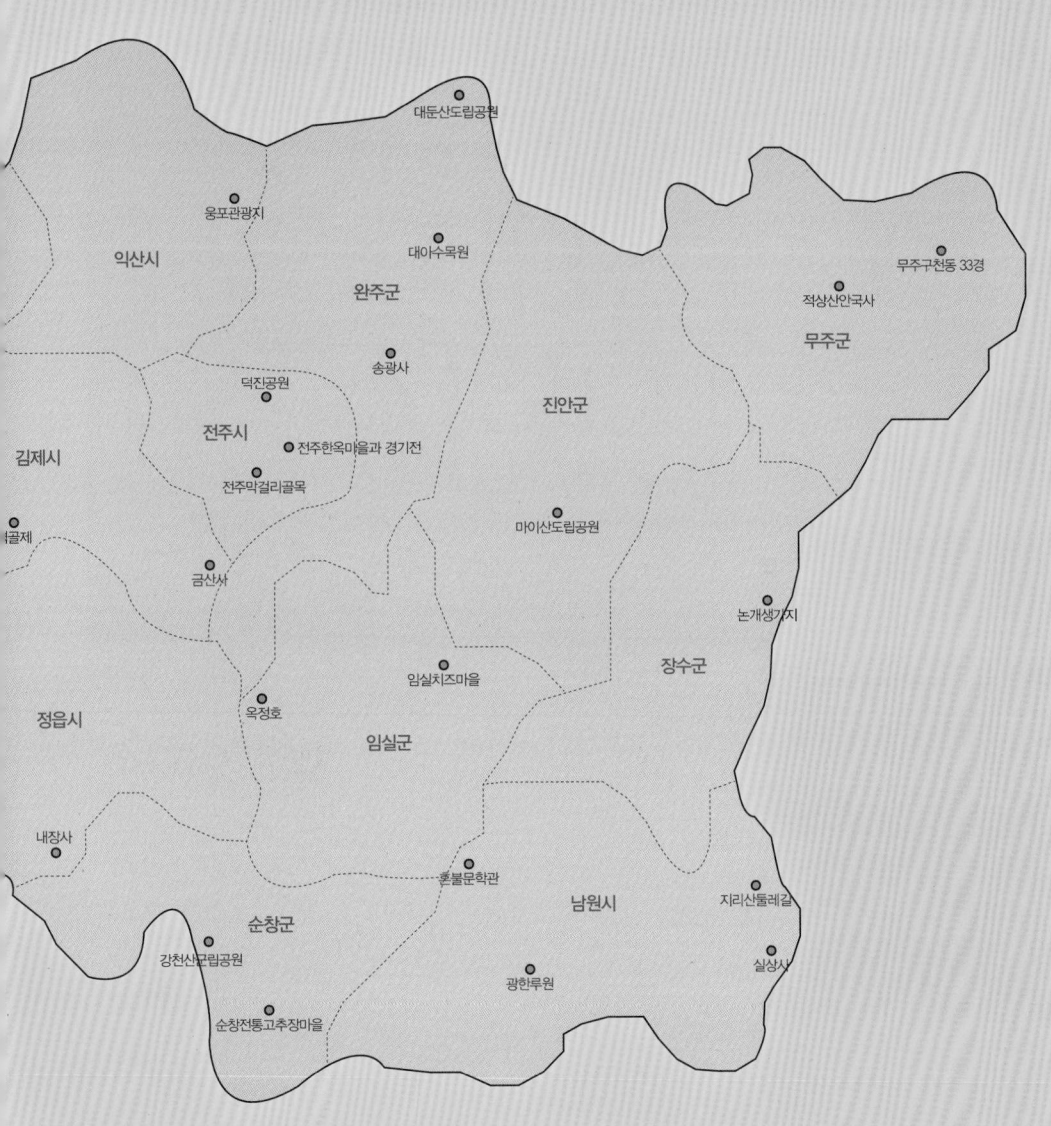

전북

대아수목원
● 완주군

MAP

우리나라 최대의 금낭화 군락지를 자랑하는 대아수목원

우리나라 최대의 금낭화 자생지

운암산 속에 푹 파묻힌 듯 자리 잡은 수목원이다. 산속 너른 땅이라 화전을 일구던 곳인데 화전민이 떠나고 사람들 발길이 뚝 끊겼다. 덕분에 갖가지 식물이 사람들의 손길을 타지 않고 자랐다. 전라북도에서 도유림으로 지정하고 수목원을 세워 생태를 보존하는 수목원이다. 우리나라 최대의 금낭화 자생지로 5월에 피는 금낭화를 보기 위해 사람들이 많이 찾는다.

테마 테마여행
함께 가면 좋은 사람 가족
여행 가기 좋은 계절 봄

● **주소** 전라북도 완주군 동상면 대아리 산1-2 ● **가는 길 | 승용차** 호남고속도로 익산나들목→봉동→고산→대아저수지→대아수목원 **| 대중교통** 전주시외버스터미널에서 대둔산행 버스 탑승 ● **문의** 063-243-1951 ● **홈페이지** www.daeagarden.kr ● **휴무일** 1월1일, 설·추석 당일 ● **주차장** 있음 ● **먹거리** 유기농 부추전문점(기양초 063-247-6667)

대아수목원 전시관

완주 대아수목원이 있는 산속은 한때 전국 8대 오지로 꼽힌 지역이다. 사람들의 발길이 드물었던 만큼 자연 그대로의 식생이 잘 보존되었다. 주요 수종만 14개 원에 1천 종이 넘고 30만 본에 이르는 수목이 자라는 대형수목원이다. 운암산이 병풍처럼 두르고 올라가는 길에 대아호가 있어 가는 길 또한 아름답기 짝이 없다.

대아수목원의 자랑은 무려 2만 평이 넘는 금낭화 자생 군락지이다. 모란처럼 아름다우면서도 등처럼 휘어져 등모란이라 부르기도 하고 여인들이 지닌 주머니 같다 하여 며느리주머니라고도 부른다. 우리나라 산 그늘에서 드문드문 피지만 군락을 이루어 피는 곳은 이곳뿐이다. 금낭화군락지를 찾으려면 제3전망대 쪽으로 약 1시간 정도 올라야 하는데 가는 길에 삼림욕을 만끽할 수 있으니 수고할 만하다.

열대식물원은 국내 최고시설을 자랑하는데 한겨울에도 바나나와 오렌지, 파인애플이 열린다. 겨울 속의 여름을 만날 수 있는 곳으로 열대과수원과 선인장, 희귀식물원, 분재원, 재배실, 식충식물원 등에서 총 400여 종, 8,200본의 식물이 자라고 있다. 천연기념물로 지정된 나무들의 씨앗을 가져다 후계목을 기르는 후계동산도 대아수목원의 자랑거리이다. 내장산 굴거리나무군락부터 고창 문수사 단풍나무숲까지 천연기념물로 지정된 수목의 후계목을 길러 내고 있다.

분재전시원도 사람들에게 인기 있다. 소나무와 모과나무, 골담초 등 123종의 나무 279점이 진열되어 있다. 우리나라 국화인 무궁화 96종 2,000주를 만날 수 있는 무궁화원도 자녀들과 함께 둘러보기에 좋은 곳이다. 이외에도 풍경원과 장미원 등의 정원을 조성하여 봄부터 가을까지 내내 수목과 화초의 아름다움을 전한다.

수목원과 운암산 주위로 등산로와 임도, 산책로가 많이 나 있다. 정상 부근에 정자들이 있으며 다녀오는 데 3시간 정도 걸린다. 어느 전망대를 잡아 오르더라도 수목원의 전경과 대아호가 한눈에 들어온다. 계곡에서 이어지는 연못과 곳곳의 테마정원 주위에 휴식공간이 마련되어 있다. 자녀를 동반한 가족이라면 한나절 머물기에 딱 알맞다.

추천 여행코스

화암사→대아수목원→위봉사→오스갤러리

축제 및 행사

봄 벚꽃철에 소양호에서 벚꽃축제가 열리고, 3월에 삼례딸기축제가 열린다.

주변 명소

오스갤러리

오성저수지에 있는 카페형 갤러리이다. 호숫가에 그림처럼 자리 잡은 건물이 아름다워 찾는 이들마다 감탄한다. 전주의 젊은이들 사이에는 이미 데이트 장소로 유명하다. 건축가 소유의 건물답게 붉은 벽돌로 지은 카페와 노출콘크리트로 지은 갤러리 건물은 그 자체로 작품이다. 회화와 조각, 도예 작품을 전시하고 있고 정원 또한 잘 다듬어져 있다. 갤러리 인근에 있는 아원과 함께 완주의 새로운 관광명소로 떠오른 곳이다. (063-244-7102)

오스갤러리 입구 잔디밭

전북

임실치즈마을
● 임실군

MAP

목장체험과 치즈만들기 등 가족이 함께 즐기기에 좋은 임실치즈마을

임실치즈마을의 치즈 역사는 꽤 오래되었다. 1966년 가톨릭 신부가 치즈를 만들기 시작하여 '느티마을'에서 '임실치즈마을'로 바뀌었다.

임실치즈마을은 치즈와 피자를 만드는 체험으로 아이들에게 인기가 있는 곳이다. 1966년 벨기에 출신의 가톨릭 신부가 산양 두 마리를 키우며 치즈를 만들기 시작하였는데 지금은 임실치즈라는 브랜드로 인정받고 전국으로 팔려나가고 있다.

마을 앞에 줄지어 선 느티나무를 정성들여 가꿔 한때 느티마을로 불리다가 지금은 임실치즈마을로 바뀌었다. 목장형 유가공 공장 숲골과 이플에서 치즈를 비롯한 유제품을 만든다. 체험프로그램도 다양하여 치즈 만들기, 산양유비누 체험, 소시지 만들기 등을 진행하고 계절에 따라 농사체험도 운영한다. 청정 환경에서 자라는 소와 산양이 있는 목장을 둘러보고 비료포대타기를 하며 신나게 하루를 보낼 수 있다.

매년 8월에는 작은음악회와 치즈체험축제가 열린다. 이때는 치즈 영농체험을 비롯해서 작은 음악회 등 다양한 행사가 펼쳐진다. 논을 분양하는 주말농장과 민박이 있어 숙박도 가능하다.

테마
테미여행

함께 가면 좋은 사람
가족

여행 가기 좋은 계절
여름

● **주소** 전라북도 임실군 임실읍 금성리 610-1 ● **가는 길 | 승용차** 순천완주고속도로 임실나들목→임실역→임실치즈마을 | **대중교통** 임실시외터미널에서 버스 탑승 ● **문의** 063-643-3700 ● **홈페이지** cheese.invil.org ● **휴무일** 없음 ● **주차장** 있음 ● **먹거리** 다슬기탕(성심회관 063-643-1328)

추천 여행코스

옥정호→세심자연휴양림→임실치즈마을→오수의견→사선대

주변 명소

세심자연휴양림
소나무 조림지와 침엽수, 활엽수 등 자연림이 조화를 이룬 작은 휴양림이다. 계곡에 물이 많고 기암괴석이 즐비하여 경관이 수려하다. 숙박시설과 체력단련시설, 물놀이터 등 편의시설도 깔끔하게 마련되어 있다. (063-644-4611)

세심자연휴양림 정문

전북

학원관광농장
● 고창군

MAP

학원관광농장 청보리밭

테마
테마여행

함께 가면 좋은 사람
연인

여행 가기 좋은 계절
봄

● **주소** 전라북도 고창군 공음면 선동리 산 119-2 ● **가는 길 | 승용차** 서해안고속도로 고창나들목→학원관광농장 | **대중교통** 고창읍에서 무장 방면 버스 이용 ● **문의** 063-564-9897 ● **홈페이지** www.dorinara.co.kr ● **휴무일** 연중무휴 ● **주차장** 있음 ● **먹거리** 장어정식(그랜드가든 063-561-0737)

학원관광농장은 봄날의 청보리밭으로 유명한 곳이다. 대기업의 임원으로 있던 진영호 씨가 1992년에 고향으로 내려와 지금과 같은 대규모 보리밭을 조성했다.

친환경축제가 꾸준히 인기를 얻고 있는 추세에 따라 학원관광농장 역시 봄철의 대표적인 관광명소 가운데 하나로 자리를 잡았다.

해마다 4월이 되면 학원관광농장의 청보리밭에는 초록빛 새순이 올라오기 시작한다. 보리싹이 어느 정도 자랐을 무렵에 이곳을 찾은 사람들은 청보리밭길을 거닐며 잠시나마 유년의 추억 속으로 빠져든다. 따사로운 봄빛 속에 실려 오는 봄바람과 그 실바람에 일렁이는 초록색 청보리의 하늘거림은 여행자의 마음을 한껏 부유하게 만든다.

학원관광농장에서 보리밭의 푸른 물결을 볼 수 있는 기간은 대략 4월 중순부터 6월 초순 사이이다. 하지만 보리를 수확한 후에는 그 자리에 메밀을 심어 또 다른 볼거리를 제공한다. 메밀 하면 강원도 봉평이 가장 먼저 떠오르지만 예로부터 논농사보다는 밭농사를 주로 지은 고창에서도 많은 양의 메밀이 생산되고 있다. 메밀밭 한가운데에 있는 뽕나무 근처에서 영화 〈웰컴투 동막골〉의 한 장면이 촬영되기도 했다.

추천 여행코스

학원관광농장→법성포→고인돌유적지

주변 명소

고창 고인돌유적지

현재 우리나라에는 고창, 화순, 강화 등에 고인돌 밀집 지역이 있다. 이 고인돌들은 유네스코에 의해 세계문화유산으로 등록되어 있다. 고창에서 고인돌을 볼 수 있는 곳은 고창읍 죽림리, 도산리, 상갑리, 봉덕리 일대이다.

고창 고인돌유적지

전북

순창전통고추장마을
● 순창군

MAP

장을 담그기에 딱 알맞은 순창의 햇볕과 바람, 그리고 습도

집집마다 누룩 익어 가는 정겨운 한옥마을

마을 집집마다 장독이 즐비하다. 전국으로 나가는 고추장을 나르느라 택배차량이 끊임없이 드나든다. 순창에서 전통 비법으로 만든 고추장은 검붉은 색깔에 매우면서도 단맛이 난다. 순창에서 나서 말린 고추가 맛있어서 그렇다고도 하고 전통 발효법과 맑은 물 덕분이라고도 한다. 어쨌거나 순창전통고추장마을을 찾으면 마음이 든든해진다. 믿을 수 있는 식품이 있기 때문이다.

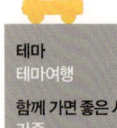

테마 테마여행
함께 가면 좋은 사람 가족
여행 가기 좋은 계절 봄

●**주소** 전라북도 순창군 순창읍 백산리 265 ●**가는 길 | 승용차** 88올림픽고속도로 순창나들목→순창읍→순창전통고추장마을 | **대중교통** 순창터미널에서 팔덕면행 버스 탑승 ●**문의** 063-653-0703 ●**홈페이지** sunchang.invil.org ●**휴무일** 없음 ●**주차장** 있음 ●**먹거리** 한정식(새집식당 063-652-0809)

순창전통고추장마을

마을 가운데로 아미산을 향하여 큰 길이 쭉 나 있다. 양옆으로 고래등 같은 기와집들이 늘어섰는데 집집마다 장독이 가득하다. 한옥마을이 반듯반듯한 길을 가진 데는 이유가 있다. 순창 고추장의 맛은 깊지만 마을이 생긴 지는 그리 오래지 않다. 순창 곳곳에 있는 전통 고추장 장인을 한곳으로 모아 제조법을 다음 세대로 전수하고자 조성한 마을이다. 46가구에 150명가량이 거주하고 있다.

순창 고추장에 얽힌 일화가 있다. 스승 무학대사를 찾아가던 이성계가 순창의 어느 농가에서 점심을 맛있게 먹었다고 한다. 후일 조선왕조를 연 이성계는 순창 지역에 고추장을 진상토록 했다. 고추가 우리나라에 들어온 시기를 생각하면 검증할 수 없는 일화임이 분명하다.

순창읍은 삼한시대에 마한에 속했고 삼국시대에는 백제의 속령이었다. 조선시대에 와서 순창이라는 지명으로 불리었다. 섬진강 상류에 있어 물이 맑고 공기가 깨끗하여 예로부터 장수마을로 널리 알려져 있다. 밭에서 일을 하는 할머니 연세를 물어보면 대개 팔순, 구순이다.

순창에서는 음력 동짓달 중순에서 섣달 중순까지 옛날 전통방식으로 고추장을 담근다. 순창고추장은 반은 자연이 만들고 반은 사람이 만든다는 말이 있다. 같은 고추를 가지고 다른 지역에 가서 만들면 제맛이 나지 않는다. 순창의 기후 조건이 장이 발효하기에 딱 좋다. 햇볕이 강해 고추를 말리기 좋고 적절한 습도가 효모를 번성시킨다. 맑은 물과 공기도 한몫 거든다.

장맛은 집집마다 조금씩 다르다. 아무래도 들어가는 재료와 손맛이 조금씩 다르니 차이가 있다. 각 집마다 할머니 이름을 내건 상호가 있으니 조금씩 찍어 먹어보고 입맛에 맞는 걸 고르면 된다. 순창전통고추장마을은 인근 여행지와 연계하여 다녀가는 사람들이 대부분이다. 강천산군립공원과 회문산자연휴양림, 백양사, 담양메타세쿼이아길 등 임실과 정읍, 담양의 여행지와 그리 멀지않다. 무학대사가 수도하였던 구림면 만일사 역시 다녀올 만하다. 아슬아슬한 길을 올라야 하지만 순창의 아름다운 자연을 한눈에 내려다볼 수 있다.

전북

추천 여행코스

순창객사→귀래정→순창향교→순창전통고추장마을

축제 및 행사

매년 10월 순창장류축제가 열린다.

주변 명소

순창향교

순창읍 옥천교를 건너면 교성리인데 마을 뒤편 산자락에 향교가 있다. 순창향교는 조선 초기에 건립된 것으로 추정한다. 오랜 세월을 거치는 동안 폐허가 되었는데 1930년 봄에 지역 유림들이 성금을 내어 보수를 했다. 순창군청 옆에 있는 순창객사와 함께 순창읍 관광지로 둘러볼 만하다. 순창객사는 구한말에 최익현 등 의병장이 일본군과 격전을 벌였던 곳이다. (063-652-0649)

순창향교 전경

전북

전주한옥마을과 경기전
● 전주시

MAP

근대 한옥마을의 문화를 엿볼 수 있는 전주한옥마을

전통의 맛과 멋, 향기가 흐르는 마을

한옥마을을 걷다 보면 아늑함이 밀려온다. 전국에 한옥마을이 몇 있지만 전주 한옥마을을 걷는 느낌은 사뭇 다르다. 도심에 있는 마을이기에 집과 집 사이 처마가 닿을 듯 빽빽하게 이어진다. 일제강점기 때 구획정리를 한 시기에 형성되다 보니 여느 한옥마을과 다르게 길이 반듯한 것도 이채롭다. 경기전과 전주향교 등 문화유산과 최명희문학관, 한방문화센터 등 전시관이 밀집되어 있어 제대로 보려면 하루를 잡아도 모자란 곳이다.

테마
테마거리

함께 가면 좋은 사람
가족, 연인

여행 가기 좋은 계절
봄, 가을

● **주소** 전라북도 전주시 완산구 교동·풍남동 일대 ● **가는 길** | **승용차** 경부고속도로 동전주나들목→전주시청→전주한옥마을주차장 | **대중교통** 전주시외버스터미널에서 한옥마을행 탑승 ● **문의** 063-282-1330 ● **홈페이지** tour.jeonju.go.kr(한바탕전주) ● **휴무일** 없음 ● **주차장** 있음 ● **먹거리** 갈비(교동떡갈비 063-288-2232)

경기전

전주한옥마을은 옛 전주성 풍남문 동쪽 교동과 풍남동 일대에 기와집이 즐비하게 이어진 곳을 말한다. 도시개발의 물결도 이곳만은 비켜갔다. 일제강점기 때 일본상인들이 전주 중앙동과 다가동 등 중심부로 들어오자 전주와 인근의 유지들이 이곳에 집을 세우고 마을을 이룬 것이 지금까지 내려왔다. 543채에 이르는 한옥이 밀집한 전주의 대표적인 도심관광지로 주말이면 차 없는 거리를 운영한다.

한옥마을 여행의 첫코스로 대개 전동성당을 잡는다. 풍남문 밖은 수많은 천주교신자들이 순교한 장소로 천주교인들에게는 의미 있는 장소이다. 비잔틴양식과 로마네스크양식이 섞인 전동성당은 서울 명동성당과 더불어 우리나라의 아름다운 서양건축물로 손꼽힌다.

전동성당 다음 코스는 맞은편 경기전이다. 경기전은 조선 태조 이성계의 어진을 봉안한 곳이다. 태조는 왕조를 개국하고 전주와 경주, 평양에 자신의 초상화가 있는 전을 지었다. 전주 경기전은 정유재란 때 소실된 것을 광해군 때 복원하였다.

전주한옥마을은 일제가 전주시 구획정리를 할 때 형성되어 길이 격자 형태로 곧게 나 있다. 가운데 큰 대로를 태조로라 하는데 양쪽으로 교동아트센터, 한방문화센터, 공예품전시관 등 상가가 형성되어 있다. 태조로와 만나는 은행로, 술도가길이 있고 최명희길과 오목대길, 향교길 등이 나란히 있다. 태조로 좌우로 전주전통한지원과 소설《혼불》의 작가 최명희문학관, 부채문화관 등 돌아볼 곳이 한둘이 아니므로 발걸음이 좀 빨라야 한다. 한옥마을을 한눈에 내려다보고 싶으면 오목대부터 오르는 것도 좋은 방법이다. 남쪽에 있는 향교길은 동헌과 전주향교, 학인당 등 옛 전주의 문화를 엿볼 수 있는 문화재가 밀집한 길이다.

전주한옥마을은 현재 사람들이 살고 있는데 길가의 집들은 상당수가 공예품판매장이나 화랑, 도예전시관이나 찻집 등으로 개조하여 사용하고 있다. 전주한옥마을을 제대로 돌아보려면 하루로는 좀 모자란다. 전통한옥숙박을 이용한 1박2일 또는 두세 번 찾아갈 요량으로 여행계획을 잡는 것이 좋다.

추천 여행코스

전주한옥마을→자연생태박물관→치명자성지→남부시장→전주막걸리골목

축제 및 행사

매년 5월 전주한지문화축제가 열린다.

주변 명소

남부시장

전주 풍남문을 끼고 형성된 남부시장의 유래는 조선 중기로 거슬러 올라간다. 풍남문밖 남밖장이라 불리던 시장이 남부시장으로 이어진 것이다. 남밖장은 호남평야에서 난 쌀과 각종 물자가 거래되는 곳으로 전국에서 상인과 물품이 몰려들었던 큰 시장이었다. 1960년대에서 70년대까지 전성기를 누렸던 남부시장은 현대화의 물결에 밀려가면서도 아직 옛 명성의 맥을 잃지 않고 활기 찬 재래시장의 면모를 보여 준다. (063-284-1344)

남부시장 상가

전주막걸리골목

● 전주시

MAP

막걸리 한 주전자를 시키면 안주가 푸짐하게 나오는 전주막걸리골목

막걸리에 취하고 인심에 취하는 골목

안주는 뭘로 할까 걱정할 필요가 없다. 막걸리 한 주전자를 시키면 알아서 안주가 나온다. 상 바닥이 안 보일 정도로 푸짐하게 나오는데 막걸리값에 안주값도 다 들어가 있다. 전주막걸리골목이 점차 이름이 나면서 객지에서도 찾는 사람이 부쩍 늘었다. 삼천동으로 가장 많이 몰리고 서신동과 경원동 역시 나름의 맛으로 사람들을 끌어들인다.

테마
테마거리

함께 가면 좋은 사람
연인, 친구

여행 가기 좋은 계절
사계절

●주소 전라북도 전주시 완산구 삼천동 ●가는 길 | 승용차 경부고속도로 동전주나들목→전주시청→효자동→삼천동 | 대중교통 전주시외버스터미널에서 삼천동행 버스 탑승 ●문의 063-281-5085(전주시청 전통문화과) ●홈페이지 tour.jeonju.go.kr(한바탕전주) ●휴무일 없음 ●주차장 있음 ●먹거리 콩나물국밥(풍전콩나물국밥집 063-231-0730)

전주막걸리

전주의 독특한 술문화를 막걸리골목과 가맥에서 엿볼 수 있다. 둘다 서민문화의 한 단면을 보여 준다는 점에서 공통점이 있다. 막걸리골목에서 술을 시키면 이것저것 주전부리할 안주가 왕창 나온다. 종류도 갖가지라 꼬막, 번데기, 소라, 게에서부터 고구마, 전, 과일, 두부, 매운탕 등 집집마다 조금씩 다르지만 일단 다양하다는 공통점이 있다. 가격은 술값에 얹어서 받는다.

막걸리 한 주전자를 비우고 더 시키면 그때마다 조금씩 새로운 안주가 추가로 나온다. 이쯤 되면 술보다 푸짐한 안주 인심에 취하고 만다. 전주막걸리골목의 통큰 안주인심이 점차 알려지며 외지인들도 많이 찾는다. 저렴한 가격에 진수성찬을 기대하고 찾는 사람들 중에는 실망하는 경우도 있다. 상 하나가 가득 안주로 나오는데 의외로 손이 가는 안주가 없다며 푸념을 하는 사람도 있다. 저렴한 값으로 색다른 술문화를 즐겨 본다는 생각으로 찾는 게 좋다.

막걸리골목은 삼천동이 원조격이나 서신동, 경원동 역시 유명하고 평화동과 효자동 막걸리집도 전주의 맛을 나눌 수 있는 곳이다. 삼천동은 막걸리집이 100여 곳에 이를 정도로 유명하여 매스컴에서 단골로 취재하는 곳이다. 그러나 각 지역의 막걸리골목마다 특색이 있어 비교하기는 어렵다. 삼계탕과 족발집이 많은 서신동에서는 기본 안주로 삼계탕이 나오는 곳으로 젊은 사람들이 많이 찾는다. 경원동은 좀 더 옛날 분위기가 난다. 한옥마을을 둘러보고 찾아갈 만한 거리이다. 막걸리골목이 아니더라도 같은 방식으로 파는 집들이 시내 곳곳에 있다. 같은 골목이라도 집마다 나오는 안주가 철 따라 또 시세에 따라 조금씩 다르니 어느 한 집을 고집할 필요는 없다.

호남평야에서 올라오는 쌀의 집산지가 전주이다 보니 풍부한 쌀로 빚은 막걸리는 전주에서 널리 사랑받으며 다양하게 발달했다. 전주막걸리는 전주 명물인 모주의 원형이다. 전주에서는 조선시대부터 막걸리에 숙취해소에 좋은 인삼, 생강, 감초, 대추, 계피, 칡 등을 넣고 서너 시간 끓여 만든 모주를 마셨다. 맛이 달고 걸쭉하며 영양도 만점이다.

추천 여행코스

전주한옥마을→동문 문화의 거리→영화의 거리→전주막걸리골목

여행 TIP

동문 문화의 거리를 찾으면 전주콩나물국밥 맛집이 몰려 있고 막걸리로 만든 전주의 특산 모주를 맛볼 수 있다.

주변 명소

가맥

가맥은 가게에서 맥주를 마신다는 의미의 준말이라고도 하고 가정용 맥주의 준말이라고도 한다. 슈퍼에서 맥주를 팔면서 북어나 갑오징어 등 마른 안주를 구워서 내던 것이 점차 알려지며 지금은 본업인 슈퍼보다 가맥집으로 더 유명해졌다. 전주 노송광장 인근 출판 거리에 가맥집들이 몰려 있다. 전일슈퍼의 북어구이와 경원상회의 갑오징어 등이 유명하다. (전일슈퍼 063-284-0763)

가맥 북어안주

전북

근대문화유산투어
● 군산시

MAP

대한제국 말기에 서양식 건축기법으로 세운 옛 군산세관

근대문화 속으로 떠나는 역사기행

군산여행의 주요 테마 가운데 하나가 근대문화유산답사이다. 코스도 여럿이다. 대하소설《아리랑》의 줄거리를 중심으로 주요 배경을 찾아볼 수 있고, 백릉 채만식의 소설을 중심으로 돌아볼 수도 있다. 군산부윤관사, 옛 군산세관, 군산시 제3청사 등 근대에 세워진 건물을 답사하는 코스도 있다. 구한말과 일제강점기에 번성했던 항구도시는 어느 순간 시간이 멈추었다가 근대문화유산으로 다시 우리 곁에 왔다.

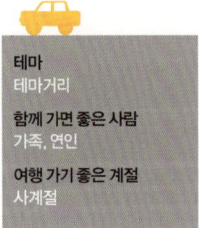

테마
테마거리

함께 가면 좋은 사람
가족, 연인

여행 가기 좋은 계절
사계절

● 주소 전라북도 군산시 장미동 외 ● 가는 길 | 승용차 서해안고속도로 군산나들목→군산항→장미동 | 대중교통 군산시외터미널에서 도보로 20분 ● 문의 063-450-6110(군산시청 관광진흥과) ● 홈페이지 tour.gunsan.go.kr(군산시 문화관광) ● 휴무일 없음 ● 주차장 있음 ● 먹거리 한정식(압강옥 063-452-2777)

히로쓰가옥

군산 시내를 다니다 보면 왠지 시간이 거꾸로 흘러가는 느낌이 든다. 군산항 뒤 장미동 일대를 걷다 보면 백 년의 시간을 훌쩍 넘어 근대로 돌아가는 공간이 있다. 낯선 석조건물을 만날 때 그렇고, 옛 군산세관 건물을 보면 그렇다. 대한제국 말기인 1908년에 지은 건물이다. 붉은 벽돌과 정문의 석조장식, 파란색 문까지 어딘가 모르게 낯설다. 서양식 단층 건물로 서양고전주의 건축양식을 차용하여 지었다.

장기18은행은 2층의 일식 목조건물이다. 일본이 쌀을 반출하고 토지를 수탈하기 위해 세운 금융기관 지점이다. 구 조선은행 군산지점 역시 일제강점기 때 식민지배를 위해 세운 금융시설이다. 채만식의 소설 〈탁류〉에 나오는 이 건물은 군산근대사를 상징한다.

금광동에 있는 동국사는 우리나라에 유일하게 남아 있는 일본식 사찰이다. 금강사라는 이름으로 창건하였으나 독립 후 이름을 바꿨다. 신흥동 일대는 일본 부유층이 거주했던 지역이다. 포목상을 하던 일본인이 살았던 가옥이 남아 있는데 이름을 따서 히로쓰가옥이라 부른다. 일본 무가의 고급주택의 전형을 보여 주는 목조주택으로 영화 〈장군의 아들〉, 〈바람의 파이터〉, 〈타짜〉 등을 여기서 촬영했다.

근대를 작품무대로 다룬 소설의 줄거리를 중심으로 코스를 짤 수도 있다. 소설 〈아리랑〉을 테마로 한다면 백년광장과 옛 조선은행과 부잔교, 장기18은행, 군산세관, 영화동, 월명동 일대와 동국사, 월명산, 수시탑, 해망굴 등 우리나라 쌀과 토지수탈기관 등을 둘러볼 수 있다. 군산 태생 소설가 채만식 선생의 작품에 나오는 곳을 따라가는 채만식 코스도 있다. 시대적 배경이 같아 상당부분 아리랑 코스와 겹치고 미두장기념비, 빈해원, 동령고개, 국도극장, 콩나물고개 등이 들어간다.

굳이 코스를 짚어 가며 다니지 않아도 좋다. 일제강점기 때 호남평야의 수탈 길목으로 번성했던 군산은 독립 후 쇠퇴하여 더디게 발전한 도시이다. 일제의 잔재만이 근대문화유산이 아니다. 우리가 살았던 모습 또한 근대이므로 시간을 두고 천천히 돌아보면 그게 곧 근대문화유산 투어이다.

추천 여행코스

백년광장→부잔교→옛 조선은행→미두장기념비→빈해원→동령고개→국도극장→콩나물고개→동국사→월명동, 영화동 일대→옛 군산세관→옛 장기18은행

축제 및 행사

매년 5월에 군산꽁당보리축제가 열린다.

주변 명소

군산 구불길

군산의 자연과 문화, 정서를 느끼며 걷는 길을 구불길이라 부른다. 군산의 구불길은 비단강길, 햇빛길, 큰들길, 구슬뫼길, 물빛길, 달밝음길, 탁류길, 새만금길 모두 8개 코스의 길로 구성되어 있다. 각 길마다 자연, 문화 등 테마가 약간씩 다르므로 원하는 길을 택할 수 있다. 코스가 길어 보통 4시간 반에서 6시간 이상 걸리므로 사전에 꼼꼼히 체크하고 길을 선택해야 한다.

군산 구불길 안내표지

금산사

● 김제시

MAP

금산사 대적광전

우리나라의 대표적인 미륵신앙 성지

전라북도 김제시에서 17km쯤 떨어져 있는 금산사는 해발 793m의 모악산 기슭에 터를 잡은 고찰이다. 모악산은 광주 무등산, 목포 유달산처럼 김제에서는 오래전부터 신앙의 대상이 되어 온 산이다. 김제 사람들에 의해 '엄뫼' 또는 '큰뫼'라 불리기도 한다. 금산사는 백제 법왕 때인 599년에 창건되어 그 역사가 1,400년이 넘는다. 사찰 앞마당으로 들어가는 보제루에는 신영복 선생의 글씨로 '개산 1400년'이라는 현판이 걸려 있다.

테마
문화유산

함께 가면 좋은 사람
가족

여행 가기 좋은 계절
가을

● 주소 전라북도 김제시 금산면 금산리 39 ● 가는 길 | 승용차 호남고속도로 금산사나들목→금산사 | 대중교통 김제 시내에서 금산사 방면 버스 이용 ● 문의 063-548-4441 ● 홈페이지 www.geumsansa.org ● 휴무일 연중무휴 ● 주차장 있음 ● 먹거리 한정식(매일회관 063-542-7345)

금산사 산신나무와 송대

금산사는 본래 왕실의 안녕과 번영을 기원하는 사찰로 세워졌다. 창건 당시는 산중암자 수준으로 규모가 그리 크지 않았으나 신라 경덕왕 때인 762년 진표율사에 의해 큰 가람으로 변모했다. 금산사가 제일 번성했던 시기는 고려 문종 때인 1097년 무렵이다. 그 당시 금산사에는 43개의 암자가 있었던 것으로 전해진다. 현재의 미륵전을 비롯한 금산사의 주요 건물들은 조선 인조 때인 1635년 수문대사에 의해 다시 지어졌다.

미륵전(국보 제62호)은 금산사에서 가장 유명한 건축물이다. 겉에서 볼 때는 3층 목조건물이지만 안에는 전체가 트여진 통층 건물이다. 이렇게 내부의 천장을 높게 한 것은 안에다 커다란 미륵불을 모시기 위함이다. 미륵전 안에 있는 3존불 가운데 주불은 11.82m이며 양쪽에 있는 협시불도 그 높이가 8.79m에 이른다. 주불인 미륵장륙상의 경우 본래 철불이었으나 정유재란 때 왜군이 훔쳐 간 후 소조불로 다시 만들었다. 하지만 이마저도 1934년의 실화로 인해 소실되고 말았다. 현재의 불상은 석고에다 금분을 입힌 것으로 1938년에 조성되었다. 1층에 '대자보전', 2층에 '용화지회', 3층에 '미륵전'이라 쓰여진 현판의 내용은 모두 미륵불을 모신 법당이라는 뜻을 의미한다. 미륵전은 후백제의 견훤이 935년 아들 신검에 의해 3개월 동안 유폐되었던 곳으로도 잘 알려져 있다.

금산사의 대법당은 대적광전이다. 본래 보물 제476호로 지정된 조선 중기의 건축물이었으나 1986년 12월에 일어난 화재로 소실된 후 최근에 새로 지어졌다. 대적광전과 미륵전 사이의 높은 축대 위에는 '송대'라 불리는 공간이 있다. 이곳에는 5층석탑(보물 제25호)과 석종형부도(보물 제26호)가 있다. 현재 부도를 모신 공간은 '방등계단'이라 불린다. 방등계단은 법회를 열 때 특별한 의식을 행하는 곳인데 이러한 예는 남한에서 양산 통도사와 금산사에서만 볼 수 있다. 이 밖에도 금산사 경내에는 노주(광명대, 보물 제22호), 석련대(석조연화대, 보물 제23호), 혜덕왕사탑비(보물 제24호), 6각다층석탑(보물 제27호), 당간지주(보물 제28호) 등의 유물이 있다.

추천 여행코스

금산사→벽골제→망해사

여행 TIP

금산사 미륵전 앞마당에는 자그마한 산수나무 한 그루가 자라고 있다. 새하얀 꽃이 피는 5월과 새빨간 열매가 열리는 10월에 특히 사람들의 눈길을 끈다. 유심히 보지 않으면 그냥 지나치기 쉬우니 꼭 한 번 살펴보도록 하자.

주변 명소

망해사

김제는 비옥한 들판(만경평야)을 끼고 있는 고장이다. 김제시 중심가에서 드넓은 평야 지대를 지나 서쪽으로 25km쯤 가면 야트막한 산봉우리들이 있는 바닷가에 이르게 된다. 이들 산봉우리 가운데 해발 72m의 진봉산 자락에 망해사가 자리 잡고 있다. 말 그대로 '바다를 바라보고 있는 사찰'이다. 망해사는 백제 의자왕 때인 642년 부설거사에 의해 창건된 것으로 알려져 있다. '망해사' 편액이 걸려 있는 낙서전 앞에서 바라보는 낙조가 아름답다. (063-545-4356)

망해사 인근의 드넓은 평야

전북

송광사
● 완주군

MAP

송광사 대웅전

'땀을 흘리는 부처님'이 사는 고찰

전라북도 완주군 소양면에 있는 송광사는 신라 경문왕 때인 867년에 당시의 고승 도의선사가 창건한 것으로 알려져 있다. 순천 송광사를 창건한 고려 때의 고승 보조국사는 이곳에도 사찰을 중창했다. 창건 당시의 이름은 백련사였으나 조선 인조 때 송광사로 이름이 바뀌었다. 인조가 청나라에 볼모로 잡혀간 두 아들의 무사환국과 국난의 아픔을 치유하기 위해 대대적인 중창을 하면서 사찰 이름을 바꾼 것이다.

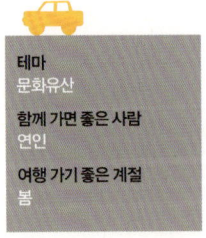

테마
문화유산

함께 가면 좋은 사람
연인

여행 가기 좋은 계절
봄

● **주소** 전라북도 완주군 소양면 대흥리 569-2 ● **가는 길 | 승용차** 익산장수고속도로 소양나들목→송광사 | **대중교통** 전주 시내에서 송광사 방면 버스 이용 ● **문의** 063-243-8091 ● **홈페이지** www.songkwangsa.org ● **휴무일** 연중무휴 ● **주차장** 있음 ● **먹거리** 순두부(화심순두부 063-243-8952)

송광사 천왕문의 사천왕상

전라남도 순천에 있는 송광사와 곧잘 혼동되는 완주 송광사는 평지에 위치한 사찰이다. 사찰 주변에는 자그마한 마을도 있다. 그래서 몇 년 전까지만 해도 송광사를 찾아가려면 마을앞 느티나무와 예스러운 흙돌담을 지나야 했다. 경내도 마치 잘 꾸며진 가정집 정원처럼 포근한 느낌을 주었다. 하지만 지금은 사찰 주변이 새롭게 정비되었다. 사찰 입구의 민가 일부는 다른 곳으로 이주했고 주차장 주변에는 생태공원이 조성되어 있다.

송광사 대웅전은 조선시대 후기의 건축미를 잘 간직한 건물이다. 법당 안에는 보물 제1274호인 소조삼불상(석가여래좌상, 약사여래좌상, 아미타여래좌상)이 모셔져 있다. 조선 인조 때인 1641년에 조성된 이들 불상은 법당 안에 있는 좌불상 가운데는 우리나라에서 가장 큰 규모를 자랑한다. '석가여래 화현'이라 일컬어지던 진묵 스님에 의해 점안의식이 행해진 매우 유서 깊은 불상이기도 하다. 일명 '땀을 흘리는 부처님'으로 잘 알려져 있는 이들 불상 가운데서는 주불인 소조석가여래좌상이 대표적인 수작으로 손꼽힌다.

대웅전 법당에서 또 하나 눈길을 끄는 것은 '목패' 또는 '원패'라고 불리는 목조삼전패이다. 17세기 무렵의 것으로 추정되는 이들 목패는 조선 인조와 왕비, 소현세자, 봉림대군의 안녕을 위해 제작되었다. 각각의 목패에는 '주상전하수만세', '왕비전하수제년', '세자전하수천추'라는 글씨가 새겨져 있다. 특히 구름과 용이 서로 뒤섞여 있는 인조의 목패가 불교미술의 아름다움을 잘 표현한다. 송광사 대웅전 천장에 그려진 민화인 10여 점의 〈주악비천도〉는 우리의 옛 악기, 무용, 의상 등을 연구하는 데 매우 귀중한 자료로 활용되고 있다.

송광사의 십자각(범종각)은 화려하면서도 경쾌한 멋을 풍기는 건축물이다. 언제, 누가 세웠는지에 대한 기록은 찾아볼 수 없지만 건축양식이나 규모로 보아 대웅전과 같은 시기인 1857년 무렵에 세워진 것으로 추정한다. 12개의 기둥 위에 마치 누각처럼 세워진 범종각은 십자각 형태의 독립된 옛 건축물로는 매우 드문 예이기도 하다.

추천 여행코스

송광사→화암사→전주한옥마을

여행 TIP

송광사 천왕문은 천왕전이라 불리기도 한다. 문이자 법당인 셈이다. 그래서 천왕문의 사천왕상 앞에는 불단이 마련되어 있다. 이는 다른 사찰에서는 찾아보기 드문 경우라 할 수 있다. 나라에 큰 전쟁이 있을 때 송광사 스님들이 나라를 구하는 데 힘을 보태기 위해 잠시 세상으로 나가면서 예불을 드렸던 공간이다.

주변 명소

화암사

화암사는 신라시대 창건한 사찰로 불명산 깊은 산속에 있는 아담한 사찰이다. 요즘은 대부분의 사찰이 경내까지 차로 올라갈 수 있게 길이 나 있는데 화암사는 30분 정도 걸어 올라야 한다. 물길이 아름답다. 국내에 하나뿐인 하앙 구조형 건물로 그리 크지 않아 산중 사찰의 운치를 간직하고 있다. (063-261-7576)

화암사 주전 극락전

적상산안국사

● 무주군

MAP

적상산 분지 능선자락에 올라앉은 안국사

테마
문화유산

함께 가면 좋은 사람
가족, 연인

여행 가기 좋은 계절
사계절

●**주소** 전라북도 무주군 적상면 괴목리 산184-1 ●**가는 길** | **승용차** 통영대전고속도로 무주나들목→무주읍→북창리→안국사 | **대중교통** 무주시외터미널에서 버스 탑승, 무주읍에서 택시 이용 ●**문의** 063-322-6162 ●**홈페이지** tour.muju.org ●**휴무일** 없음 ●**주차장** 있음 ●**먹거리** 어죽(금강식당 063-322-0979)

추천 여행코스
무주양수발전홍보관→안국사→적상산 사고지→머루와인동굴→무주구천동

주변 명소

적상산 사고지
적상산 사고지를 무주군 적상면 북창리로 옮겨 복원했다. 임진왜란 때 4대 사고가 불타자 전주사고 실록을 춘추관, 태백산 등에 보관했는데 병자호란 등 북방의 위협에 묘향산 사고를 적상산으로 옮겼다. (063-322-2905)

적상서고

적상산은 산을 두른 절벽이 가을이면 붉은 치마를 두른 듯하다고 하여 붙은 이름이다. 산 정상이 분지인데 이곳에 양수 발전을 위한 호수를 만들었다. 이때 안국사도 현재 위치로 옮겼다.

적상산은 조선 5대 사고의 하나인 적상산 사고가 있던 산이다. 옛날 고려 때 쌓은 산성이 일부 남아 있고 최영 장군의 발자취가 전설로 전해온다. 사면이 절벽으로 해발 1,043m 높이의 기봉을 비롯하여 향로봉, 천일폭포 등 비경을 고스란히 간직한 명산이다.

안국사는 원래는 적상산 정상의 오롯한 분지에 있던 아담한 사찰이었다. 조선 무학대사가 나라에서 제일 길지라 하여 중건한 사찰로 보경사 또는 산성사로도 불렸다. 무주양수발전소가 들어서며 적상호가 생김에 따라 지금 있는 호국사지로 옮겨 복원하였다.

사찰까지는 차로 갈 수 있지만 적상산의 비경과 산행의 맛을 제대로 누리려면 산행로를 따라 올라가야 한다. 정상에 있는 적상호는 인공호수이나 시간이 가면서 주변 풍광에 녹아들어 운치 있는 산정호수의 모습을 찾아가고 있다. 안국사에서 바라보는 적상호와 분지를 둘러싼 능선의 모습이 세상과 동떨어진 선경에 들어온 듯한 느낌을 준다.

논개생가지

● 장수군

MAP

조선 여인의 의기를 드높인 논개

테마
문화유산

함께 가면 좋은 사람
가족

여행 가기 좋은 계절
봄, 여름, 가을

● 주소 전라북도 장수군 장계면 대곡리 709 ● 가는 길 | 승용차 익산장수고속도로 장수나들목→논개생가지 | 대중교통 장계시외버스터미널에서 하루 2회 운행 ● 문의 063-352-2550 ● 홈페이지 www.jangsu.go.kr ● 휴무일 없음 ● 주차장 있음 ● 먹거리 매운탕(진풍장회관 063-352-0068)

사람들은 논개를 떠올리면 진주 기생으로 생각하는데 장수에서 그런 말을 하면 좋은 소리를 듣지 못한다. 장수군 주촌마을에서 태어난 논개는 비록 첩이었을 망정 의기와 절개가 곧은 여인이었다.

장수군 대곡리는 논개가 태어난 마을이다. 사람들의 입과 향토사료를 통해 내려온 논개의 생애는 일반적으로 알려진 것과는 사뭇 다르다. 논개는 주촌마을 훈장 주달문의 딸로 태어났다. 부친이 일찍 사망하고 민며느리로 팔려가는 신세가 되자 어머니가 데리고 피신했다가 장수 관아에 체포되었다. 장수현감 최경회의 현명한 재판으로 무죄를 선고받고 관아에서 머물다 최경회의 소실이 되었다. 임진왜란이 일어나자 최경회는 의병을 이끌고 진주성 전투에 참가하여 순국했다. 이에 논개는 기녀로 위장하여 왜군 장수들의 잔치에 나아가 장수를 끌어안고 남강에 투신하였다. 정사에서 소홀한 대접을 받은 이유는 소실이었기 때문으로 기생이 아니었다는 게 논개를 연구하는 사람들의 주장이다.

장수군은 논개가 태어난 주촌마을 입구에 생가지를 복원하고 의량루와 단아정, 연못 등을 조성하여 사람들을 맞는 한편 매년 의암 주논개축제를 열며 충절을 기리고 있다.

추천 여행코스

주촌민속마을과 논개생가지→방화동가족휴가촌→장수향교→장수승마장

주변 명소

방화동가족휴양촌

장안산 기슭 방화동 계곡물이 한바탕 물돌이를 하는 곳이다. 울창한 숲과 맑은 물이 있어 아이들과 가면 좋다. 방화동자연휴양림과 연계하여 삼림욕과 물놀이를 즐기기에 안성맞춤이다. (063-353-0855)

방화동계곡에 있는 휴양촌

내소사

● 부안군

MAP

내소사 대웅보전

소박한 아름다움의 진수를 보여 주는 사찰

전라북도 북서부에 위치한 부안은 천혜의 곡창지대인 호남평야를 끼고 있는 고장이다. 부안의 가장 대표적인 명소로는 변산반도국립공원을 첫손에 꼽을 수 있다. 이른바 '산과 바다가 멋진 조화를 이루는' 명소이다. 변산반도는 크게 내변산과 외변산으로 나뉜다. 일반인들이 쉽게 찾아갈 수 있는 바닷가 쪽은 외변산, 직소폭포를 지나 내소사까지 이어지는 내륙 쪽은 내변산이라 불린다.

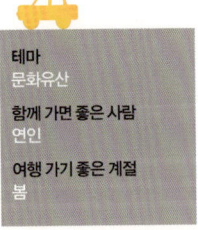

테마
문화유산

함께 가면 좋은 사람
연인

여행 가기 좋은 계절
봄

● 주소 전라북도 부안군 진서면 석포리 268 ● 가는 길 승용차 서해안고속도로 줄포나들목→내소사 | 대중교통 부안읍에서 내소사 방면 버스 이용 ● 문의 063-583-7281 ● 홈페이지 www.naesosa.org ● 휴무일 연중무휴 ● 주차장 있음 ● 먹거리 해물칼국수(원조해물칼국수 063-582-0114)

내소사 전나무숲길

변산반도 남동쪽의 능가산 기슭에는 내소사가 자리 잡고 있다. 백제 무왕 때인 633년에 창건된 매우 유서 깊은 고찰이다. 임진왜란 때 대부분의 전각이 소실되었으나 조선 인조 때 청민선사에 의해 중창되었다. 현재 내소사의 큰 법당인 대웅보전(보물 제291호) 역시 조선 인조 때인 1633년에 중건되었다.

내소사 입구의 일주문 바로 앞에는 수백 년 된 '할머니 당산나무'가 버티고 서 있다. 이곳에서 천왕문까지 이어지는 약 600m 길이의 울창한 전나무숲길은 내소사의 명물 가운데 하나이다. 전나무가 내뿜는 향을 맡으며 소담스런 흙길을 따라 걷다 보면 몸과 마음이 가벼워지는 것을 느낄 수 있다.

내소사 대웅보전은 맨얼굴을 그대로 드러내고 있다. 세월이 흐르면서 법당을 치장했던 단청이 모두 벗겨져 버린 까닭이다. 오히려 이처럼 소박한 모습이 참배객들의 마음을 편안하게 해 준다. 게다가 못을 전혀 사용하지 않고 나무토막을 꿰맞춰 지었다는 대웅보전은 그 자체가 훌륭한 작품이다. 처마 밑을 장식하는 정교한 조각은 이곳이 예사로운 사찰이 아니었음을 한눈에 짐작케 한다.

내소사 대웅보전의 빼놓을 수 없는 자랑거리는 후불탱화 뒷벽에 그려져 있는 〈백의관음보살좌상〉이다. 후불벽화로는 국내 최대를 자랑하는데 합장을 하고 관음보살과 눈을 맞추면서 걸으면 소원이 이루어진다는 얘기가 전해진다. 대웅보전의 문을 장식하는 문창살도 눈여겨 봐야 한다. 국화와 연꽃문양 외에 여섯잎 보상화문양도 찾아볼 수 있다. 보상화는 실제로 존재하지는 않지만 불교에서 가장 아름다운 꽃으로 인식하는 상상의 꽃이다. 법당 안에서 문창살을 보면 문양과는 관계없이 모두 마름모꼴로 보이는 점도 특이하다. 내소사 대웅전 안에서는 찾아볼 것이 참 많다. 금빛새 한 마리가 붓을 물고 날아다니며 그렸다는 법당 내부의 단청을 바라보면 금방이라도 법당이 반야용선으로 변해 극락으로 향할 것만 같다. 목침 크기의 나무 한 토막이 빠진 부분과 미처 완성하지 못한 단청의 한 부분을 찾아보는 재미도 꽤 쏠쏠하다.

추천 여행코스

내소사→곰소항→격포해변

여행 TIP

부안은 문인들 사이에 '문학의 고장'으로 널리 알려져 있다. "이화우 흩날릴제 울며 잡고 이별한 님"으로 시작되는 시로 유명한 이매창, 이른바 '전원시의 거성'이라 일컬어지는 신석정의 고향이 바로 부안이기 때문이다. 신석정의 시 가운데는 〈그 먼 나라를 알으십니까〉와 〈네 눈망울에서는〉 등이 비교적 널리 애송되고 있다.

주변 명소

격포해변

격포해변은 변산해변과 함께 부안의 대표적인 해변이다. 격포해변은 서해안의 해변으로는 드물게 간만의 차가 심하지 않다. 게다가 고운 모래가 약 2km쯤 길게 뻗어 있는 데다 수온이 높고 물이 맑아 8월 20일 무렵까지도 가족을 동반한 피서객들이 많이 찾는다. 해변의 남쪽 끝은 채석강과 맞물어 있다. 채석강은 '서해안 3대 낙조명소' 가운데 하나이다. (063-582-7808)

격포해변의 낙조

내장사
● 정읍시

MAP

한 폭의 그림 같은 내장사 가는 길

붉은 단풍이 빚는 불국정토의 화려한 세상

내장산 하면 단풍부터 떠올린다. 내장산 내장사 단풍의 명성을 모르는 이는 드물다. 그야말로 죽기 전에 꼭 한 번 가 봐야 할 계절명소이다. 가을 단풍철이면 인산인해를 이뤄 아름다움을 감상하기 어렵다. 평일 아침 일찍 또는 저녁 무렵에 찾아야 제대로 된 단풍구경을 할 수 있다. 내장사는 백제 무왕 때 창건한 사찰이나 여러 차례 소실된 바 있다. 끊임없는 수난 속에서도 천년이 넘도록 불맥을 이어 온 내장사이기에 찾는 마음이 더욱 경건하다.

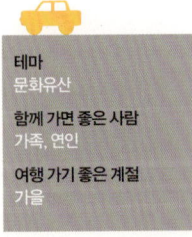

테마
문화유산

함께 가면 좋은 사람
가족, 연인

여행 가기 좋은 계절
가을

●주소 전라북도 정읍시 내장동 590　●가는 길 | 승용차 호남고속도로 내장나들목→내장산터널→내장사 | 대중교통 정읍 시내에서 내장사행 버스 탑승　●문의 063-538-8741　●홈페이지 www.naejangsa.org　●휴무일 없음　●주차장 있음　●먹거리 한정식(수라청 063-535-0350)

내장사 대웅전

내장산은 숨겨진 것이 무궁무진하다 하여 붙은 이름이다. 원래는 영은산이라 불렸으며 전국8경의 하나로 꼽혔다. 신선봉을 주봉으로 하여 까치봉, 연지봉, 망해봉 등 9봉우리가 말발굽 모양을 이루는데 그 가운데 내장사가 있다.

내장산의 숨겨진 비경 중에 하나가 가을철이면 화려하게 피어난다. 내장사 단풍은 우리나라에서 손꼽힌다. 단풍사진 중에 시선을 끌며 감탄을 자아내는 사진을 보고 어딘가 찾아 보면 어김없이 내장사 단풍이다. 내장사 단풍을 최고로 치는 것은 붉고 노란 단풍잎들의 색이 맑고 곱기 때문이다. 매표소에서 내장사까지 걸어가는 길은 꽤 길어서 1시간 가까이 걸린다.

단풍의 아름다움이 절정인 구간은 내장사 일주문에서 부도밭까지 가는 길이다. 터널을 이룬 듯 화려한 빛을 이루는 길을 걸으면 마치 불국정토에 들어선 느낌을 받는다.

내장사는 636년 영은대사가 영은사로 창건하여 다섯 번에 걸쳐 소실되었던 사찰이다. 그때마다 중창하여 지금에 이르는데 절 입구 부도밭 일대를 원래 있던 터로 추정한다. 내장산은 가을 단풍이 뛰어나지만 겨울 눈꽃 또한 아름다운 곳으로 사계절이 아름답다.

내장산은 정읍시와 순창군, 장성군에 걸친 산으로 금선계곡과 원적계곡, 금선폭포와 도덕폭포, 용굴 등의 비경을 간직한 산이다. 내장사에서 까치봉을 올라 신선봉과 연자봉을 다녀오거나 일주문에서 서래봉으로 올라 망해봉과 까치봉을 거쳐 내장사로 하산하는 코스 등이 있는데 등산로가 만만치 않다. 수월하게 내장산을 보고 싶다면 케이블카를 타고 연자봉까지 올라 주봉, 신선봉을 다녀오면 1시간 정도 걸린다.

정읍은 동학농민혁명 유적지가 많이 남아 있는 곳이다. 전봉준 장군이 혁명을 일으킬 당시 머물렀던 고택을 비롯하여 황토현전적지 등 동학농민혁명의 중요한 계기가 되었던 장소를 따라 여행할 수 있다. 섬진강과 동진강의 상류지역으로 내장산과 옥정호 등 풍광이 뛰어난 자연여행을 테마로 잡아 여행코스를 잡을 수도 있다.

추천 여행코스

정읍사공원→내장사→백련암→황토현전적지→전봉준고택

축제 및 행사

매년 5월에 황토현동학축제가 열리고, 10월경에는 정읍사문화제가 열린다.

주변 명소

정읍사공원

'달하 노피곰 도다샤'로 시작하는 백제가요 〈정읍사〉는 밤길에 집으로 오는 남편을 위한 아내의 마음을 담아 부른 노래이다. 정읍사공원은 아양산 동쪽 기슭에 있으며 정읍사의 주인공인 망부상이 서 있다. 정읍사공원 주위로 정읍사예술회관, 정읍국악원 등 정읍의 주요 문화예술기관이 모여 있다. 매년 한 번씩 부부사랑축제가 열리는 곳이기도 하다. (064-530-7429)

정읍사공원 망부상

전북

실상사

● 남원시

MAP

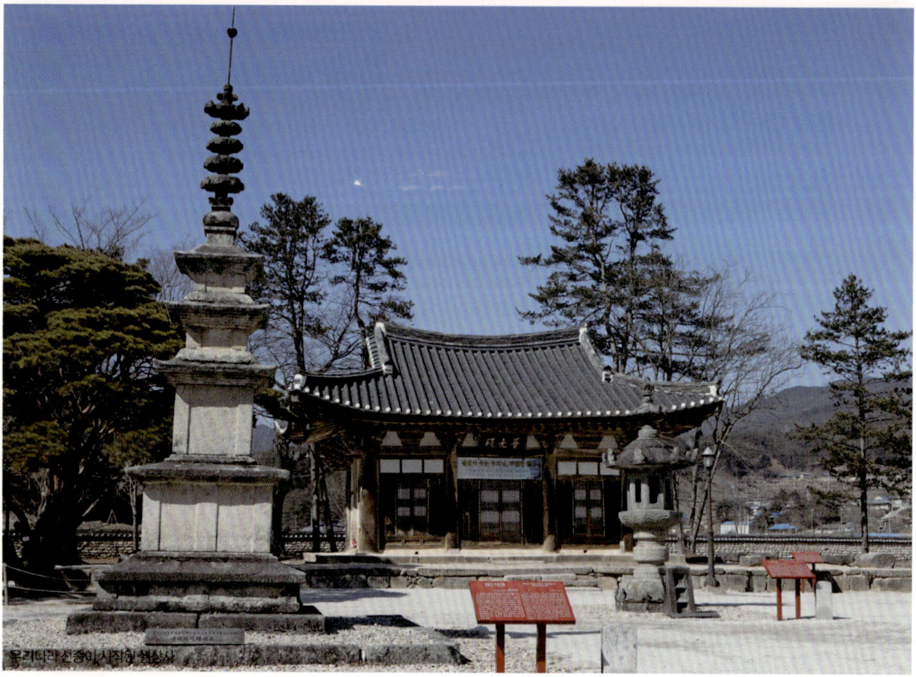

지리산을 연꽃처럼 두른 사찰 실상사

산속 깊숙이 숨은 고찰에 익숙한 사람들은 실상사가 조금 어색할 수도 있다. 실상사는 지리산 속 논밭 가운데 덜렁 자리 잡은 사찰이다. 처음에는 산중에 자리 잡은 도량이었으나 사람들이 점점 넓은 땅을 찾아 절 주위로 몰려들며 마을을 이루었다. 우리나라 선풍의 발상지가 이렇듯 속세 속에 있게 된 것은 무슨 의미를 담고 있는 것일까? 지리산 실상사 가는 길이 그래서 귀하다.

테마
문화유산

함께 가면 좋은 사람
가족, 친구

여행 가기 좋은 계절
사계절

● **주소** 전라북도 남원시 산내면 입석리 50 ● **가는 길 | 승용차** 88올림픽고속도로 지리산나들목→인월읍→산내면→실상사 | **대중교통** 남원시외버스터미널에서 실상사행 버스 탑승 ● **문의** 063-636-3031 ● **홈페이지** www.silsangsa.or.kr ● **휴무일** 없음 ● **주차장** 있음 ● **먹거리** 추어탕(백일식당 063-636-3351)

실상사 석등

실상사 가는 길은 여느 사찰 가는 길과는 다르다. 산속에 자리 잡은 절과 달리 실상사는 마을이 있는 논밭 한가운데 자리 잡고 있기 때문이다. 지리산 천왕봉을 마주한 천년 고찰이었으나 수차례 화재로 소실되어 지금은 작은 사찰로 남았다. 전각이 고색창연하지는 않지만 선기가 어려 있다는 평가를 받는다. 반야봉을 백 번 오르면 도를 깨달을 수 있고 실상사에서 백 번 참선을 하면 만사형통하다고 한다.

실상사에 들어서면 가지를 사방으로 뻗은 반송을 먼저 볼 수 있다. 단일 사찰로는 가장 많은 국보와 보물이 남아 있다. 국보인 백장암3층석탑을 비롯하여 3층석탑 2기, 수철화상 능가보월탑, 약수암목조탱화 등 보물이 열한 점에 이른다. 실상사 자체도 사적 309호로 지정되어 있다. 실상사는 많은 고승을 배출한 선불교의 종가와 같은 도량이기도 하다. 실상사 화엄학림은 1994년에 설립된 조계종 최초의 전문교육기관이다.

속세와 가까운 사찰답게 다른 절에서는 보기 어려운 모습도 볼 수 있다. 친환경농사를 짓는 실상사농장, 절을 중심으로 지역공동체를 이루어 가는 (사)한생명 등 인근 주민과 더불어 살아가는 모습이다. 또한 불교의 연기사상을 교육이념으로 삼은 중·고등과정의 실상사 작은학교와 귀농인을 위한 실상사 귀농학교를 운영한다.

사람들의 입에 지리산 실상사가 끊임없이 회자되는 것은 이처럼 여러 활동을 하고 있기 때문이다. 실상사가 대중과 더불어 활동을 하는 데는 선종이라는 배경도 있다. 선종은 선을 중요시하고 누구나 깨달으면 부처가 될 수 있다는 가르침으로 대중에게 다가간 불교이다. 때문에 산중 고찰이 아님에도 실상사를 찾는 사람이 줄을 잇는다.

최근에는 지리산 둘레길과 연계하여 실상사를 많이 찾는다. 실상사에서 영원사로 가는 길 또한 계곡과 숲길을 따라가는 아름다운 길이다. 실상사 부속암자인 백장암과 약수암 등을 찾는 길 또한 풍광이 뛰어나 찾아갈 만하다.

추천 여행코스

광한루→인월5일장→실상사→백장암→황산대첩비

축제 및 행사

매년 8월에 황산대첩제가 열린다.

주변 명소

황산대첩비

고려 말 이성계 장군이 왜구와 싸워 대승을 거둔 전적비로 운봉읍에 있다. 고려 말 500여척의 대선단으로 침입한 왜구는 최무선의 화포에 대패하였는데 육지로 도주한 왜구들이 남원 운봉현을 약탈하고 인월리에 진을 쳤다. 이성계 장군이 10배나 부족한 병사를 이끌고 싸워 섬멸하였는데 이때 포획한 말만 1,600필에 이른다고 한다. 조선 선조 때 대첩비를 세웠는데 일제강점기 때 일본인들이 부순 것을 광복 후에 다시 세웠다.

남원 황산대첩비각

전북

광한루원

● 남원시

MAP

광한루원의 오작교

테마
문화유산

함께 가면 좋은 사람
가족, 연인

여행 가기 좋은 계절
봄

● **주소** 전라북도 남원시 요천로 1447 ● **가는 길** | 승용차 88올림픽고속도로 남원나들목 →남원시→광한루원 | **대중교통** 남원 시내에서 도보로 이동 ● **문의** 063-620-8903 ● **홈페이지** www.gwanghallu.or.kr ● **휴무일** 연중무휴 ● **주차장** 있음 ● **먹거리** 추어탕(새집 063-625-2443)

광한루원은 누각인 광한루를 비롯해 연못, 3개의 섬, 오작교 등으로 이루어져 있다. 봄날의 춘향제를 비롯한 크고 작은 축제와 행사들이 열리는 주행사장으로 인기가 높다.

춘향전에서 광한루원은 이몽룡과 성춘향이 처음 만나 사랑을 키우기 시작한 장소로 묘사되어 있다. 하지만 광한루원은 춘향전의 무대라는 의미보다 훨씬 더 큰 가치를 지닌다. 자연을 존중하는 조선의 성리학적 세계관이 곳곳에 담겨 있기 때문이다. 연못은 은하수를 상징하고, 연못 안에 있는 3개의 섬은 신선들이 산다는 삼신산(三神山)을 의미한다. 광한루원의 중심 건물인 광한루는 황희 정승이 지은 광통루에서 유래를 찾아볼 수 있다. 황희 정승이 남원에 내려와 있던 1419년 무렵에 광통루를 지었다. 그 후 조선 세종 때인 1444년에 하동부원군 정인지가 이곳을 찾아 "달나라 궁궐의 광한청허부(廣寒淸虛府)에 흡사하구나." 하고 감탄한 이후로 광한루란 이름으로 불리게 되었다. 조선 선조 때인 1582년에는 남원부사 장의국이 인공연못을 만들고 돌다리인 오작교를 놓았다. 그리고 전라관찰사로 부임해 온 송강 정철이 연못에다 3개의 섬을 조성했다.

추천 여행코스

광한루원→춘향테마파크→혼불문학관

주변 명소

춘향테마파크
광한루원 건너편의 야트막한 언덕 위에 자리 잡고 있다. 《춘향전》과 관련된 다양한 조형물과 건물들로 조성되어 있다. 만남의 장, 맹약의 장, 사랑과 이별의 장, 시련의 장, 축제의 장 모두 5개의 마당으로 나뉘어져 있다. (963-620-6836)

춘향테마파크 입구

고창읍성

● 고창군

MAP

고창읍성

테마
문화유산

함께 가면 좋은 사람
연인

여행 가기 좋은 계절
봄

● 주소 전라북도 고창군 고창읍 ● 가는 길 │ 승용차 서해안고속도로 고창나들목→고창읍성 │ 대중교통 고창 읍내에서 도보로 이동 ● 문의 063-564-2121(고창군청) ● 홈페이지 www.gochang.go.kr ● 휴무일 연중무휴 ● 주차장 있음 ● 먹거리 아구탕(다운회관 063-564-6543)

일명 '모양성'이라 불리는 고창읍성(길이 1,684m)은 야트막한 산등성이를 끼고 평지에 축성된 석성(평산성)이다. 성안에 오래된 소나무들 사이로 호젓한 산책로가 마련되어 있다.

고창읍성은 순천 낙안읍성, 서산 해미읍성 등과 함께 원형이 잘 보존된 조선시대 초기의 대표적인 읍성이다. 당시 성을 쌓는 데는 전라좌도와 전라우도에 속해 있던 19개의 군과 현에서 각 구간을 담당했으며 그 흔적이 지금도 성 바깥의 표지석으로 남아 있다.

고창읍성은 야트막한 산을 끼고 있기 때문에 성문을 3개(동문, 서문, 북문) 만들었다. 그리고 왜적을 보다 효과적으로 방어하기 위해 각각의 성문에 옹성을 쌓고 성곽 곳곳에 치성을 쌓았다. 전체 길이가 1,684m인 고창읍성을 한 바퀴 도는 데는 약 1시간이 소요된다.

고창읍성에는 재미있는 전설이 있다. 돌을 머리에 이고 성을 돌면 다리병이 낫고, 무병장수하고, 극락승천한다는 내용이다. 이때 돌은 성의 일정한 장소에 모아 놓아야 한다. 겨울이 끝날 무렵인 해빙기에 성곽을 밟아 주기 위해 만들어 낸 이야기로 우리 조상들의 지혜와 유비무환의 정신을 엿볼 수 있는 전설이다.

추천 여행코스

고창읍성→동리 신재효 고택→선운사

주변 명소

동리 신재효 고택

조선 말기에 판소리 명창 동리 신재효(1812~1884)가 살던 집으로 고창읍성 입구에 있다. 그는 이 집에서 여류 명창 진채선을 비롯한 많은 제자를 배출했다. 신재효는 〈춘향가〉, 〈적벽가〉, 〈심청가〉, 〈박타령〉, 〈토끼타령〉, 〈가루지기타령〉 등의 체계를 잡고 집대성했다.

동리 신재효 고택

전북

벽골제
● 김제시

MAP

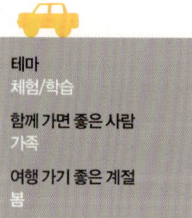

저수지와 수문, 박물관과 공원 등으로 조성된 벽골제

우리나라 최대의 고대 저수지

김제 벽골제는 오천 년 농경문화의 상징으로 우리나라 최대의 고대 저수지이다. 《삼국사기》에 의하면 330년 백제 비류왕 때 쌓았고 790년 신라 원성왕 때 증축했다는 기록이 있다. 지금은 김제시 부량면 신용리에서 월승리까지 3km에 이르는 제방만 남았다. 벽골제농경문화박물관, 아리랑문학관, 벽천미술관, 우도농악관 등 문화예술시설이 들어서며 관광단지화하여 청소년들의 체험학습코스로 각광받고 있다.

테마
체험/학습

함께 가면 좋은 사람
가족

여행 가기 좋은 계절
봄

● **주소** 전라북도 김제시 부량면 신용리 119-1 ● **가는 길 | 승용차** 서해안고속도로 서해안나들목→김제 시내→부량면→벽골제 | **대중교통** 김제시외터미널에서 부량면 벽골제 관광단지행 버스 이용 ● **문의** 063-540-4986 ● **홈페이지** byeokgolje.gimje.go.kr ● **휴무일** 매주 월요일, 1월1일 ● **주차장** 있음 ● **먹거리** 회(심포항 주변)

벽골제 수문 장생거

김제 벽골제에 가면 선조들의 토목공사에 대한 지혜를 느낄 수 있다. 대형 토목공사로는 유일하게 그 흔적이 남아 있는 곳이다. 김제의 옛 지명이 벽골이다. 벽골제 중 수비에는 둑의 길이가 6만8 백자이고 둑 안의 둘레는 7만7천4백6보라고 자세하게 나왔다. 사방으로 도랑을 파서 논에 물을 대는데 그 논이 9천8백4십결9십5복에 이른다. 대략 1,120만 평으로 여의도 면적의 4배 이상이라 추정한다. 조선시대 중수할 때 동원된 인원만도 장정 1만 명이 넘었다. 지금은 저수지와 대다수 수로가 상실되고 3km의 제방만 남아 있을 뿐이다.

벽골제농경문화박물관을 가면 우리나라 농경문화와 벽골제의 규모, 축조과정 등을 한눈에 알 수 있다. 벽골제를 이해하기 위해서는 꼭 들러야 할 박물관이다. 벽골제 주위를 다니다 보면 평야가 어떤 곳이라는 걸 실감할 수 있다. 어디를 가던 둥그스름한 야산이 있는 우리나라에서 이렇게 드넓은 평야의 모습은 좀처럼 만나기 어렵다. 박물관 4전시실은 김제평야의 역사와 문화를 전시하고 있다.

벽골제 테마연못은 농사를 위해 물을 대던 갖가지 방법을 실제 도구를 통해 알아볼 수 있는 곳이다. 야외전시장도 넓다. 소테마공원은 농경사회에서 중요한 역할을 했던 소를 테마로 한 공원이다. 연자맷간 등 농경문화에 쓰였던 도구들을 함께 전시하고 있다.

단야각과 단야루는 벽골제에 얽힌 애절한 사랑을 기리는 전각이다. 신라 원성왕 때 지역 태수의 딸 단야는 벽골제 보수를 맡은 원덕랑을 흠모하였다. 백성들 사이에 용추에 제물을 바쳐야 공사가 순조롭다는 속설이 퍼졌는데 마침 원덕랑의 약혼녀 월내가 찾아왔다. 태수가 월내를 보쌈하여 제물로 바치고 딸 단야의 사랑도 이루게 하려 하자 단야는 스스로 용의 제물이 되어 공사도 완공시키고 숭고한 사랑을 지켜 냈다.

벽골제 관광단지는 과거 농경문화만 전시하는 곳은 아니며, 농업의 비전을 제시하고 미래를 조망할 수 있는 내용도 담고 있다. 벽골제 주위에 벽천미술관, 우도농악관 등 김제의 문화예술시설이 가까이 있어 함께 둘러볼 수도 있다.

축제 및 행사

매년 9월 말에서 10월 초에 지평선축제가 열린다.

추천 여행코스

금산사→벽골제관광단지→아리랑문학관→망해사→심포항

주변 명소

아리랑문학관

대하소설 《아리랑》은 일제강점기에 김제 만경들에 살았던 민초들의 수난과 투쟁을 그린 소설이다. 벽골제관광단지에서 5분 거리에 있는 아리랑문학관은 전시실 3실과 아리랑문학비가 있다. 세 전시실은 각각 《아리랑》의 줄거리와 주요 등장인물, 작가 연보와 작품 연보, 작가의 인생과 취재수첩, 집필자료 등을 전시하고 있다. 소설을 통해 우리나라 농경문화와 민중의 애환을 살펴본 뒤 김제 만경 들판을 바라보면 새삼 비장한 마음이 든다. (063-540-3934)

아리랑문학관 전시실

전북

혼불문학관

● 남원시

MAP

《혼불》의 작품 배경지에 세워진 혼불문학관

남원은 우리나라의 대표적 고전문학인《춘향전》과《흥부전》의 무대이며 동편제 판소리의 본고장으로 유명하다. 최근 들어서는 혼불문학관이 '멋과 풍류의 고장, 남원'의 명맥을 잇고 있다.

혼불문학관은 소설가 최명희(1947~1998) 씨가 병마와 싸우며 17년 동안 쓴 대하소설《혼불》의 무대이자 작가 아버지의 고향이다. 작가는 소설에서 매안 이씨 집안의 3대에 걸친 종부들의 이야기를 통해 일제강점기 당시 백성들의 생활상과 풍속을 실감나게 표현했다.

오늘날 소설《혼불》이 새롭게 조명되고 있는 것은 이 작품이 단순한 대하소설이 아니기 때문이다.《혼불》은 우리 역사상 가장 암울했던 시기인 1930년대 생활상을 사실적으로 표현한 일종의 기록이다. 그 당시의 관혼상제는 물론 가구, 복식, 음식, 윷점 등에 이르기까지 방대한 자료를 바탕으로 한 사실적 묘사가 이 소설의 가장 큰 특징이다.

2004년 개관한 혼불문학관에는 작가의 육필원고와 유품, 효원의 혼례식, 강모와 강실의 소꿉놀이, 액막이 연날리기 등의 소설 장면을 사실적으로 재현한 축소모형이 전시되어 있다. 해마다 혼불문학관 일대에서는 혼불정신선양회 주관으로 혼불문학제가 열린다.

테마
체험/학습
함께 가면 좋은 사람
가족
여행 가기 좋은 계절
여름

●**주소** 전라북도 남원시 사매면 서도리 522 ●**가는 길 | 승용차** 남원나들목→서도역→혼불문학관 **| 대중교통** 남원읍에서 혼불문학관(사매면) 방면 버스 이용 ●**문의** 063-620-6788 ●**홈페이지** www.honbul.go.kr ●**휴무일** 매주 화요일 휴관 ●**주차장** 있음
●**먹거리** 백반(우소보소 063-633-7484)

추천 여행코스

혼불문학관→서도역→광한루원

함께 가면 좋은 곳

서도역
서도역 역시《혼불》의 주요 무대이다. 2002년 전라선 철도의 복선화공사로 인해 사라질 뻔했던 옛 서도역은 1930년대 당시의 모습으로 복원되었다. (063-634-8063)

《혼불》의 주요 무대인 서도역

덕진공원

● 전주시

MAP

연꽃과 창포군락지가 아름다운 덕진공원

테마
공원/유원지/산책

함께 가면 좋은 사람
가족

여행 가기 좋은 계절
여름

● **주소** 전라북도 전주시 완산구 교동·풍남동 일대 ● **가는 길 | 승용차** 경부고속도로 동전주나들목→전주시청→덕진공원 | **대중교통** 전주고속버스터미널에서 도보 이동(10분 소요) ● **문의** 063-239-2604 ● **홈페이지** tour.jeonju.go.kr(한바탕전주) ● **휴무일** 없음 ● **주차장** 있음 ● **먹거리** 비빔밥(가족회관 062-284-0982)

덕진공원 연못과 취향정의 풍광은 전주8경의 하나로 옛날부터 손꼽히던 명소이다. 전주의 풍수를 살펴 만든 연못이 지금은 전주시민은 물론 타지에서도 찾는 휴식처가 되었다.

덕진공원은 고려 때 축조한 연못을 중심으로 조성한 공원이다. 전주는 산으로 둘러싸인 분지인데 북쪽만 트여 있어 지기가 흘러나간다고 하여 가련산과 건지산 사이를 제방으로 막아 연못을 만들었다고 한다. 여름에 연꽃이 만발하면 취향정과 어우러진 풍광이 아름다워 전주8경의 하나로 꼽혀 왔다. 취향정과 연화정, 풍월정 등의 정자와 연못을 가로지르는 연화교, 연지교 등의 시설이 있어 전주시민의 아늑한 휴식처로 사랑받는 공원이다. 3만 평에 이르는 연못은 연꽃자생지와 창포군락지가 있으며 호수 북쪽에는 보트를 탈 수 있는 시설이 있다. 음악분수를 설치하여 봄, 여름, 가을에 음악에 맞춰 하루 4회 연주를 한다.

공원 안에 신석정시비, 전봉준 장군상이 있으며 야외공연장에서는 수시로 판소리 등의 공연이 벌어진다. 밤이면 화려한 조명을 받아 환상적인 분위기를 자아낸다. 연화교와 취향정 등 정자에 불이 밝혀지면 전주 도심과 어우러져 환상의 데이트 코스가 된다.

추천 여행코스

전주한옥마을→남부시장→영화의 거리→덕진공원→서신동 막걸리골목

주변 명소

영화의 거리

전주는 국제영화제가 열리는 도시이다. 전주시 완산구 고사동은 대형 영화관이 몰려 있는 젊음의 거리로 늘 활기차다. 젊은이들이 몰리는 곳답게 값싸고 맛있는 음식점과 화려한 볼거리가 많다.

전주 영화거리의 젊은이들

전북

지리산둘레길
● 남원시

MAP

자연을 따라 걷는 지리산둘레길

지리산을 이해하는 새로운 방법, 둘레길 걷기

걷기 열풍이 불며 곳곳에 길이 나고 있다. 산을 깎고 다리를 놓는 도로가 아니다. 사람들의 발길이 끊어진 옛길을 찾아 걷기 코스로 이어 붙이는 것이다. 지리산둘레길 역시 그렇다. 오랜 세월 사람들이 다니던 길을 이어서 지리산 윗자락을 길게 지난다. 워낙 큰산이라 둘레길을 걷다 보면 전북과 전남, 경남 3개 도와 남원과 구례, 하동, 산청, 함양까지 5개의 시군을 지난다.

테마
걷기여행

함께 가면 좋은 사람
가족, 친구

여행 가기 좋은 계절
봄, 가을

●**주소** 전라북도 남원시 인월면 인월리 198(지리산길 안내센터) ●**가는 길 | 승용차** 88올림픽고속도로 지리산나들목→배암등사거리→인월사거리→지리산길안내센터 **| 대중교통** 인월버스터미널에서 도보로 10분 ●**문의** 063-635-0850(지리산길안내센터) ●**홈페이지** www.trail.or.kr ●**휴무일** 없음(지리산길안내센터는 매주 월요일 휴무) ●**주차장** 있음 ●**먹거리** 순대국(장터순대국 063-636-3614)

지리산 둘레길 표지목

지리산은 전북과 전남, 경남까지 3개의 도에 걸친 지리산이다. 지금까지 난 길은 모두 열여섯 코스에 이른다. 그 중 다섯 코스가 지리산 북쪽을 지나는 길이다. 제1구간은 남원 주천에서 운봉까지 가는 길로 논길과 마을길로 평탄하게 이어진 14km에 이르는 길이다. 해발 500m의 운봉고원의 들과 여섯 마을을 지난다. 옛 운봉현과 남원부를 잇는 옛길이 남아 있어 힘들지 않게 답사할 수 있다. 아이를 동반한 가족이 걷기에 좋은 길로 약 6시간 정도 걸린다.

2구간은 운봉에서 인월까지 가는 길이다. 오른쪽으로 바래봉과 고리봉을 잇는 지리산 서북능선을 바라보고 왼쪽으로 고남산과 수정봉을 보며 가는 길이다. 1구간에 이어 운봉고원을 지나는 길로 옛통영별로길과 제방길이 평탄하여 여럿이 걷기에 좋다. 9.4km이며 4시간 정도 걸린다. 황산대첩비와 송흥록생가 등 유적지가 있어 볼거리가 많다.

남원 인월과 함양 금계를 잇는 3구간은 가장 긴 코스로 19.3km에 이르며 8시간 걸린다. 제방길과 농로, 차도와 임도, 숲길 등 다양한 길이 있고 옛 고갯길인 등구재를 넘기도 해서 제법 난이도가 높다. 여섯 개의 산촌마을을 걸으며 다랑논, 계곡 등을 고루 지나고 지리산과 산촌마을의 풍물을 느낄 수 있어 가장 많이 알려져 있다.

함양 금계에서 동강을 잇는 4구간은 11km에 이르며 산마을과 사찰, 엄천강을 만나는 길이다. 본격적으로 지리산 자락을 걷는 길로 옛길과 임도를 걷는다. 의중마을과 서암정사, 벽송사 등을 둘러보고 구시락재를 넘는 데 4시간 정도 걸리며 난이도가 높은 편이다.

함양 동강에서 산청 수철을 잇는 5구간은 11.9km에 이르며 5시간 정도 걸린다. 계곡을 따라 걷는 산길로 산행에 버금간다. 산촌마을 네 군데를 지나 산청으로 내려온다. 가는 길에 상사폭포와 쌍재, 고동재 등 수려한 지리산의 속내를 엿볼 수 있다.

지리산 둘레길 사이트를 보면 각 구간별로 코스와 볼거리, 소요시간, 숙박정보 등이 잘 나와 있으며 길동무프로그램을 이용하면 함께 갈 동행도 구할 수 있다.

추천 여행코스

인월5일장→지리산둘레길→오도재→함양상림

여행 TIP

마을을 지날 때 농작물이나 열매에 손대면 곤란하다. 반려동물과 다니는 것도 자제해야 한다. 지리산길 사이트에서 이용수칙을 꼭 확인하자. 매주 금요일에는 길해설사와 함께 가는 프로그램도 운영한다. 인월읍에는 지리산길 안내센터가 있다.

주변 명소

인월5일장

3일과 8일 열리는 인월5일장은 하동의 화개장터처럼 전라도와 경상도 사람들이 한데 어울려 물건을 사고 파는 곳이다. 때문에 경상도 사투리와 전라도 사투리가 섞여 들린다. 5일장의 순수한 모습이 많이 남아 있어 정겹다. 지리산에서 채취한 산나물과 인월특산물, 토종흑돼지 등이 유명하다. 토종흑돼지는 고지대에서 자라 육질이 연하고 지방질이 적다. 장터의 어죽과 국밥도 맛있다. (055-960-5163)

인월5일장

전북

변산마실길
● 부안군

MAP

서해의 절경을 감상하며 갈 수 있는 변산마실길

갈매기야 따라와라 마실 가자

새만금방조제에서부터 줄포까지 구불구불한 해안선을 따라 걷는 길이다. 오르락내리락 들쑥날쑥한 길이지만 가는 내내 바다가 함께하는 길이라 피곤한 줄 모르고 걷는다. 살아 변산, 죽어 순천이라는 말이 있다. 변산이 그만큼 살기 좋다는 것이다. 변산의 바다와 풍물을 속속들이 들여다보는 마실길은 모두 4구간 7코스가 개발됐다.

테마
걷기여행

함께 가면 좋은 사람
연인, 친구

여행 가기 좋은 계절
봄, 여름, 가을

● **주소** 전라북도 부안군 변산면 ● **가는 길 | 승용차** 서해안고속도로 부안나들목→부안읍→하서면→변산마실길 안내센터 | **대중교통** 부안버스터미널에서 격포행 버스 탑승 ● **문의** 063-580-4434(부안 관광안내소) ● **홈페이지** www.buan.go.kr(부안군 문화관광) ● **휴무일** 없음 ● **주차장** 있음 ● **먹거리** 회(격포어촌계회센터)

적벽강

변산은 옛날부터 여름 경치가 뛰어나기로 소문나 호남4경에 꼽혔다. 변산마실길은 바닷가를 따라 굽이굽이 걷는 길이다. 길이 험하지 않아 가족 또는 연인이 걸을 만하다. 변산마실길 1구간을 노을길이라 한다. 바다를 보며 걷다가 저녁이면 서해 낙조를 만날 수 있다.

1구간은 새만금전시관에서부터 송포까지 가는 대왕리패총길 5km와 송포에서 성천까지 이어지는 사망(土望)길 6km 그리고 성천에서 적벽강을 지나 격포해변과 채석강으로 이어지는 적벽강노을길 7km까지 3코스로 나뉜다. 총 길이가 18km로 부지런히 걸으면 6시간 정도 걸린다. 한 번에 걷는 것보다 코스별로 끊어서 다니는 것이 부담 없어 좋다.

2구간은 해안초소길로 격포항에서 솔섬까지 '궁항 너머 솔섬 가는 길' 5km와 솔섬에서 갯벌체험장까지 '모항 갯벌 체험길' 6.4km까지 2코스로 나뉜다. 구간을 완주하는 데는 약 3시간 정도 걸린다.

3구간은 문화재길이다. 코스가 길어서 갯벌체험장에서 왕포까지 '아홉 구비 돌아가는 길'이 11km, 왕포에서 곰소염전까지 '제방 따라 청지골 가는 길'이 12km로 두 코스 모두 길어 제법 걸어야 한다. 완주하는 데는 5~6시간 정도 걸린다.

4구간 자연생태길은 구진에서 줄포까지 이어지는 7.5km구간으로 호암과 웅연조대 등을 지난다. 제방길을 이용하는 구간이 많아 아직은 좀 불편한 길이다.

변산 바다는 사람들이 많이 찾는 곳이라 민박이나 펜션, 맛집 등 편의시설이 잘 되어 있는 편이다. 특히 격포항은 채석강 등 유명 관광지를 끼고 있어 따로 들러 볼 만하다. 교통과 편의시설이 가장 잘 되어 있는 길은 1구간 3코스이다. 격포와 적벽강, 채석강 등 변산에서 이름난 관광명소를 지나기에 맛집도 몰려 있다. 가장 불편한 길은 4코스인데, 중간에 식당 등의 편의시설이 없고 숙박할 만한 곳도 없다. 화장실도 코스 중간에 있는 공공시설 화장실을 이용해야 한다. 2시간 정도 걸리는 짧은 코스지만 미리 염두에 두고 준비해야 할 구간이다.

전북

추천 여행코스
백산성→새만금방조제→변산마실길→내소사

축제 및 행사
매년 10월경에 격포항에서 변산반도노을바다축제, 곰소항 젓갈축제가 열린다.

주변 명소
백산성
부안군 백산면에 있는 산성이다. 흙으로 쌓은 토성인데 토단 위에 목책을 올려 적을 방비했던 것으로 추정한다. 북문과 남문의 흔적이 있으며 660년대에 지은 것으로 본다. 건물터와 삼국시대 토기조각, 토단 등이 남아 있다. 동학농민운동 때는 동학군이 점령하여 사용하였던 곳으로 백산성 정상에 동학정 정자가 있다. 정자에 오르면 사방이 훤하게 내려다보여 왜 이곳에 산성을 쌓았는지 까닭을 알 수 있다.

백산산성과 정자

선운산도립공원

● 고창군

MAP

도솔계곡의 꽃무릇길

'호남의 내금강'이라 불리는 명산

선운산은 이른바 '호남의 내금강'이라 불릴 정도로 수려하면서도 소박한 산세를 자랑한다. 본래 '도솔산'이라는 이름을 갖고 있었는데 선운사가 유명해지면서 그 이름이 선운산으로 바뀌었다. 선운사는 찾는 이의 마음을 편안하게 하는 곳이다. 봄에는 벚꽃을 보기 위해, 벚꽃이 진 다음에는 동백꽃을 보기 위해 많은 사람들이 선운사를 찾아온다. 눈 덮인 겨울 산사, 9월의 꽃무릇 군락, 가을의 아름다운 단풍 역시 선운사의 자랑이다.

테마
산/휴양림/캠핑장

함께 가면 좋은 사람
친구

여행 가기 좋은 계절
가을

●**주소** 전라북도 고창군 아산면 ●**가는 길 | 승용차** 서해안고속도로 선운산나들목→고창군 부안면→선운산도립공원 **| 대중교통** 고창 읍내에서 선운사 방면 버스 이용 ●**문의** 063-563-3450 ●**홈페이지** www.gochang.go.kr ●**휴무일** 연중무휴 ●**주차장** 있음 ●**먹거리** 풍천장어(신덕식당 063-562-1533)

선운사 경내

선운사는 백제 위덕왕 때인 577년에 창건된 것으로 알려지고 있다. 한동안 폐사지로 남아 있었으나 조선 성종 때인 1472년에 대대적인 중창을 해 대가람의 면모를 갖추게 되었다. 그러나 안타깝게도 이때 세워진 건물들은 정유재란을 겪으면서 모두 소실되고 말았다. 현재의 건물 대부분은 1613년 이후에 새로 지어진 것들이다.

선운사에는 한때 89개 암자에 3,000여 명에 이르는 많은 승려가 있었다고 하나 지금은 모두 옛 이야기가 되고 말았다. 사찰 주변의 선운산 자락에 산재해 있던 암자들도 세월의 흐름과 함께 하나둘 스러져 지금은 도솔암과 참당암 등이 그 명맥을 유지하고 있다.

선운사 하면 대부분의 사람들은 송창식이 부른 대중가요 〈선운사〉와 미당 서정주, 풍천장어, 복분자술, 상사화, 동백꽃 등을 떠올린다. 참으로 많은 얘깃거리와 구경거리를 가지고 있는 사찰이다. 이 가운데서도 특히 많은 사람들이 선운사 동백꽃을 보고 싶어 한다.

선운사 동백나무숲은 천연기념물 제184호로 지정되어 있다. 동백꽃이 아름다워서가 아니다. 바로 이곳이 우리나라에서 동백나무가 자생할 수 있는 최북한지대이기 때문이다. 수령 500년 정도의 오래된 동백나무들이 대략 4월 중순부터 5월 초순 사이에 예쁜 꽃을 피운다.

선운사 입구의 주차장과 매표소 사이에는 생태숲이 조성되어 있다. 선운사 경내를 벗어나 개천을 끼고 있는 오른쪽 오솔길을 따라 300m쯤 가면 갈림길이 나타난다. 이곳에서 오른쪽 큰 길을 버리고 건너편의 호젓한 산길로 접어든다. 여기서부터 도솔암까지 이어지는 도솔계곡은 2009년 문화재청에 의해 명승 제54호로 지정되었다. 이 일대는 9월 중순이면 산길 양편에 붉은색 꽃무릇이 만개한다. 약 1km에 이르는 도솔계곡이 끝나는 지점에는 진흥굴이 있다. 신라 제24대 왕이었던 진흥왕이 왕위를 버리고 왕비인 도솔과 공주인 중애를 데리고 와서 수도를 했다는 진흥굴이다. 굴 앞에는 수령 600년 정도로 추정되는 멋진 소나무 한 그루가 자라고 있다. 멀리서 보면 마치 펼쳐진 우산처럼 보이기도 하는 이 소나무는 장사송 또는 진흥송이라 불린다.

추천 여행코스

선운산도립공원→미당시문학관→고창읍성

여행 TIP

진흥굴에서 100m 정도만 더 가면 도솔암에 이르게 된다. 주변 경치가 빼어난 도솔암 근처에는 숱한 전설이 배어 있는 동불암마애불, 금동지장보살(보물 제280호)이 있는 내원궁, 서해 일몰을 감상할 수 있는 낙조대 등이 있어 찾는 사람이 많다. 이 가운데서도 특히 내원궁은 한 가지 소원은 꼭 들어주는 신통력을 지닌 기도도량으로 유명하다.

주변 명소

미당시문학관

고창이 낳은 한국 시단의 거목인 미당 서정주의 작품과 생애를 한눈에 살펴볼 수 있는 문학관이다. 폐교된 선운초등학교 봉암분교를 개조해 2001년 11월에 개관했다. 영상실, 세미나실, 휴게실 등의 시설이 있으며 전시실에는 미당의 육필원고를 비롯한 각종 사진자료와 서적, 유품들이 전시되어 있다. 근처의 국화동산에는 미당의 묘소가 있으며 매년 11월에는 국화축제가 열린다. (063-560-2760)

미당시문학관

전북

강천산군립공원
● 순창군

MAP

강천산 입구 기암절벽에 있는 인공폭포

기암괴석과 울창한 숲, 맑은 호수가 있는 산

군립공원 중에서 이만큼 알려진 산도 드물다. 순창에서 가 볼 만한 산을 꼽으라면 항상 첫머리에 놓인다. 높이가 584m로 그리 높지 않으나 호남지방에서는 호남 소금강이라 불리며 주말마다 찾는 인파가 줄을 잇는다. 들어가는 입구에 아름다운 강천호가 있고 등산로 또한 중턱까지 편평하여 가족 나들이로 가기에 알맞다. 기암절벽과 너른 계곡, 울창한 숲이 어우러져 산의 묘미를 모두 맛볼 수 있다.

테마
산/휴양림/캠핑장

함께 가면 좋은 사람
가족

여행 가기 좋은 계절
봄, 가을

● **주소** 전라북도 순창군 팔덕면 청계리 996 ● **가는 길 | 승용차** 88올림픽고속도로 순창나들목→순창읍→팔덕면→강천산군립공원 **| 대중교통** 순창버스터미널에서 강천산행 버스 이용 ● **문의** 063-650-1672 ● **홈페이지** tour.sunchang.go.kr(순창군 문화관광) ● **휴무일** 없음 ● **주차장** 있음 ● **먹거리** 한정식(남원집 063-653-2376)

강천산 구름다리

강천산은 순창과 담양의 경계에 있는 산이다. 서쪽으로 산성산이 있고 남쪽으로 광덕산과 이어진다. 강천산에 대한 순창 사람들의 애정은 각별하다. 1981년 강천산과 산성산, 광덕산, 강천호 일대를 우리나라 최초로 군립공원으로 지정하고 가꿔 가고 있다.

강천산은 등산보다는 산책을 하듯 다녀올 수 있다. 입구에 들어서면 우선 높은 절벽에서 떨어지는 병풍폭포가 맞아 준다. 매표소에서 강천사와 구름다리 입구 광장까지는 가족이 나란히 서서 갈 정도로 넓은 길이다. 광장에서 구름다리를 거쳐 전망대를 다녀오는 데 1시간이면 충분하다. 본격적인 산행은 구름다리를 지나서부터 시작된다.

산이 높지 않으나 기암괴석이 즐비한 가파른 길이 있어 시간이 걸린다. 문화재로 지정된 삼인대를 비롯하여 신선대, 병풍바위, 범바위, 어미바위, 부처바위 등 기기묘묘한 바위들이 곳곳에 자리 잡고 있고 수량도 풍부하여 비룡폭포, 구장폭포, 약수폭포 등 이름난 폭포도 많다. 산행은 주로 비룡폭포와 운대봉, 연대봉을 거쳐 제2강천호로 내려오는 코스를 이용하는데 매표소에서부터 약 4.6km로 5시간 정도 걸린다. 강천산 구름다리는 사진 등을 통해 널리 알려진 명소이다. 울창한 숲 사이 절벽을 잇는 다리로 강천산의 아름다움을 한눈에 바라볼 수 있는 곳에 있다. 산속 깊숙이 자리 잡은 제2강천호수 또한 산행의 즐거움을 더한다.

삼인대 앞에 자리 잡고 있는 작은 사찰 강천사는 신라시대에 도선국사가 창건한 사찰이다. 연원은 오래되었지만 지금 전각은 모두 6·25 전쟁 이후에 지은 것이다. 삼인대 다리 앞에 서 있는 오래된 모과나무는 수령이 300년으로 우리나라에서 가장 오래된 모과나무라고 한다.

강천산은 활엽수림이 우거져 단풍이 아름답다. 최근에는 강천산 온천수를 개발하였는데 먹으면 변비와 피부에 좋다는 입소문이 퍼져 물통에 담아 가는 사람도 많다. 순창을 방문하는 사람들은 대부분 강천산과 전통고추장마을 등을 찾는데 대체로 당일로 왔다가 돌아간다.

추천 여행코스

순창객사→전통고추장마을→강천산→회문산자연휴양림

축제 및 행사

매년 8월경에 삼인대에서 삼인문화제가 열린다.

주변 명소

회문산자연휴양림

회문산은 6·25전쟁 때 빨치산의 근거지로 격전이 벌어졌던 곳이다. 빨치산 사령부가 있던 곳에 자연휴양림이 들어섰다. 휴양림 안에 당시를 재현한 볼거리들이 있다. 깨끗한 계곡과 울창한 숲이 우거진 휴양림이다. 회문산까지의 등산로도 험하지 않고 가볍게 다녀올 수 있다. 숲 속의 집과 산림문화휴양관, 야영장과 오토캠핑장을 갖췄으며 물놀이장과 전망대, 산책로 등이 잘 조성되어 있다. (063-653-4779)

회문산자연휴양림 숲속의 집

전북

대둔산도립공원
● 완주군

MAP

천길 벼랑을 잇는 대둔산 구름다리

울울창창한 숲과 기암이 조화를 이룬 호남 금강산

백두대간 금남정맥이 줄기줄기 이어 내려오다 만경평야를 앞두고 솟구쳐 올랐으니 호남 금강산이라 일컫는 대둔산이다. 울창한 숲과 정상 부근의 기암절벽이 비할 데 없이 아름다워 옛날부터 호남 금강산이라 불렀다. 7부능선까지 케이블카가 있고 조금 오르면 천길 벼랑을 건너는 구름다리가 있다. 덕분에 노약자도 산의 아름다움을 만끽할 수 있는 산이 바로 완주의 대둔산이다.

테마
산/휴양림/캠핑장

함께 가면 좋은 사람
가족, 친구

여행 가기 좋은 계절
사계절

●**주소** 전라북도 완주군 운주면 산북리 611-34 ●**가는 길 | 승용차** 호남고속도로 익산나들목→봉동→고산→운주→대둔산 | **대중교통** 전주시외버스터미널에서 대둔산행 버스 이용 ●**문의** 063-263-9949 ●**홈페이지** tour.wanju.go.kr(완주군 문화관광) ●**휴무일** 없음 ●**주차장** 있음 ●**먹거리** 산채정식(대둔산도립공원 입구에 식당이 몰려 있다.)

마천대

대둔산은 충남 금산, 논산과 전북 완주를 경계 짓는 산이다. 논산 쪽은 숲과 계곡이 아름다워 산행을 하기에 알맞고 완주 쪽은 기암절벽으로 산의 아름다움을 감상하기에 좋다. 산행은 충남 쪽에서 많이 하면서도 전북 완주 대둔산이라 하는 이유는 남쪽에서 보는 대둔산이 기암절벽과 숲이 어우러져 제 멋을 보여 주기 때문이다.

대둔산을 우리말로 하면 한듬산이다. '한'은 '크다'는 뜻이고 '듬'은 '덩이'를 말한다. 큰덩이, 큰더미라는 뜻으로 산을 보면 우리말이 딱 맞음을 알게 된다. 호남의 큰들 만경평야를 앞두고 어찌 이리 큰덩어리가 솟았는지 신기할 따름이다. 완주 대둔산은 노약자도 산행의 즐거움을 만끽할 수 있는 산이다. 완주 대둔산도립공원에서 시작하는 등산로에는 케이블카가 있어 7부능선까지 순식간에 올라갈 수 있다. 대둔산의 정상은 해발 878m의 마천대이다. 완주에서 케이블카를 타고 마천대 오르는 길에 두 가지 오싹한 경험을 하는데 까마득한 절벽을 잇는 금강구름다리와 삼선대를 오르는 100m에 이르는 외길 127단 철계단이다. 마음 약한 사람은 주저앉을 길이지만 막상 올라서서 돌아보면 마치 하늘에 오른 듯 세상을 굽어볼 수 있다. 산기슭에 솟은 삼선대에서 바라보는 대둔산과 정상에서 바라보는 삼선대는 아름답기 짝이 없다.

대둔산 등산로는 주로 4코스를 이용한다. 논산 벌곡면 수락리에서 시작하는 수락재, 월성봉, 바랑산, 채광리를 잇는 5시간 정도 걸리는 코스와 금산 태고사에서 시작하여 낙조대를 지나 마천대에 오르는 코스가 산꾼들이 많이 찾는 길이다. 완주에서 오르면 금강문과 금강구름다리, 삼선바위를 지나 마천대에 오른다. 짧은 시간에 대둔산의 풍광을 즐기고 싶은 사람은 완주 쪽에서 케이블카를 이용하면 된다.

대둔산의 진정한 아름다움은 마천대와 낙조대를 잇는 능선산행에 있다. 낙조대에 오르면 바다의 낙조와는 또 다른 묘미를 느낄 수 있다. 대둔산은 사계절이 아름다운 산이다. 가을단풍이 바위와 어우러질 때를 절정으로 치지만 겨울 산행으로도 각광받는다. 다만 정상 부근에 바위가 많아 미끄러질 위험이 있어 조심해야 한다.

추천 여행코스

대둔산→화암사→대아수목원→위봉사

축제 및 행사

매년 10월 말 단풍이 절정일 때 대둔산축제가 열린다.

주변 명소

삼길포

대호방조제 남쪽에 있는 작은 포구마을이다. 옛날에는 생길포라고도 했다. 방조제가 생기기 전에는 강물이 흘러 바다로 가는 길목이었다. 덕분에 고기가 많이 잡혀 번성했던 항구였다. 지금도 우럭, 놀래미 등이 많이 잡혀 낚시꾼들 사이에서 더욱 유명하다. 마을 어시장 인심이 푸근하여 주말이면 횟감을 찾는 가족들로 붐빈다. 마을 뒤쪽 야트막한 산에 바다를 내다보는 아담한 사찰 해월사가 있다. 백제 무렵 창건된 유서 깊은 곳이다.

삼길포 어시장

전북

마이산도립공원
● 진안군

MAP

마이산탑사

깔끔한 자태 뽐내는 산벚꽃의 명소

마이산의 4월은 꽃이 있어 더욱 아름답다. 4월 중순이 되면 마이산 입구의 탑영제 근처가 새하얀 벚꽃으로 뒤덮인다. 마이산은 잘 알려져 있다시피 그 생김새가 마치 말의 귀를 닮았다 해서 붙여진 이름이다. 인삼, 고추, 더덕, 표고버섯 등과 같은 특산물로 유명한 진안고원 한가운데 불쑥 솟아 오른 두 개의 봉우리가 있다. 우리나라 어디에서도 이처럼 기묘하게 생긴 바위산은 찾아보기 어렵다.

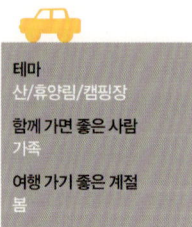

테마
산/휴양림/캠핑장

함께 가면 좋은 사람
가족

여행 가기 좋은 계절
봄

●주소 전라북도 진안군 마령면 ●가는 길 | 승용차 익산장수고속도로 진안나들목→진안읍→마이산 | 대중교통 진안읍에서 마이산 방면 버스 이용 ●문의 063-430-2227(진안군청 문화과광과) ●홈페이지 www.jinan.go.kr ●휴무일 연중무휴 ●주차장 있음 ●먹거리 흑돼지요리(풍경 063-432-6611)

마이산 벚꽃길

진안읍에서 3km쯤 떨어져 있는 마이산은 진안 사람들이 무척이나 신령스럽게 생각하는 영산이다. 마이산을 사이에 두고 북쪽에는 금강 발원지, 남쪽에는 섬진강 발원지가 자리 잡고 있어 신령스러움을 더한다. '말의 귀를 닮은 형상'으로 인해 조선시대 태종으로부터 마이산이라는 이름을 얻었다.

마이산의 두 봉우리는 각각 수마이봉(673m)과 암마이봉(667m)이라 불린다. 바라보는 방향에 따라 다소 차이는 있지만 옆으로 살짝 기울어진 봉우리가 암마이봉이다. 수마이봉과 암마이봉 사이에는 등산로가 이어져 있다.

마이산의 들머리는 북쪽과 남쪽 두 군데로 나뉘어져 있다. 각자의 취향과 접근성에 따라 어느 쪽을 선택해도 별무리가 없지만 기왕이면 북부 마이산에서부터 걷는 것이 좋다. 처음 계단을 오를 때 조금 힘이 들기는 해도 일단 약수터와 화암굴이 있는 곳까지만 오르면 내리막길을 따라 보다 여유롭게 마이산의 진면목을 즐길 수 있기 때문이다.

마이산 남쪽 기슭에는 탑사, 은수사, 금당사 등과 같은 사찰들이 있다. 탑사는 오래전부터 돌탑으로 유명한 곳이다. 임실 출신의 이갑룡이라는 처사가 10여 년에 걸쳐 손수 쌓았다는 돌탑들이 100년이 지난 지금도 건재하다. 본래는 120기의 돌탑들이 있었다고 하나 현재는 15m 높이의 천지탑을 비롯해 모두 80여 기의 돌탑들이 곳곳에 산재해 있다. 다듬지 않은 자연석으로 쌓은 돌탑들이 강한 비바람에도 쓰러지지 않는 것은 과학적으로 입증할 수 없는 신기한 현상이다. 탑사의 돌탑들은 현재 '우리나라 불가사의' 가운데 하나로 손꼽힌다.

탑사 아래쪽에 있는 금당사는 신라시대 876년에 창건된 매우 유서 깊은 사찰이다. 법당에 모셔져 있는 목조삼존불은 수령 1,000년이 넘은 은행나무를 재료로 사용했다고 전해진다. 탑사와 금당사 사이에는 약 2km에 걸쳐 벚나무길이 이어져 있고, 그 중간쯤에는 아담한 호수인 탑영제가 있다. 특히 벚꽃이 만개했을 때의 호반의 정취가 매우 낭만적이다. 마이산의 벚꽃 만개 시기는 4월 18~20일 무렵이다.

전북

추천 여행코스

북부 마이산→은수사→탑사→탑영제→남부 마이산

여행 TIP

조선시대 초기의 문장가였던 김종직은 "기이한 봉우리가 하늘 밖에서 떨어지니 쌍으로 쭈뼛한 것이 말의 귀와 같구나. 높이는 몇 천 길인지 연기와 안개에 우뚝하도다." 하며 마이산에 대한 시를 읊었다. 또 시인묵객들은 마이산에다 봄에는 돛대봉, 여름에는 용각봉, 가을에는 마이봉, 겨울에는 문필봉이라는 근사한 이름도 붙였다.

주변 명소

은수사

탑사에서 마이산 정상 쪽으로 5분만 더 올라가면 가파른 절벽 아래에 은수사가 자리 잡고 있다. 은수사는 국내에서는 보기 드문 청실 배나무가 있는 곳으로 유명하다. 태조 이성계가 이 사찰에 들렀다 먹고 버린 배의 씨앗이 자라 오늘날과 같은 거목이 되었다는 전설을 간직한 배나무다. 아울러 이곳 은수사는 한겨울에 그릇에다 물을 떠 놓으면 약 10~15cm 길이의 얼음기둥이 생기는 이른바 '역고드름 현상'이 나타나는 이색지대이기도 하다. (063-433-2502)

은수사 청실 배나무

전북

무주구천동 33경

● 무주군

MAP

사계가 아름다운 무주 구천동 계곡

굽이굽이 계곡 따라 펼쳐지는 비경이 서른 셋

덕유산 향적봉에서 흘러내리는 구천동 계곡은 바위와 폭포, 물길의 풍광이 수려하여 옛날부터 비경으로 꼽았다. 말 그대로 깊숙한 계곡에 숨겨진 구천동에 33가지 경치가 숨어 있다 하여 무주구천동 33경이라 부른다. 여름철 계곡 산행으로 이름이 높아 성수기에 가면 사람 구경만 하다 온다. 봄가을 호젓한 시기에 찾아야 비경을 제대로 누릴 수 있다. 계곡이 길어 33경을 모두 찾기는 어렵다.

테마
바다/섬/계곡

함께 가면 좋은 사람
가족, 연인

여행 가기 좋은 계절
여름

●**주소** 전라북도 무주군 설천면 두길리 ●**가는 길** | **승용차** 통영대전고속도로 무주나들목→무주읍→나제통문→무주 구천동 | **대중교통** 무주시외터미널에서 구천동행 버스 이용 ●**문의** 063-322-0665(나제통문 관광안내소) ●**홈페이지** tour.muju.org(무주군 문화관광) ●**휴무일** 없음 ●**주차장** 있음 ●**먹거리** 참게장(반딧불맛집 063-324-5220)

나제통문

제1경 나제통문에서 마지막 제33경인 정상 향적봉까지 길이가 36km에 이른다. 덕유산은 해발 1,614m에 이르는 큰 산이다. 중간인 제15경까지는 계곡을 따라 올라가는 평탄한 길이지만 워낙 길어 시간이 많이 걸린다. 때문에 대개 구천동관광단지까지 차로 와서 주차를 하고 15경 월하탄부터 제32경 백련사까지 오른다.

나제통문은 옛날 백제와 신라가 경계를 이루던 석문이다. 절벽을 뚫어 높이 3m, 길이 10m의 문을 만들고 길을 냈는데 워낙 오래전 일이라 원래부터 있었던 문 같아 보인다. 나제통문을 지나면 제2경 은구암부터 너른 계곡을 따라 차례차례 비경이 열린다. 자동차로 지나더라도 제6경 일사대에서는 잠시 멈춰 보자. 구천동 33경 중에서도 3대 경승지로 손꼽히는 곳이다. 수백 명이 앉을 수 있는 너른 암반과 그 사이를 비껴가는 계곡의 물이 장관이다. 나제통문에서 일사대까지는 벚꽃길로 봄철이면 벚꽃축제를 연다.

계속해서 오르면 무주리조트 가는 길과 구천동관광단지 가는 길로 나뉜다. 구천동관광단지에서 매표소를 지나면 곧바로 제15경 월하탄이 나오고 비로소 계곡탐방이 시작된다. 제16경 인월담, 제17경 사자담 등 굽이굽이 오르는 길마다 기기묘묘한 바위와 소, 폭포가 이어진다. 하나같이 전설과 사연을 담은 곳이다. 계곡 비경은 32경 백련사에서 마치고 마지막 경치가 덕유산 정상 향적봉에서 바라보는 풍경이다.

구천동 계곡의 비경은 풍광에 따라 제철인 계절이 다르다. 봄꽃과 가을 단풍이 아름다운 곳이 있는가 하면 여름철 수량이 많아야 제멋이 나는 곳도 있다. 구월담처럼 겨울 눈이 쌓인 계곡 풍경이 아름다운 곳도 적지 않다. 결국 사시사철 아름다운 계곡이라고 할 수 있다.

내친김에 향적봉까지 올라도 좋고 내려와서 무주리조트에서 곤도라를 타고 설천봉에서 내려 향적봉까지 다녀오는 방법도 좋은 방법이다. 설천봉에서 향적봉까지는 약 20분 걸린다. 하늘에서 내려다보는 덕유산의 아름다움은 또 하나의 비경이다. 이를 포함하여 구천동 34경이라 해도 좋다.

추천 여행코스

적상산안국사→양수발전처 홍보관→무주리조트 곤도라 이용 설천봉→무주구천동 33경→무주반디랜드

축제 및 행사

매년 6월에 무주반딧불축제가 열린다.

주변 명소

무주반디랜드

반딧불이는 맑고 깨끗한 자연환경에서 산다. 무주반디랜드는 곤충박물관과 자연학교, 반딧불이 생태복원지, 온실 등이 갖춰진 테마공원이다. 자연휴양림과 청소년 야영장, 통나무집 등을 갖추고 반딧불이 체험학습프로그램을 운영한다. 곤충박물관은 반딧불이와 2천여 종에 달하는 세계 희귀곤충 표본, 150여 종의 열대식물을 전시하고 있다. 자녀들과 반딧불이와 곤충에 대한 체험학습을 할 수 있는 곳이다. (063-324-1155)

무주반디랜드 산책로

전북

선유도
● 군산시

MAP

신선이 놀다 간 섬 선유도

테마
바다/섬/계곡

함께 가면 좋은 사람
연인

여행 가기 좋은 계절
여름

● **주소** 전라북도 군산시 옥도면 ● **가는 길 | 승용차** 서해안고속도로 동군산나들목→군산여객선터미널→여객선→선유도 | **대중교통** 군산여객선터미널에서 선유도 방면 여객선 이용 ● **문의** 063-450-611(군산시청 관광진흥과) ● **홈페이지** www.gunsan.go.kr ● **휴무일** 연중무휴 ● **주차장** 군산여객선터미널 주차장 이용 ● **먹거리** 생선회(선유8경횟집 063-465-8667)

전라북도 군산시 옥도면에 속해 있는 선유도는 참으로 아름다운 섬이다. 섬이 얼마나 아름다웠으면 그 이름을 '신선이 놀다 간 섬'이라는 뜻의 '선유도(仙遊島)'라 불렀을까?

군산 앞바다에는 크고 작은 섬이 많다. 새만금방조제로 인해 그 풍광이 떨어졌지만 여전히 깨끗하고 평화로운 섬들이 한데 어울려 있다. 고군산군도에 딸린 섬은 선유도를 비롯해 야미도, 신시도, 대장도, 장자도, 무녀도, 방축도, 횡경도, 비안도 등 무려 60여 개에 이른다. 그 가운데 야미도, 신시도 등은 새만금방조제로 인해 육지가 되었다.

고군산군도의 섬들 가운데 가장 많은 사랑을 받는 섬은 선유도다. 선유도의 아름다움은 오랜 옛날부터 사람들 사이에 널리 회자되어 왔다. 쌍둥이 봉우리인 망주봉이 깨끗한 백사장과 멋진 조화를 이루고 있으며 마치 기러기가 내려앉은 모습을 하고 있는 '평사낙안'은 선유8경 가운데 하나로 손꼽는다.

선유도는 여름 피서지로 유명하다. 섬 한가운데 명사십리해변이 있는데 조수간만의 차 때문에 깨끗한 물에서 해수욕을 즐길 수 있다. 이곳에서 바라보는 '선유낙조' 역시 선유8경 가운데 하나이다.

추천 여행코스

선유도→무녀도→장자도

주변 명소

무녀도

섬이 춤추는 무당 형상을 닮았다 해서 이름 붙여진 무녀도는 선유도와 다리로 연결되어 있다. 넓은 농토와 염전이 있는 섬으로 무녀도 갯벌에서 잡은 바지락으로 끓인 바지락탕이 별미이다. (063-450-6110)

선유도와 다리로 연결되어 있는 무녀도

웅포관광지

● 익산시

MAP

금강을 시원하게 내려다보는 웅포관광지

테마
드라이브

함께 가면 좋은 사람
가족, 연인

여행 가기 좋은 계절
사계절

● **주소** 전라북도 익산시 웅포면 웅포리 728-2 ● **가는 길 | 승용차** 서해안고속국도 동군산나들목→군산 대야면→익산 함라면→웅포관광지 **| 대중교통** 익산시외버스터미널에서 웅포면행 버스 이용 ● **문의** 063-859-5778(익산시청 문화관광과) ● **홈페이지** www.iksan.go.kr/tour ● **먹거리** 곰탕(이조곰탕 063-852-1883)

웅포대교와 서해안고속도로는 금강을 따라 달리는 환상의 드라이브코스를 자랑한다. 곰개나루 덕양정에 올라 보는 금강 해넘이는 바다나 산과는 또 다른 맛을 안겨 준다.

금강하구는 철새들의 보금자리이다. 함라산 기슭 곰개나루 덕양정에서는 종일 금강이 흘러가는 것만 봐도 족하다. 겨울 저녁 해넘이는 물줄기를 따라 지는데 금강이 붉게 물들어 장관을 이룬다. 웅포관광지는 금강 곰개나루 언덕에 있는 공원이다. 강 건너는 갈대밭으로 유명한 서천 신성리이다. 드라이브 삼아 웅포대교를 건너 다녀오면 좋다.

웅포관광지는 야영장과 공원, 전망시설을 갖춘 공원으로 계속해서 골프장 등 관광자원을 개발할 예정이다. 지금은 윈드서핑과 카약 등 수상레포츠와 농구장, 체력단련시설, 산책로, 자전거도로 등 체육시설을 갖추고 인근 도시인들의 쉼터 역할을 하고 있다.

특히 무료 야영장을 운영하고 있어 오토캠핑 열기와 함께 점차 야영을 하고자 찾는 사람들이 늘고 있다. 겨울철 해넘이 장소로도 점차 각광받고 있는 곳으로 금강을 따라 달리는 드라이브 여행길에 들러 쉬어 가기에 알맞다.

추천 여행코스

미륵사지→한열향교→함라한옥마을→웅포관광지

주변 명소

함라한옥마을

익산 함라면은 세 명의 만석꾼이 모여 살던 명당이다. 함라한옥마을은 돌과 흙으로 쌓은 담과 옛집들이 남아 있어 옛 마을의 정서를 고스란히 느낄 수 있다. 삼부자집을 비롯해서 마을길을 돌며 푸근한 인심을 느껴보자.

함라한옥마을의 옛 살림살이들

전북

새만금방조제
● 군산시

MAP

드라이브코스로 명성을 얻고 있는 새만금방조제

장엄한 자연과 경이로운 사람들의 노력

세계 최장 방조제라는 기록은 사람을 끌어 모으는 힘이 있다. 새만금방조제가 준공되자 관광명소로 떠올랐다. 바다를 가로지르는 장장 33km의 길이다. 이런 길은 이제까지 없었으니 이 길을 가며 만나는 풍광 또한 이제까지 보지 못한 새로운 풍광임에 틀림없다. 특히 드라이브코스로는 유일무이하다. 군산에서 부안을 연결하는 방조제를 달리는 길은 하늘과 멀리 내다보이는 바다와 섬뿐이다.

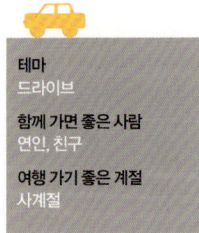

테마 드라이브
함께 가면 좋은 사람 연인, 친구
여행 가기 좋은 계절 사계절

● **주소** 전라북도 군산시 ● **가는 길 | 승용차** 서해안고속도로 군산나들목→군산항→군산여객선터미널→새만금방조제 **| 대중교통** 군산시외버스터미널에서 군산시티투어버스 이용 ● **문의** 063-450-6598(군산시 관광진흥과) ● **홈페이지** tour.gunsan.go.kr(군산시 문화관광) ● **휴무일** 없음 ● **주차장** 있음 ● **먹거리** 회(새만금도매어시장)

새만금방조제 전시관

새만금방조제는 군산과 김제, 부안을 연결한다. 바다를 가로지르고 있어 보이는 것은 쭉 뻗은 도로와 하늘뿐이다. 새만금방조제는 현재 진행형인 사업이다. 간척지개발 등 10년도 더 걸리는 사업이 아직 남아 있다.

새만금방조제는 여의도의 144배에 달하는 규모를 자랑한다. 우리나라에서 넓다는 김제평야와 만경평야를 합친 만큼이다. 두 평야의 앞 글자를 따고 그 앞에다 새로운 땅이라는 의미를 붙여 새만금이라 이름 지었다. 산업단지를 위해 조성을 하지만 관광명소화 계획도 마련되어 있다. 숙박과 레저, 휴양 등 관광인프라를 모은 복합해양레저단지를 조성할 예정이다.

방조제 입구에 새만금도매어시장이 있다. 바다를 가로지른 방조제 위로 도로가 나 있다. 달리는 길 중간에는 신시석산휴게시설과 해넘이 휴게소를 비롯 돌고래쉼터, 너울쉼터, 신시배수갑문 및 자연쉼터, 바람쉼터, 소라쉼터, 배수갑문 및 광장 등 곳곳에 쉼터가 있다. 부안 쪽에는 새만금종합홍보관이 있다.

휴게소나 쉼터 전망대에 올라 보면 자연 모습도 경이롭지만 인간의 노력에도 감탄을 하지 않을 수 없다. 새만금방조제가 건설될 때부터 논란이 되어 오던 환경파괴 문제가 여전히 남아 있지만, 새만금 사업이 성공적으로 마무리되면 오랜 동안 정체됐던 군산이 새 도시로 거듭날 것이라는 기대도 일각에서 일어나고 있다. 반면 생각지 못한 부작용도 있을 수 있다. 현재까지의 새만금 사업은 돌아갈 수 없는 길을 가고 있는 사업이다. 새만금방조제는 자연과 인간, 환경과 개발의 이데올로기가 부딪히는 접점에 있고 여행의 포인트가 되기도 한다.

드라이브만 즐기려면 금강하구둑을 따라 달리는 드라이브코스와 연계하여 온종일 달릴 수 있다. 중심을 군산에 두느냐 반대편에 있는 변산반도에 두느냐에 따라 다른 분위기의 여행이 될 수 있다. 군산은 근대문화의 흔적이 남은 항구도시이고, 변산은 아름다운 해안과 풍광을 자랑한다.

추천 여행코스

군산항→근대문화유산투어거리→군산 철길마을→새만금방조제→변산해변

축제 및 행사

매년 4월에 군산수산물축제와 새만금축제가 열린다.

주변 명소

군산 철길마을

마을 집과 집 사이 골목길을 기차가 지나간다. 1944년 개통한 군산역과 제지회사를 잇는 2.5km의 짧은 길이다. 신문용지를 나르던 길이라 페이퍼코리아선이라 부른다. 2008년까지는 그래도 가끔씩 기차가 지나갔는데 이제 그마저 끊겼다. 쓰지 않는 철길에 고추도 말리고 나물도 말린다. 군산 경암동 일대 철길마을은 사진과 영화로도 많이 알려진 곳이다. 판잣집 100여 채가 다닥다닥 붙어 있는데 그 사이에 철로가 있다.

군산철길마을 철로

전북

옥정호·운암대교
● 임실군

MAP

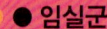
사진작가들이 즐겨 찍는 옥정호 운해 정경

새벽 물안개 피면 여기가 바로 선계

옥정호는 아침 햇살을 받아 피어오르는 물안개가 주변 산, 들과 어우러져 몽환적인 분위기를 연출한다. 봄 가을 물안개가 많이 피어오르는 시기에는 새벽부터 출사 포인트를 찾아가는 사진작가들의 발걸음이 부산하다. 몽실몽실 피어오르는 안개 속을 가로지르는 1km 길이의 운암대교는 마치 선계로 이어지는 다리같이 보인다. 옥정호를 따라가는 호숫가도로는 전국 아름다운 길 100선에 꼽힌 드라이브코스이다.

테마
드라이브

함께 가면 좋은 사람
가족, 연인

여행 가기 좋은 계절
봄, 가을

●**주소** 전라북도 임실군 운암면 운정리 ●**가는 길 | 승용차** 순천완주고속도로 임실나들목→임실읍→강진면→운암대교→국사봉전망대 **| 대중교통** 임실시외버스터미널에서 운암리행 버스 이용. 옥정호 마실길 이용 ●**문의** 063-640-2342(임실군청 문화관광산림과) ●**홈페이지** imsil.go.kr(임실군청) ●**휴무일** 없음 ●**주차장** 있음 ●**먹거리** 순대국밥(개미집 063-642-3370)

운암대교

옥정호의 아름다움은 물안개와 호반의 섬들이 연출한다. 붕어섬이라 불리는 외앗날을 중심으로 가깝고 먼 인근 산들이 물길과 어우러진 풍광이다. 여기에 새벽 물안개가 더하면 선경이 따로 없다. 섬진강 상류를 막은 댐이 임실군 강진면 옥정리에 있어 옥정호라 부르는데 호수가 넓어 정읍까지 걸친다. 섬진강으로 갈 물을 막아 발전을 한 후에 동진강으로 방류하여 호남평야에 농업용수를 대는 유역변경식 수력발전이다.

옥정호 여행의 중심은 운암면 마암리에서 국사봉·전망대휴게소까지 이르는 길이다. 새터교차로에서 27번 국도와 갈라진 749번 도로가 호수를 따라가면 호반드라이브의 정취를 한껏 느낄 수 있다. 길은 구불구불 이어져 운암면까지 간다. 국사봉·전망대휴게소에 옥정호를 내려다보는 팔각정이 있는데 옥정호의 뷰포인트이다.

옥정호의 진면목을 보고 싶은 사람은 국사봉 정상에 오른다. 순환도로에서 국사봉 정상으로 올라 능선을 타고 오봉산으로 해서 다시 오봉산을 거쳐 순환도로로 내려오는 길로 약 4시간 정도 걸린다. 오봉산에서 바라보는 붕어섬은 국사봉이나 팔각정에서 볼 때와는 다른 풍광을 자아내기에 이 길을 택하는 사람들도 많다. 능선을 타고 가는 길 내내 옥정호의 다양한 풍광에 탄성이 절로 나온다. 사진작가들은 무거운 카메라를 이고지고 새벽부터 이 길을 오른다.

임실군에서는 옥정호 드라이브코스 외에 마실길을 개발하여 관광명소화하고 있다. 옛날 마을 사람들이 나무를 하거나 이웃마을을 다니던 길을 정비하여 걷기여행 코스로 만들었다. 옥정호 마실길은 운암면 학암리에서 출발하여 기암마을을 거쳐 국사봉에 이르는 18km 길이로 현재 3코스까지 개발하였으며 계속해서 확장하고 있다.

옥정호를 중심으로 임실과 정읍에 도로가 빙 둘러 있는데 간혹 길이 끊긴 곳도 있지만 새로운 뷰포인트를 찾는다는 기분으로 찾으면 색다른 여행을 즐길 수 있다. 임실은 순대로도 유명해서 재래장터에 내장과 두툼한 돼지창자로 만든 순대로 맛을 낸 순대국밥집이 몰려 있다.

전북

추천 여행코스
옥정호와 운암대교→사선대→신안서원→임실향교→회문산자연휴양림

축제 및 행사
매년 10월에 군민축제인 소충사선문화제가 열린다.

주변 명소

사선대
임실군 관촌면에 있는 사선대는 물이 맑고 경치가 아름다워 마이산과 운수산의 신선과 선녀들이 하늘에서 내려와 놀았다는 곳이다. 매년 소충·사선문화제가 열리는 곳으로 임실군에서 내세우는 명소이다. 연못과 분수, 조각공원과 산책로, 체육시설 등의 휴식·편의시설을 갖춰 관광단지화하였다. 운서정과 영벽정 등 정자와 어우러진 바위와 호수 풍광이 아름다운 공원이다. (063-640-2575)

사선대 언덕 산책로

전라남도 광주

서해와 남해 두 지역의 바다를 품고 있고 내륙으로는 지리산, 월출산, 무등산, 조계산 등을 안은 곳이니 무엇보다 섬 여행을 즐기기에 좋다. 차로 건너갈 수 있는 섬만 해도 증도, 압해도, 진도, 완도, 신지도, 고금도, 나로도, 돌산도 등이 있다. 어디 그뿐인가. 다도해해상국립공원의 주연 배우들인 거문도, 금오도, 청산도, 보길도, 거금도, 소록도, 홍도, 흑산도, 조도군도, 도초도, 비금도 등도 저마다의 사연을 바람결에 들려주면서 육지 손님들을 기다린다.

느린 속도의 여행에 관심이 많다면 순천만, 보성차밭, 강진다원, 고천암호 철새도래지, 무안 회산백련지와 갯벌, 구례와 광양을 잇는 섬진강 꽃길, 영광 천일염전, 담양 메타세쿼이아길, 장성의 축령산자연휴양림 등을 추천한다. 화엄사를 비롯하여 송광사, 선암사, 대흥사, 미황사, 백련사, 도갑사, 무위사, 불갑사, 백양사, 태안사 등 오랜 역사를 자랑하는 명찰들도 부지기수다. 전남 여행 길에는 별미거리도 풍성해서 오감을 만족시킨다.

전라남도·광주

테마여행
죽녹원 90
메타세쿼이아길 92
산수유마을 94
매화마을 96
보성녹차밭 97
회산백련지 98
영랑생가 100
땅끝마을 101
법성포 102
토요민속여행 104

문화유산
초의선사유적지 105
왕인박사유적지 106
녹우당 108
대원사 109
소쇄원 110
백양사 112
불갑사 114
나주목사내아·목문화관 116
운주사 118
쌍봉사 120
송광사·선암사 122
낙안읍성 124
태안사 126
운조루 128
화엄사 130
다산초당 132
대흥사 134
미황사 135
운림산방 136

박물관/미술관/공연관
강진청자박물관 138
광주시립미술관 140

체험/학습
함평엑스포공원 141
무안생태갯벌센터 142
목포근대역사관 143
천관문학관 144
태백산맥문학기행 146
순천만 148
섬진강기차마을 149

공원/유원지/산책
함평자연생태공원 150

걷기여행
무등산옛길 151

산/휴양림/캠핑장
축령산자연휴양림 152
월출산국립공원 154
유달산 156
팔영산 157

바다/섬/계곡
증도 158
흑산도 160
가거도 162
조도 164
신비의 바닷길 166
보길도 168
완도 170
신지도 171
청산도 172
나로도 174
거문도 176
돌산도 178
오동도 180
거금도 182

드라이브
해창만간척지 183
백수해안도로 184

전남·광주

죽녹원
● 담양군

MAP

죽녹원의 대나무 숲길

울창한 대나무 숲길에서 마음을 씻다

관방제림이 있는 담양천을 건너면 담양향교가 있고 바로 왼편이 죽녹원이다. 대나무 고장 담양의 상징으로 떠오른 죽녹원의 대숲은 죽림욕장으로 인기가 있다. 2.2km에 이르는 빽빽한 대숲을 따라 걷다 보면 서늘한 바람이 불어와 마음이 청량해진다. 꿋꿋한 성정으로 절개를 상징하는 대나무만이 줄 수 있는 죽림욕의 효과이다. 대나무 고장답게 대통밥과 죽순, 대나무로 짠 죽공예품도 다양하게 만나 볼 수 있다.

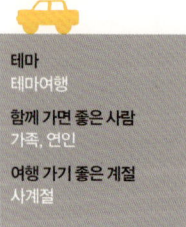

테마
테마여행

함께 가면 좋은 사람
가족, 연인

여행 가기 좋은 계절
사계절

● 주소 전라남도 담양군 담양읍 향교리 282   ● 가는 길 ㅣ승용차 88올림픽고속도로 담양나들목→담양읍→죽녹원 ㅣ대중교통 담양공용터미널에서 도보 이동(20분 소요)   ● 문의 061-380-3244   ● 홈페이지 www.juknokwon.org   ● 휴무일 없음   ● 주차장 있음   ● 먹거리 국수(진우네국수 061-381-5344)

죽녹원의 싱싱한 대나무

2003년에 조성한 대나무 숲이다. 입구에 들어서면 바로 전망대가 나온다. 대숲과 담양천, 관방제림 등 주위를 한눈에 내려다볼 수 있다. 이어 대나무 분재 및 생태전시관이 있는데 대나무로 짠 죽공예품을 전시하는 곳이다. 바로 옆에는 죽공예를 전수하는 채상장전수관이 있다. 이곳을 둘러보고 나면 본격적으로 산책로가 나온다.

죽녹원의 산책로는 운수대통길, 샛길, 사랑이 변치 않는 길, 죽마고우길, 추억의 샛길, 성인산 오름길, 철학자의 길, 선비의 길 8가지 테마를 담고 있다. 모두 5분에서 15분 정도 걸리는 짧은 길들로 서로 연결되어 있어 한두 시간이면 모두 둘러볼 수 있다.

대나무숲은 다른 숲보다 10배나 많은 음이온이 발생한다. 음이온은 인체의 저항력을 길러주고 자율신경을 안정시켜 주는 효과가 있다. 대나무숲을 걷다 보면 뇌파가 알파파로 전환된다고 한다. 알파파는 명상에 들어선 편안한 상태에서 일어나는 파장이다. 대숲이 서늘한 것은 산소가 많이 배출되기 때문이다.

죽녹원에서는 매년 5월 약 일주일 간 대나무축제가 열린다. 고려 때부터 매년 음력 5월 13일을 죽취일 또는 죽술일이라 정하고 주민들이 마을 주위나 야산에 대나무를 심고 죽엽주를 마셨던 전통 행사를 잇는 축제이다. 이때는 대나무그림 그리기, 대나무 시낭송 체험, 악기연주회 등이 펼쳐지고 대나무를 이용한 죽마놀이, 대소쿠리 물고기 잡기, 대통술 담그기, 대나무 액세서리 만들기 등의 행사가 벌어진다. 생활 속에서 이용할 수 있는 체험 축제이다. 축제 기간에는 담양의 전통 맛을 즐길 수 있는 향토음식관을 운영한다.

죽녹원 뒤편으로 가 볼 곳이 또 있다. 죽향문화체험마을은 예능프로그램 〈1박 2일〉로 유명해진 마을이다. 소리전수관인 우송당과 면앙정, 식영정, 송강정, 명옥헌, 소쇄원 광풍각 등 담양의 주요 정자를 한 군데에 모아 재현하고 가사문학 작품을 새긴 시비를 세운 시비공원, 죽로차 제다실과 한옥체험장 등을 갖추고 있다.

추천 여행코스

송강정→관방제림→죽녹원→메타세쿼이아길→송학민속체험박물관→담양호→가마골

축제 및 여행

매년 5월에 대나무축제가 죽녹원과 관방제림 일대에서 열린다.

주변 명소

송강정

담양은 정자와 가사문학의 고장이다. 가사문학의 대가 송강 정철은 당쟁의 여파로 담양 창평에 내려와서 4년 정도 머물렀다. 이 시기에 〈사미인곡〉과 〈속미인곡〉, 〈성산별곡〉 등 주옥같은 작품을 내놓았다. 송강정은 정면 3칸, 측면 3칸의 팔작지붕 건물로 우거진 송림 사이에 있어 그윽한 운치를 지닌 정자이다. 한국가사문학관과 더불어 식영정, 면앙정 등을 둘러보는 가사문학기행도 담양 여행의 한 테마이다.

소나무와 어우러진 송강정

전남·광주

메타세쿼이아길

● 담양군

MAP

이국적인 풍광의 담양 메타세쿼이아길

봄·여름·가을·겨울 사계절 다 가 봐야 할 아름다운 길

순창에서 담양으로 넘어오는 국도를 따라 40년 된 메타세쿼이아가 줄을 지어서 있다. 쭉쭉 곧게 자란 나무들이 보기만 해도 가슴이 시원하다. 울창한 가지들로 터널을 이룬 듯한 모습은 우리나라에서는 보기 드문 풍경이다. 메타세쿼이아는 중국이 원산지이고 미국에서 개량된 수종이니 이국적인 느낌이 나는 것은 당연하다. 이 길은 2002년 '가장 아름다운 거리 숲'으로 선정되었다.

테마
테마여행

함께 가면 좋은 사람
가족, 연인

여행 가기 좋은 계절
사계절

● **주소** 전라남도 담양군 담양읍 학동리 578-4 ● **가는 길** | **승용차** 88올림픽고속도로 담양나들목→담양읍→금성면 학동리→메타세쿼이아 길 | **대중교통** 담양공용터미널에서 금성면행 버스를 이용하여 학동에서 하차 ● **문의** 061-380-3141(담양군청 관광레저과) ● **홈페이지** tour.damyang.go.kr(담양군 문화관광) ● **휴무일** 없음 ● **주차장** 있음 ● **먹거리** 떡갈비(옛날제일식당 061-381-4143)

가을의 메타세쿼이아길

담양 여행은 메타세쿼이아길에서 시작한다. 도열하듯 늘어선 나무들과 울창한 가지가 마치 터널을 지나는 듯한 분위기를 주는 아름다운 길이다. 8.6km에 이르는 길은 보기만 해도 시원한 초록 그늘 동굴 같다. 겨울이면 나뭇가지에 쌓인 눈들로 마치 눈의 나라에 온 듯한 풍광을 연출한다. 가을에는 붉은 갈색의 낙엽이 길을 덮고 봄이면 연둣빛 신록이 환하게 빛나니 사계절 언제 찾아도 아름답다. 드라마나 영화에도 자주 나오는 길이다.

메타세쿼이아는 빙하기 이후 화석으로도 발견돼 화석식물이라고도 불린다. 1940년대에 중국에서 집단 군락지가 발견되었고 미국에서 품종을 개량하여 가로수로 많이 심었다. 앞으로도 쭉쭉 자랄 테니 이 길은 두고두고 찾을 명소이다. 마을사람들의 메타세쿼이아길에 대한 애정도 각별하다. 고속도로가 나서 길이 사라질 위기에 처하자 마을 사람들이 반대하여 옆으로 우회시키고 길을 지켜냈다.

국도이지만 걸어서 갈 수 있는 구간도 있다. 학동리에서 깊은실까지 1.5km 구간을 차량 통행을 막고 자전거를 타거나 걸을 수 있도록 하였다. 길 끝에는 간이매점과 화장실도 있다. 금성면에 온천욕을 즐길 수 있는 담양리조트와 송학민속체험박물관, 담양저수지가 있어 메타세쿼이아길을 걷고 난 후 찾아가면 하루를 알차게 보낼 수 있다.

메타세쿼이아 가로수길 외에도 담양에서 자랑하는 길이 관방제림과 담양저수지 드라이브길이다. 조선 중기인 1648년 담양천의 수해를 막기 위해 둑을 쌓고 나무를 심은 것이 지금까지 내려오며 숲을 이루어 관방제림이라 부른다. 수북면 황금리에서 대전면 강의리까지 둑 위에 2km에 걸쳐 길게 이어진 길이 담양천과 어우러져 아름답다. 제5회 아름다운 숲 전국대회에서 대상을 받은 숲길로 담양군민은 물론 관광객들이 찾아와 쉬었다 가는 관광명소이다.

담양호를 따라가는 도로 또한 호수와 추월산이 어우러진 환상의 드라이브코스이다. 가마골생태공원과 금성산성 등이 있으며 가마골에는 담양 맛집이 몰려 있다.

추천 여행코스

메타세쿼이아길→송학민속체험박물관→담양호→관방제림→죽녹원

축제 및 행사

담양의 슬로시티 창평에서 격년으로 전통음식축제를 연다.

주변 명소

관방제림

조선시대에 관에서 심어 관방제림이라 부른다. 푸조나무, 느티나무, 팽나무 등 활엽수로 이루어진 관방제림은 담양천 둑을 따라 길게 뻗어 있다. 수령이 최고 300년에 이르는 나무들이라 크직크직하다. 보통 둘레가 1m가 넘고 5.3m에 이르는 것도 있다. 산책코스가 잘 되어 있고 담양읍에 이르면 담양천 주위로 공원을 조성하여 한나절 쉬었다 갈 수 있도록 했다.

담양천과 관방제림

전남·광주

산수유마을
● 구례군

MAP

산수유꽃이 흐드러지게 핀 산수유마을

고향의 정취 물씬 풍기는 꽃마을

3월의 구례 땅은 어느 곳을 가더라도 꽃천지다. 섬진강변에서는 향기 그윽한 매화를, 화엄사 각황전에서는 고고한 자태를 자랑하는 홍매를 만날 수 있다. 산동면 상위마을에서 산수유꽃이 노란 꽃망울을 터뜨리는 시기도 3월이다. 산동면에서 산수유꽃을 볼 수 있는 곳은 크게 상위마을, 중위마을, 하위마을로 나뉜다. 상위마을에는 오래된 돌담길을 따라, 중위마을에는 계곡을 따라, 하위마을에는 큰길을 따라 산수유꽃들이 예쁘게 핀다.

테마 테마여행
함께 가면 좋은 사람 가족
여행 가기 좋은 계절 봄

● **주소** 전라남도 구례군 산동면 위안리 ● **가는 길 | 승용차** 익산순천고속도로 화엄사나들목→19번 국도→지리산온천스파랜드→산수유마을 | **대중교통** 구례읍에서 산수유마을 방면 버스 이용 ● **문의** 061-780-2390(구례군청 문화관광과) ● **홈페이지** www.gurye.go.kr(구례군청) ● **휴무일** 연중무휴 ● **주차장** 있음 ● **먹거리** 산채정식(혜림회관 061-783-3898)

물가에 핀 산수유꽃

봄을 맞으면서 우리가 처음으로 만나게 되는 소담스런 꽃인 산수유는 이른 봄에 노란색의 예쁜 꽃망울을 터뜨리는 꽃나무다. 이 꽃은 우리나라 중부 이남 지역에서 쉽게 볼 수 있는데 수백 그루가 한데 어울려 꽃동산을 이루는 모습은 그야말로 환상적이다. 이런 장관을 볼 수 있는 대표적인 명소가 전남 구례군의 산동면이다. 산동면에서도 가장 깊숙한 곳에 위치한 상위마을은 가히 '산수유마을'이라 불러도 손색이 없을 정도로 산수유나무가 많다.

지리산 끝자락의 야트막한 산기슭에 터를 잡은 상위마을은 이미 오래전부터 여름철 휴양 명소로 잘 알려진 곳이다. 이 마을 사람들은 봄에는 노란 산수유꽃, 가을에는 빨간 산수유 열매와 더불어 살아간다. 이처럼 '노란꽃과 빨간 열매'라는 특징 때문에 일찍이 추사 김정희는 산수유를 가리켜 '황화홍실'이라 표현하기도 했다.

산수유는 상위마을 사람들의 중요한 수입원이기도 하다. 산수유 열매는 옛날부터 한약재로 널리 쓰여 왔는데 특히 산동 산수유는 전국에서 최고로 칠 정도로 질이 좋기 때문이다. 산수유는 신장과 당뇨병의 치료를 비롯해서 성인 남녀의 허리와 무릎이 아프고 시린 증상에 효능이 있다. 또 차로 만들어 오래 마시면 간을 보호하고 식은땀을 멎게 하는 작용도 한다. 상위마을 사람들에게 산수유는 이래저래 '보배'가 아닐 수 없다.

산수유꽃은 고향을 생각나게 하는 꽃이다. 수백 년 된 산수유나무들이 일제히 꽃망울을 터뜨릴 때 상위마을을 찾으면 그야말로 20~30년의 세월을 거슬러 온 듯한 옛 고향의 모습이 눈앞에 펼쳐진다. 만약 이 세상에 무릉도원이 실제로 존재한다면 아마도 이 같은 모습이 아닐까 싶을 정도다.

다른 봄꽃들도 다 그렇지만 산수유 역시 꽃이 피는 시기가 해마다 조금씩 다르다. 2월이나 3월 초순의 날씨에 따라 많은 영향을 받기 때문이다. 하지만 특별하게 이상기온의 영향을 받지 않는다면 상위마을에서는 대략 3월 중순부터 4월 초순 사이에 산수유꽃을 만날 수 있다.

추천 여행코스

산수유마을→지리산온천스파랜드→화엄사

축제 및 행사

해마다 산수유꽃이 필 무렵인 3월 중순에는 산동면에서 산수유꽃축제가 열린다. 주 행사장은 지리산온천스파랜드가 있는 관광단지이다. 이 일대에 음식점과 숙박업소가 밀집되어 있다. 산수유꽃과 관련된 각종 체험프로그램, 산수유꽃길 걷기, 사진촬영대회 등 다양한 행사가 펼쳐진다.

주변 명소

지리산온천스파랜드

산수유마을(상위마을) 아래에 있는 대규모의 온천리조트다. 그동안 리모델링을 위해 임시 휴업 상태였으나 최근 새롭게 개장했다. 이름도 '지리산온천랜드'에서 '지리산온천스파랜드'로 바뀌었다. 이곳의 온천수에는 칼슘, 칼륨, 마그네슘 등과 함께 게르마늄 성분이 함유되어 있다. 이른바 '기적의 물'이라 불리는 게르마늄 온천수는 여러 질병에 큰 효험이 있는 것으로 알려져 있다.(061-783-2900)

지리산온천스파랜드

전남·광주

매화마을
● 광양시

MAP

청매실농원의 매화꽃

테마
테마여행

함께 가면 좋은 사람
가족

여행 가기 좋은 계절
봄

● 주소 전라남도 광양시 다압면 ● 가는 길 | 승용차 익산순천고속도로 화엄사나들목→19번 국도→화개장터→남도대교→861번 지방도→매화마을 | 대중교통 하동읍에서 택시로 약 10분 소요 ● 문의 061-772-9394 ● 홈페이지 maehwa.invil.org ● 휴무일 연중무휴 ● 주차장 있음 ● 먹거리 재첩국(여여식당 055-884-0080)

추천 여행코스

매화마을→하동송림공원

주변 명소

백운산자연휴양림

해발 1,228m의 백운산은 다양한 수종의 천연림과 인공림이 조화를 이루고 있는 생태계의 보고이다. 이처럼 건강한 숲에 백운산자연휴양림이 자리 잡고 있다. 황톳길, 삼나무숲길을 비롯해 산막, 야영장, 취사장 등과 같은 시설이 마련되어 있다.

백운산자연휴양림 발지압로

하동과 섬진강을 사이에 두고 경계를 이루는 광양에는 3월이면 마을 전체가 매화로 뒤덮이는 매화마을이 있다. 본래 이름인 섬진마을보다 매화마을로 더 많이 알려져 있다.

섬진강은 '시인의 강'이며 '봄의 강'이다. 해마다 3월이 오면 너도나도 섬진강으로 달려간다. 조금이라도 빨리 봄을 만나기 위해 길을 나서는 것이다. 섬진강의 본류 가운데 구례에서 하동까지 이어지는 섬진강 하류가 최고의 봄나들이 명소로 손꼽힌다. 하동포구, 평사리, 화개장터, 매화마을 등이 모두 이 구간에 자리 잡고 있다.

오늘날 매화마을이 널리 알려지게 된 데는 청매실농원의 설립자 율산 김오천 선생의 힘이 크다. 율산 선생은 일제강점기 때인 1930년대부터 백운산 자락에 매화나무를 심기 시작하여 오직 매화나무를 가꾸고 돌보는 일에만 힘을 쏟았다. 그 결과 시간이 지나면서 매화밭은 조금씩 늘어나기 시작했고 마침내 우리나라에서 가장 유명한 '매화꽃 여행지'로 자리 잡게 되었다. 매화마을에서 6월 초순에 수확한 매실로는 매실엑기스, 매실원액, 매실환, 매실장아찌, 매실정과, 매실차 등을 만든다. 3월에는 매화마을에서 전국 최대 규모의 매화꽃축제가 열린다.

보성녹차밭

● 보성군

MAP

보성녹차밭 산책로

테마
테마여행

함께 가면 좋은 사람
가족

여행 가기 좋은 계절
봄

● **주소** 전라남도 보성군 보성읍 ● **가는 길 | 승용차** 호남고속도로 서순천나들목→17번 국도→순천시→2번 국도→보성군 보성읍→18번 국도→보성녹차밭 | **대중교통** 보성 읍내에서 보성차밭 방면 버스 이용 ● **문의** 061-850-5213(보성군청 문화관광과) ● **홈페이지** www.boseong.go.kr ● **휴무일** 없음 ● **주차장** 있음 ● **먹거리** 한정식(우남식당 061-852-0167)

보성은 처음 찾아오는 여행자에게도 낯설지 않은 느낌을 준다. 아마도 맛과 향과 분위기를 함께 즐긴다는 보성 녹차의 은은한 향에 취한 탓일 것이다.

보성녹차밭은 일제강점기 때인 1930년대 후반부터 1940년대 사이에 조성되었다. 차나무는 연간 1,500~1,700mm의 강우량을 필요로 하는데 대륙성 기후와 해양성 기후가 만나는 곳에 위치한 보성 일대는 이른 아침과 저녁에 짙은 안개가 껴서 부족한 수분을 채워준다.

보성읍에서 18번 국도를 따라 율포 해변을 향해 달리다 보면 산비탈 곳곳에 초록빛 녹차밭들이 심심찮게 눈에 들어온다. 주로 봇재 근처의 보성읍 봉산리와 회천면 영천리 일대에 대규모의 녹차밭들이 조성되어 있다. 일반 여행자들이 많이 찾는 녹차밭으로는 대한다업(주)에서 운영하는 보성다원이 첫손에 꼽힌다. 보성다원은 1957년부터 불모지와 다름없던 민둥산에다 차나무를 심고 조림사업을 한 결과 지금은 녹차의 고장 보성을 대표하는 명소로 변모했다. 이곳의 삼나무는 본래 고온다습한 기후를 좋아하는 차나무를 위해 방풍림으로 심은 것인데 지금은 보성다원의 대표적인 명물로 자리를 잡았다.

추천 여행코스

보성차밭→율포해변→대원사

주변 명소

율포해변

보성녹차밭에서 남쪽으로 8km쯤 내려가면 보성만을 낀 율포해변이 나타난다. 이곳에서는 차의 고장답게 녹차 사우나를 즐길 수 있고, 날씨가 좋은 날에는 근사한 남해의 일출을 감상할 수도 있다.

율포해변

전남·광주

회산백련지
● 무안군

MAP

무안 회산백련지

마음이 맑아지는 새하얀 연꽃세상

최근 들어 무안이 '연꽃의 고장'으로 큰 관심을 모으고 있다. 해마다 연꽃이 필 무렵이면 수많은 관광객이 연꽃을 구경하기 위해 무안의 회산백련지로 모여들고 있다. 회산백련지에 연꽃이 피기 시작한 것은 저수지 근처에 살던 마을 사람이 백련 12주를 구해다 심은 것이 그 시초이다. 백련을 심은 날 밤 꿈에 하늘에서 12마리의 학이 내려온 것을 본 이후로 계속 번식해 오늘날과 같은 멋진 모습으로 변했다고 한다.

테마 테마여행

함께 가면 좋은 사람 연인

여행 가기 좋은 계절 여름

●**주소** 전라남도 무안군 일로읍 복룡리 ●**가는 길 | 승용차** 서해안고속도로 일로나들목→무안군 일로읍→회산백련지 | **대중교통** ●**문의** 061-450-5473(무안군청 관광문화과) ●**홈페이지** www.muan.go.kr(무안군청) ●**휴무일** 연중무휴 ●**주차장** 있음 ●**먹거리** 돼지짚불구이(녹향가든 061-453-8360)

초록빛 연잎바다가 펼쳐지는 백련지

전라남도 서남부 끄트머리에 위치한 무안은 오래전부터 '황토골'로 불리던 유서 깊은 고장이다. 삼면이 바다와 강(영산강)에 둘러싸여 있는 데다 비옥한 토질을 갖고 있어 해산물과 농산물이 많이 나는 곳이다. 또한 무안은 여주·이천·강진·문경 등과 함께 옛날부터 우리나라의 대표적인 도요지로 손꼽혔던 곳이다. 몽탄면 몽강리의 몽탄요와 몽탄면 사천리의 무안요가 특히 유명했으며 한때 몽탄 기와의 우수성으로 그 이름을 전국에 떨친 적도 있었다. 최근에 14세기 무렵의 고려청자가 발굴되면서 무안 도자기가 새로운 조명을 받고 있다.

무안군 몽탄면 일대는 후삼국시대 당시 왕건과 견훤이 격전을 벌이던 장소로 잘 알려진 곳이다. 몽탄이라는 지명은 '왕건이 꿈에 나타난 신령의 계시를 받고 건넌 여울'이라는 뜻에서 유래하였으며, 몽탄면 청룡리에 있는 파군천은 '왕건이 견훤의 군사들을 물리친 장소'에서 그 이름이 유래하였다.

불교에서는 연꽃이 생명의 근원 또는 깨달음을 얻은 부처를 상징한다. 아울러 씨주머니에 많은 씨앗을 담고 있어 풍요와 다산을 상징하기도 한다. 특히 백련은 그 희귀성과 순결한 자태로 인해 매우 귀하게 여겨진다.

연꽃방죽의 이름인 '회산(回山)'은 '온 세상의 기운이 돌아와 모인다.'는 뜻의 불교용어에서 유래하였다. 백련은 홍련처럼 동시에 피지 않고 7월부터 9월까지 수줍은 듯 커다란 잎사귀 사이에서 보일 듯 말듯 피고 지기를 거듭한다. 백련의 하얀 꽃송이들이 가장 많이 얼굴을 내밀 무렵인 8월이면 회산백련지에서는 해마다 연꽃축제가 열린다.

무안의 특산물로는 세발낙지, 양파, 마늘, 밤고구마 등을 꼽을 수 있다. 이 가운데서도 특히 양파는 1900년대 초에 우리나라에서 가장 먼저 재배를 시작한 시배지여서 무안 사람들이 커다란 자부심을 갖고 있기도 하다. 이처럼 다양한 특산물은 한데 어우러져 무안의 다섯 가지 별미, 즉 '무안 5미'를 만들어 냈다. 널리 알려져 있는 '무안 5미'는 세발낙지, 양파한우고기, 장어구이, 돼지짚불구이, 숭어회이다.

추천 여행코스

회산백련지→호담항공우주전시관→초의선사유적지

축제 및 행사

1997년에 시작된 무안연꽃축제는 가장 친환경적인 축제로 평가되고 있다. 최근 들어서는 축제 명칭을 '무안연(蓮)산업축제'로 바꿔 그 규모를 늘렸다. 축제의 내용은 매년 조금씩 다르지만 몇몇 부대행사를 제외하고는 대부분 연꽃 또는 불교와 관련된 체험 행사들로 이루어져 있다.

주변 명소

호담항공우주전시관

호담항공우주전시관은 무안읍에서 동쪽으로 4km쯤 떨어져 있다. 이 고장 출신인 전 공군참모총장 옥만호 씨가 후세들의 안보교육자료로 활용하기 위해 설립했다. 야외전시장에는 훈련기, 전투기, 헬리콥터 등과 같은 실물 항공기들이 전시되어 있고, 실내전시장에는 우주항공 분야의 발전상 등을 한눈에 살펴볼 수 있도록 다양한 자료가 전시되어 있다. 현재 이 전시관은 초·중·고생들의 수학여행 코스로 활용되고 있다. (061-452-3055)

호담항공우주전시관 야외전시장

영랑생가

● 강진군

MAP

강진읍에 고즈넉히 자리한 영랑생가

테마
테마여행

함께 가면 좋은 사람
연인

여행 가기 좋은 계절
봄

● **주소** 전라남도 강진군 남성리 211-1 ● **가는 길 | 승용차** 서해안고속도로 목포나들목→2번 국도→강진읍→영랑생가 | **대중교통** 강진읍에서 도보로 약 10분 소요 ● **문의** 061-430-3185(강진군청 문화관광팀) ● **홈페이지** www.gangjin.go.kr(강진군청) ● **주차장** 있음 ● **먹거리** 가정식백반(동문매반가 061-433-3223)

추천 여행코스

영랑생가→다산초당→백련사

주변 명소

백련사
다산초당에서 오솔길을 따라 20분 정도 걸으면 백련사가 나타난다. 약 800m에 이르는 이 오솔길은 우리나라에서 가장 아름다운 산책로 가운데 하나로 손꼽힌다. 다산 정약용도 이 오솔길을 따라 백련사를 찾아가 혜장선사와 차를 마시며 세상에 대한 이야기를 나누었다. (061-432-0837)

백련사의 경내

강진은 따사로운 햇살이 내리쬐는 고장이다. 그래서 강진 사람들의 표정은 언제나 밝고 유쾌하다. 이처럼 좋은 자연환경은 훌륭한 시인을 탄생시켰다. 그 주인공은 바로 영랑 김윤식이다.

강진읍 한가운데에 자리 잡은 영랑생가는 우리나라 근대 문학의 큰 별 가운데 하나인 영랑 김윤식이 태어난 집이다. 현재 영랑생가는 작업공간과 주거공간이 구분되어 있으며 마당 곳곳에는 모란이 심겨 있다. 작품의 소재가 되었을 오래된 동백나무를 비롯해 돌담, 장독대, 우물, 장독대 등도 비교적 잘 보존되어 있다.

영랑은 1903년 1월 16일 이 집에서 태어나 1920년 일본으로 건너가 영문학을 공부했다. 하지만 1923년 9월에 발생한 관동대지진으로 인해 학업을 중단하고 귀국해 시문학 활동에 전념했다. 1930년에는 정지용·박용철·이하윤·정인보 등과 함께《시문학》을 창간했으며 1934년 4월에 시〈모란이 피기까지는〉을 발표했다.

영랑의 시를 읽다 보면 곳곳에서 고향의 평온함을 엿볼 수 있다. 시의 소재들을 대부분 집 근처에서 얻었기 때문이다. 현재 영랑 김윤식은 고려청자, 다산 정약용과 함께 '강진 3절' 가운데 하나로 손꼽힌다.

땅끝마을
● 해남군

MAP

우리나라 육지의 최남단 땅끝마을

해남은 우리나라 육지의 끄트머리인 땅끝마을이 있는 곳으로 유명하다. 땅끝마을은 지형적인 특성상 바다에서 해가 뜨고 바다로 해가 지는 것을 모두 볼 수 있는 곳이다.

땅끝마을은 우리나라 육지의 최남단이라는 상징성을 가지고 있는 곳이다. 해남공룡박물관, 대흥사 등과 함께 해남을 대표하는 관광명소인 이곳은 예전에는 도로사정이 그다지 좋지 않아 연말연시를 전후해 반짝 특수를 누리곤 했지만 지금은 사정이 많이 달라졌다. 찾아오는 길도 훨씬 수월해졌을 뿐만 아니라 관광객들의 편의를 돕는 새로운 볼거리와 시설물이 많이 늘어났기 때문이다. 그런 만큼 이제는 계절에 관계없이 일년 내내 전국 각지에서 많은 사람들이 찾아오는 명소로 탈바꿈했다.

땅끝마을에서 가장 눈길을 끄는 조형물은 지난 2002년에 새로 들어선 땅끝전망대이다. 갈두산 사자봉(156.2m) 정상에 세워진 최신식 건축물로 앞으로 땅끝마을의 새로운 상징물로 자리를 잡아 갈 전망이다. 땅끝마을과 사자봉 정상을 이어 주는 395m 길이의 모노레일 역시 땅끝마을의 새로운 명물이 되었다.

테마
테마여행

함께 가면 좋은 사람
가족

여행 가기 좋은 계절
여름

● **주소** 전라남도 해남군 송지면 ● **가는 길 | 승용차** 서해안고속도로 목포나들목→2번 국도→강진군 성전면→13번 국도→해남군 북평면→77번 국도→땅끝마을 **| 대중교통** 해남읍에서 땅끝마을 방면 버스 이용 ● **문의** 061-530-5853(해남군청 문화관광과) ● **홈페이지** www.haenam.go.kr(해남군청) ● **휴무일** 연중무휴 ● **주차장** 있음 ● **먹거리** 생선회(땅끝바다횟집 061-534-6422)

추천 여행코스

땅끝마을→송호해변→대흥사

주변 명소

송호해변
땅끝마을 근처에 있는 해남의 대표적인 여름 휴양지이다. 해변을 둘러싸고 있는 600여 그루의 소나무들이 명물이다. 오토캠핑장 등 다양한 편의시설이 잘 마련되어 있다.

한여름의 송호해변

전남·광주

법성포
● 영광군

MAP

한적한 포구마을 법성포

천년의 세월이 녹아든 맛, 영광 굴비의 고장

법성포란 지명은 백제에 불교를 전한 인도 스님 마라난타가 이곳으로 맨 처음 들어온 데서 유래한다. 우리에게는 영광 법성포 굴비로 더 친숙한 곳이다. 법성포는 백제 때 무역의 중심지였으며 조선시대에는 호남지방의 농수산물을 서울 마포나루까지 실어 나르던 배들이 거쳐 가는 나루였다. 근대에 접어들며 군산항, 목포항 등이 근대식 항만시설을 갖추자 지금은 작은 포구마을이 됐다.

테마 테마여행
함께 가면 좋은 사람 가족
여행 가기 좋은 계절 봄

● **주소** 전라남도 영광군 법성면 법성리 ● **가는 길 | 승용차** 서해안고속도로 고창나들목→무장면→공음면→법성포 **| 대중교통** 영광 읍내에서 법성포행 버스 이용 ● **문의** 061-350-5600(영광군청) ● **홈페이지** yeonggwang.go.kr/tour(영광군 문화관광) ● **휴무일** 없음 ● **주차장** 있음 ● **먹거리** 굴비정식(동원정 061-356-3323)

짚으로 엮어 바닷바람에 말리는 영광 굴비

백제 때부터 중국과의 교역항이자 호남지방을 드나들던 배들의 관문이었던 법성포는 근대화의 물결에 밀려 한가한 어촌으로 남았다. 게다가 와탄천에서 흘러내린 흙과 모래가 쌓이는 바람에 어선이 들어오기가 어려워 항구 기능마저 잃어 가고 있다. 바다는 멀리 있고 갯벌만 잔뜩이다. 그래도 법성포를 찾는 사람은 끊이지 않는다. 영광 굴비 덕분이다.

법성포를 찾으면 포구와 길가에 굴비가게와 식당이 즐비하다. 가게마다 굴비를 주렁주렁 내걸고 사람들의 입맛을 자극한다. 고려 인종 때 귀양 온 이자겸이 영광에서 말린 조기를 맛보고 임금에게 진상하며 굴비라 했다. 비굴하게 살지 않겠다는 뜻의 '굴비' 속에는 백성으로서 좋은 맛을 임금에게 올리는 건 당연하니 아첨으로 받아들이지 말아 달라는 뜻이 담겨 있다. 어쨌거나 예부터 영광 굴비의 맛이 얼마나 뛰어났는지 알 수 있는 이야기이다.

영광에서는 1년 이상 간수가 빠진 천일염으로 조기를 염장하여 차곡차곡 쌓은 다음 가마니로 덮어 둔다. 사흘 지나 조기를 짚으로 엮어 바닷바람에 말린 후에 통보리 속에 저장한다. 그렇게 말린 영광 굴비는 보기만 해도 군침이 돈다. 1970년대에 칠산도 앞바다에서 조기가 많이 잡혔을 때만 해도 법성포에는 조기 파시가 열렸다. 지금은 다른 바다에서 잡아오지만 영광의 기후와 방식으로 말리면 영광굴비이다.

백제 불교 최초 도래지는 법성포에서 바다로 가는 길목에 있는 언덕의 좌우두에 있다. 인도 스님 마라난타가 중국 동진을 거쳐 백제로 건너올 때 처음 발을 디뎠다는 곳이다. 부용루와 탑원, 간다라유물전시관과 4면 대불상 등 인도 간다라풍의 조형물과 한국적인 누각이 어울려 이국적인 느낌을 준다.

천년의 세월이 흐르는 동안 법성포는 항구로서는 쇠락하고 있지만 옛날 번성했던 흔적은 곳곳에 남아 있다. 여전히 고깃배들이 드나들며 한적한 포구로서의 운치는 깊어 간다. 고창군과 경계에 있어 고창읍성, 무장읍성 등 고창의 여행지와 함께 보면 좋다.

추천 여행코스

법성포→백제 불교 최초 도래지→가마미해변→백수해안도로→불갑사

축제 및 행사

매년 단오를 중심으로 법성포 단오제 및 굴비축제가 열린다.

주변 명소

가마미해변

법성포에서 북서쪽으로 8km쯤 떨어져 있는 가마미해변은 가족 단위로 오붓하게 피서를 즐길 수 있는 한적한 바닷가이다. 그리 널리 알려진 명소는 아니지만 한때 '호남의 3대 피서지' 가운데 하나로 손꼽혔던 곳이다. 특히 백사장이 넓고 완만해서 어린 아이들이 물놀이를 즐기기에 좋다. 해변을 둘러싸고 있는 울창한 송림이 꽤 운치 있으며 해가 질 무렵에는 멋진 낙조를 감상할 수 있다. 바닷가에서 보이는 일곱 개의 섬은 칠산도이다.

가마미해변

토요민속여행

● 진도군

MAP

소리의 고장 진도의 진수를 느낄 수 있는 토요민속여행

테마
테마여행

함께 가면 좋은 사람
가족

여행 가기 좋은 계절
사계절

● **주소** 전라남도 진도군 진도읍 동외리 1189 ● **가는 길 | 승용차** 호남고속도로 광산나들목 또는 서해안고속도로 목포나들목→진도대교→진도읍→진도향토문화회관 | **대중교통** 진도고속터미널에서 도보이동(20분 소요) ● **문의** 061-540-3541 ● **홈페이지** tour.jindo.go.kr(진도군 관광문화) ● **휴무일** 없음 ● **주차장** 있음 ● **먹거리** 한정식(진미옥 061-544-3031)

예향 진도의 예술을 접할 수 있는 공연이 매주 토요일마다 열린다. 진도향토문화회관 대공연장에서 열리는 토요민속여행 공연에서 강강술래 등 진도의 소리를 만날 수 있다.

진도는 시와 서예, 그림, 창으로 유명한 고장이다. 들에서 일하는 아낙네를 붙잡고 청해도 소리가 흘러나온다는 말이 있다. 이러한 진도의 전래 민요를 한자리에서 들을 수 있는 공연이 토요민속여행이다. 〈강강술래〉를 비롯하여 〈남도들노래〉, 〈씻김굿〉, 〈다시래기〉 등 진도 민중의 입에서 입으로 전해 온 소리들이 매주 토요일마다 펼쳐진다.

강강술래는 전라남도 남해안과 도서지방에서 전하는 부녀자놀이의 하나이다. 8월 추석 밝은 달 아래 처녀들과 아낙네들이 손에 손을 잡고 뛰놀았다. 명량대첩 당시 이순신 장군이 진도 망금산에 토성을 쌓고 부녀자들을 남장시켜 〈강강술래〉를 부르게 해 왜군의 이목을 흐렸다는 이야기가 전해 온다. 서민들의 삶과 애환을 담은 소리는 해학이 넘치고 때로는 얼굴을 붉힐 낯 뜨거운 내용도 담겨 있는데 그 진솔함에 듣는 사람까지 어깨를 들썩이며 맞장구치게 한다. 매년 4월부터 11월까지 매주 토요일 2시부터 진도향토문화회관 대공연장에서 열린다.

추천 여행코스

세방낙조→토요민속여행→소전미술관→운림산방→쌍계사

주변 명소

세방낙조

지산면 세방리는 다도해 사이로 지는 해가 더없이 아름다워 전국적으로 이름을 떨친 일몰의 명소이다. 진도 여행을 할 때 날이 맑다면 아름다운 낙조를 만나러 세방리로 달려가자.

세방낙조

초의선사유적지

● 무안군

MAP

생가와 일지암, 추사와 교류하던 정자와 기념관이 있는 초의선사 탄생지

테마
문화유산

함께 가면 좋은 사람
가족

여행 가기 좋은 계절
봄

● **주소** 전라남도 무안군 삼향읍 왕산리 94-3 ● **가는 길 | 승용차** 서해안고속로로 목포나들목→1번 국도→남양제삼거리에서 좌회전→초의선사유적지 | **대중교통** 무안버스터미널에서 버스를 이용하여 해제면에서 하차 후 군내버스로 환승 ● **문의** 061-280-0300 ● **홈페이지** tour.muan.go.kr(무안군 문화관광) ● **휴무일** 없음 ● **주차장** 있음 ● **먹거리** 세발낙지(무안낙지골목)

초의선사는 조선 말기 무안에서 출생하여 나주시 남평읍 운흥사에서 출가하였다. 다산 정약용과 추사 김정희 등과 교류하며 차 문화를 일으켜 차의 중흥조로 불린다.

우리나라 차의 중흥조 초의선사에 대한 재평가가 꾸준히 이루어지고 있다. 무안군에서는 선사의 생가를 복원하고 기념관을 건립하는 한편 선사가 태어난 음력 4월 5일을 전후로 이틀 간 초의선사탄생문화제를 연다. 전통 다례 시연과 무료시음, 길놀이 등 행사가 펼쳐진다.

초의선사는 명맥만 유지하던 우리나라 차문화를 다시 일으켰기에 다성으로 불린다. 정약용, 김정희와 차와 학문을 교류하였으며 시와 글씨, 그림에 능하였다. 해남 대흥사 뒤에 암자를 짓고 《동다송》, 《다신전》 등 차와 관련한 저술을 집필하며 선과 차와 시로 일생을 보냈다.

초의선사유적지는 선사가 태어난 삼향읍 왕산리 봉수산 기슭에 있다. 생가와 추사와 동고동락했다는 정자 등을 복원하고 추모관과 동다송비, 다도를 체험할 수 있는 다도교육관, 초의선사의 일대기를 찾아볼 수 있는 유물전시관 등을 조성하였다. 전시관에는 초의선사가 남긴 글씨와 저술한 책자 등을 전시하고 초의선사의 사상을 조명한다.

추천 여행코스

회산백련지→초의선사유적지→톱머리해변

주변 명소

톱머리해변

무안군 망운면 피서리에 있는 해변으로 간만의 차가 심해 썰물 때 넓은 갯벌이 펼쳐진다. 울창한 해송 숲이 있어 갯벌에서 조개를 줍다가 휴식을 하기에 좋다. 횟집이 많아 싱싱한 회도 즐길 수 있다.

톱머리해변 정자

전남·광주

왕인박사유적지
● 영암군

MAP

구림마을의 동쪽 월출산 문필봉 기슭에 자리 잡은 왕인박사유적지

일본 아스카문화를 일으킨 왕인박사 탄생지

백제 왕인박사는 우리나라에서보다 일본 사람들이 더 알아준다. 월출산 자락 아래 깊숙이 자리 잡은 왕인박사유적지를 찾는 일본인들을 심심찮게 만날 수 있다. 백제의 앞선 문화를 일본에 전파하여 일본 아스카문화의 기반을 마련한 왕인박사는 영암 구림마을에서 태어났다. 박사의 탄생과 연관된 성기동을 중심으로 널따란 유적지와 기념관이 있다. 월출산과 어우러진 풍경이 아름다워 유적지라기보다는 공원과 같은 느낌이다.

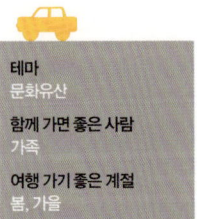

테마
문화유산

함께 가면 좋은 사람
가족

여행 가기 좋은 계절
봄, 가을

● 주소 전라남도 영암군 군서면 동구림리 산18　● 가는 길 | 승용차 서해안고속도로 목포나들목→삼호대교→학산면→왕인박사유적지 | 대중교통 영암버스터미널에서 목포행 버스를 이용　● 문의 061-470-2560　● 홈페이지 wangin.yeongam.go.kr　● 휴무일 없음　● 주차장 있음　● 먹거리 갈낙탕(독천낙지마을에 낙지집이 몰려 있다.)

106

왕인문화축제

천년 역사를 지닌 영암 구림마을에서 좀 더 들어가면 왕인박사유적지가 나온다. 월출산이 시원하게 보이는 곳에 있는 넓은 공원이다. 백제 왕인박사는 우리나라 국사교과서에서는 일본으로 건너가 학문과 문화를 전파한 인물로 간략히 소개한다. 그러나 일본에서는 최초의 불교문화인 아스카문화의 시조로 여기며 업적을 기리고 있다.

왕인박사는 32세의 나이로 일본 응신천황의 초청을 받았다. 박사는 《논어》,《천자문》과 함께 도공과 야공, 와공 등 기술자를 데리고 일본으로 건너가 태자를 가르치며 학문과 인륜의 기초를 세웠다. 또한 일본 가요를 창시하는가 하면 각종 기술 공예를 전수하며 새로운 문화의 기틀을 제공하였다. 일본 사회의 정치·경제·문화·예술이 꽃피던 이 시기를 일본 사람들은 아스카문화라 칭하고 자랑스럽게 여긴다. 왕인박사의 묘는 일본 오사카 히라카타시에 사적 13호로 지정되어 있다.

유적지는 기념관과 옛 정자와 누각, 정원 등이 테마에 따라 곳곳에 자리 잡고 있어 둘러볼 곳이 많다. 기념전시관인 영월관을 지나면 널따란 들판에 왕인박사의 행적과 관련한 조형물과 누각이 곳곳에 자리 잡고 있다. 왼편 산기슭에 왕인박사 사당과 탄생지, 탄생과 관련한 전설을 간직하고 있는 성천이 있다. 성천은 음력 3월 3일에 물을 마시고 목욕을 하면 성인을 낳는다는 영험한 샘이다.

성천을 지나 산책로를 따라 올라가면 왕인박사가 공부했다는 문산재와 동료들과 정담을 나누던 양사재, 홀로 공부에 매진했던 책굴 등이 있다. 계속 산책로를 따라가면 월출산에 달이 뜨는 모습을 볼 수 있는 망월정이 나온다. 워낙 오래전 인물이고 수차례 왕조가 바뀌며 역사적 기록이 많지 않음에도 불구하고 전해 내려오는 이야기와 추정을 통해 조성한 유적지이다. 시시비비를 가리기보다는 왕인이라는 인물과 월출산, 영암 지방의 문화를 느껴 본다는 생각으로 찾으면 좋다.

왕인박사유적지에서 10분 거리에 독천낙지마을이 있다. 갈비와 낙지를 섞은 갈낙탕과 연포탕, 세발낙지 등 남도 낙지의 맛을 제대로 맛볼 수 있는 맛집이 몰려 있는 마을이다.

추천 여행코스

왕인박사유적지→구림마을→도갑사→강진다원→독천낙지마을

축제 및 행사

매년 4월에 왕인문화축제가 열린다. 축제 기간에는 입장료와 주차료가 무료이다.

주변 명소

구림마을

구림마을은 천년의 역사를 지닌 유서 깊은 마을이다. 백제 왕인박사와 신라 말기 도선국사가 여기서 태어났다. 이 마을은 400년을 이어 온 구림 대동계가 현존하는 전통마을이다. 회사정과 국암사 등의 누각과 정자, 전통가옥과 돌담, 고목이 오랜 역사를 간직한 채 여행객들을 맞는다. 옛날에는 마을 앞까지 배를 타고 들어왔으며 왕인박사도 마을 앞 상대포에서 배를 타고 일본으로 건너갔다. 황토자기의 발상지로 도기박물관이 있다. (061-470-2656)

구림마을의 전통가옥

녹우당

● 해남군

MAP

녹우당의 전경

해남읍에서 5km쯤 떨어진 곳에 있는 연동마을은 푸른 비자나무숲과 오래된 은행나무가 인상적인 곳이다. 바로 이 마을에 고산 윤선도 선생이 살던 집인 녹우당이 있다.

녹우당은 호남 지방에서 가장 크고 오래된 양반 주택 가운데 하나다. 이 건물은 봉림대군이 훗날 임금(조선 제17대 효종)이 되어 왕세자 시절의 스승인 고산 윤선도에게 지어 준 집이다. 본래 수원에 있었으나 고산이 낙향하면서 지금의 자리로 옮긴 것이다. 녹우당이라는 당호는 '마을 뒷산의 비자나무잎이 바람에 스치는 소리가 마치 비가 내리는 소리와 같다.' 해서 붙여졌다. 수령 500년 정도로 추정되는 연동마을 비자나무숲은 천연기념물 제241호로 지정되어 있다.

녹우당이 있는 연동마을 일대는 고산 윤선도 유적지로 관리되고 있다. 이곳에는 녹우당 말고도 어초은 윤효정(고산의 고조부)묘와 사당, 고산사당, 유물전시관 등이 있다. 유물전시관에서는 고산의 증손자 공재 윤두서의 자화상(국보 제240호)과 〈산중신곡〉이 들어 있는 윤고산 수적관계문서(보물 제482호) 등 해남 윤씨들이 남긴 유물들을 전시하고 있다.

테마
문화유산

함께 가면 좋은 사람
연인

여행 가기 좋은 계절
여름

● **주소** 전라남도 해남군 해남읍 연동리 82 ● **가는 길 | 승용차** 서해안고속도로 목포나들목→2번 국도→강진군 성전면→13번 국도→해남읍→827번 지방도→녹우당 | **대중교통** 해남 읍내에서 택시로 약 10분 소요   ● **문의** 061-530-5548   ● **홈페이지** www.haenam.go.kr(해남군청)   ● **휴무일** 연중무휴   ● **주차장** 있음   ● **먹거리** 한정식(땅끝기와집 061-536-2102)

추천 여행코스

녹우당→해남장터→대흥사

주변 명소

해남장터

해남 읍내에 있는 해남장터의 장날은 1일과 6일이다. 바닷가를 끼고 있는 지역인 만큼 다른 5일장에 비해 어물전이 크게 열리는 편이다. 어물전 주변에는 건어물전, 옹기전, 죽세공품전, 채소전 등이 있다.

해남장터

대원사

● 보성군

MAP

대원사의 극락전

| 테마 |
| 문화유산 |
| 함께 가면 좋은 사람 |
| 친구 |
| 여행 가기 좋은 계절 |
| 봄 |

● **주소** 전라남도 보성군 문덕면 죽산리 ● **가는 길 | 승용차** 호남고속도로 주암나들목→27번 국도→서재필 선생 기념공원→15번 국도→대원사 **| 대중교통** 보성읍 또는 벌교읍에서 대원사 방면 버스 이용 ● **문의** 061-852-1755 ● **홈페이지** www.daewonsa.or.kr ● **휴무일** 연중무휴 ● **주차장** 있음 ● **먹거리** 한정식(우남식당) 061-852-0167

호남불교의 얼이 깃든 사찰인 대원사는 백제 무령왕 때인 503년 아도화상에 의해 창건되었다. 해마다 4월이면 사찰 바로 앞까지 호남에서 가장 아름다운 벚꽃길이 이어진다.

대원사는 초창한 이후 고려 원종 때인 1260년에 원오 국사에 의해, 조선 영조 때인 1731년에는 덕오 스님에 의해 중창되었다. 그 후 1757년 큰 화재로 대부분의 건물이 소실된 것을 복원하였으나 이마저도 1948년 여순사건 때 불에 타 없어지고 극락전만 화를 면했다. 현재 극락전 안에는 관음보살도와 달마도가 아름다운 벽화로 남아 있다.

마치 고향집처럼 편안한 느낌을 주는 대원사에는 유난히 볼거리가 많다. 사찰 뒤편의 울창한 대나무숲과 나지막한 토담, 그리고 사찰 곳곳에 흩어져 있는 일곱 개의 크고 작은 연못들(구품연지, 대원연지, 수미연지, 관음연지, 해인연지, 불안연지, 천봉영지)은 대원사가 사찰이라기보다는 잘 꾸며진 정원처럼 느끼지게 한다.

대원사 극락전 오른편에는 왼손으로 어린 동자를 안은 석조지장보살입상이 세워져 있다. 주변에는 낙태아들의 영혼을 상징하는 빨간색 모자를 쓴 '108동자상'이 모셔져 있다.

추천 여행코스

대원사→티벳박물관→보성 차밭

주변 명소

티벳박물관

최근 들어 보성의 이색적인 명소로 관심을 끌고 있는 티벳박물관은 대원사 옆에 있다. 대원사 주지인 현장 스님이 약 15년 동안 티벳 각지를 순례하면서 수집한 1,000여 점의 예술품들이 전시되어 있다. (061-852-3038)

티벳박물관

전남·광주

소쇄원
● 담양군

MAP

담양소쇄원의 광풍각

우리나라 가사문학의 본고장

담양을 대표하는 문화명소인 소쇄원은 '자연과 조화를 이루는' 우리나라 전통 조경의 교과서와도 같은 공간이다. 소쇄원은 1527년부터 70여 년 동안 대를 이어가며 조영되었다. 하지만 아쉽게도 정유재란 당시 거의 폐허가 되었으며, 전쟁이 끝난 17세기 초에 다시 중수되었다. 비록 처음 모습보다는 상당히 작은 규모로 변했지만 자연과 조화를 이루는 소쇄원 본래의 모습은 지금까지도 고스란히 간직하고 있다.

테마
문화유산

함께 가면 좋은 사람
연인

여행 가기 좋은 계절
여름

● **주소** 전라남도 담양군 남면 지곡리 123 ● **가는 길 | 승용차** 호남고속도로 창평나들목→60번 지방도→고서사거리→887번 지방도→소쇄원 **| 대중교통** 담양 읍내에서 소쇄원 방면 225번 버스 이용 ● **문의** 061-381-3156(담양군청 문화관광과) ● **홈페이지** www.soswaewon.co.kr ● **휴무일** 연중무휴 ● **주차장** 있음 ● **먹거리** 퓨전한정식(들풀 061-381-7370)

담양 소쇄원의 대봉대

담양군 남면 지곡리에 있는 소쇄원은 보길도의 부용동 원림과 더불어 우리나라의 가장 대표적인 '별서정원' 가운데 하나로 손꼽힌다. 별서정원이란 '집 근처의 경치 좋은 곳에 지어진, 문화생활과 전원생활을 겸할 수 있는 조용한 공간'을 이르는 말이다.

소쇄원은 자연의 장점을 최대한 이용하고, 자연물을 건드리지 않은 상태에서 지은 최고의 휴식처이다. 터무니없이 규모가 큰 데다 현란한 색채로 알록달록하게 치장한 중국의 정원이나, 너무 섬세한 아름다움을 추구한 나머지 자연 본래의 생동감을 죽여 버린 일본의 정원과 다른 독특한 기품을 지니고 있다.

소쇄원의 본래 주인은 조선 중종 때 이곳에 살았던 양산보라는 사람이다. 기묘사화가 일어나면서 스승 조광조가 유배길에 오르자 스스로 관직을 버리고 이곳 담양으로 내려와 호남 사림파의 거장들과 자주 교류를 가지면서 남은 일생을 마쳤다.

소쇄원의 주 건물인 제월당은 집주인의 개인 공간으로 햇빛과 달빛이 잘 드는 야트막한 기슭에 자리 잡고 있다. 제월당 아래의 계곡 근처에 세워진 광풍각은 소쇄원의 사랑채 역할을 했던 곳이다. 제월당과 광풍각이라는 이름은 중국 송나라 때 '염계선생'이라 불리던 유학자 주돈이와 깊은 관련이 있다. 도덕과 윤리를 강조했던 그의 사람 됨됨이를 표현한 글귀인 '여광풍제월'에서 따왔다. 여광풍제월은 '비가 그친 뒤에 나타나는 해와 바람, 맑은 하늘의 달빛'을 의미한다.

광풍각 앞에는 아담하고 멋스러운 계곡이 있다. 이 계곡 건너편에 세워져 있는 조그만 초가정자의 이름은 대봉대이다. 그 뜻을 풀이하면 '봉황을 기다리는 곳'이다. 그런데 봉황은 태평성대에만 나타난다는 영물이 아닌가. 당시 집주인 양산보는 초야에 묻혀 있었지만 이 정자에서 태평성대를 꿈꾸었을 것이다. 다시 말해 비록 몸은 어지러운 세상을 떠나 있지만 스승을 생각하고, 자신의 게으름과 나태함을 경계하며, 나라를 걱정하는 선비정신이 정자의 이름에 담겨 있는 것이다. 대봉대 앞에는 봉황이 날아와 앉을 수 있는 오동나무 한 그루가 심겨 있다.

추천 여행코스

담양소쇄원→식영정→환벽당

여행 TIP

소쇄원의 대표적인 특징 가운데 하나는 원림으로 들어가는 대문이 없다는 점이다. 누구라도 주인의 눈치를 보지 않고 쉽게 찾아올 수 있도록 문을 활짝 열어 놓은 것이다. 원림의 입구 구실을 하는 오솔길 양편에는 울창한 대나무 숲이 길게 이어져 있다. 잔잔하게 바람이 부는 7~8월에는 대나무 숲에 이는 바람 소리가 더없이 싱그럽다.

주변 명소

식영정

담양 일대에는 소쇄원 외에도 많은 정자가 있다. 그 가운데서도 소쇄원과 이웃해 있는 식영정은 정철의 〈성산별곡〉이 탄생한 곳으로 유명하다. 조선 초기에 '식영정 4선'이라 불리던 임억령, 정철, 김성원, 고경명 등은 이곳 식영정 근처의 명승지를 20군데씩 골라 각각 20수의 아름다운 시를 지었다. 이것을 밑바탕으로 해서 송강 정철은 〈성산별곡〉을 탄생시켰다. 날씨가 좋은 날에는 식영정에서 무등산 꼭대기가 한눈에 들어온다.

〈성산별곡〉이 탄생한 식영정

백양사

● 장성군

MAP

백양사 대웅전과 단풍으로 물든 백암산

늦가을 단풍으로 이름난 호남의 명소

장성읍에서 북동쪽으로 25km쯤 떨어져 있는 북하면 약수리에는 아름다운 가을 단풍으로 널리 알려진 백양사가 자리를 잡고 있다. 백양사는 지금으로부터 1,400여 년 전인 백제 무왕 33년(632) 여환선사에 의해 '백암사'라는 이름으로 창건되었다. 그 후 한때는 '정토사'라는 이름으로 불리기도 했으나 조선 선조 때 환양선사가 법회를 베풀 때 흰 양이 함께 설법을 들었다 해서 '백양사'라는 이름으로 불리게 되었다.

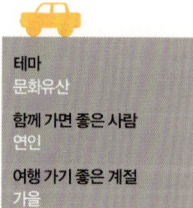

테마
문화유산

함께 가면 좋은 사람
연인

여행 가기 좋은 계절
가을

● 주소 전라남도 장성군 북하면 약수리 26　● 가는 길 | 승용차 호남고속도로 백양사나들목→1번 국도→장성호→백양사 | 대중교통 광주종합버스터미널에서 백양사 방면 버스 이용　● 문의 061-392-7427(백양사 종무소)　● 홈페이지 www.baekyangsa.kr　● 휴무일 연중무휴　● 주차장 있음　● 먹거리 신채정식(정읍식당 061-392-7427)

백양사 초입에서 바라본 백학봉

1,400여 년의 오랜 역사를 지닌 옛 사찰답게 백양사 경내에는 거센 기운이 흐르고 있다. 계절마다 색깔이 변한다는 신비스런 백학봉을 비롯해 곳곳에 약사암, 금강폭포, 영천굴 등이 있어 일년 내내 관광객들의 발길이 끊이질 않는다.

먼 옛날 백양사를 찾은 포은 정몽주는 "지금 백양승을 만나니 / 시를 쓰라 청하는데 / 붓을 잡고 생각하니 / 재주없음이 부끄럽구나."라고 백양사 일대의 아름다움을 글로 표현하지 못함을 아쉬워하기도 했다.

백암산의 가장 대표적인 봉우리로는 단연 백학봉이 으뜸이다. 해발 630m의 이 거대한 바위봉은 마치 그 형태가 '백학이 날개를 펴고 있는 모습'과 같다 해서 백학봉이라는 이름이 붙여졌다. 일찍이 노산 이은상은 "학바위(백학봉)의 신비스런 경치를 보지 않은 사람은 조화의 솜씨에 대해 아는 체를 하지 말라."라는 말을 남기기도 했다. 백학봉의 절경을 제대로 보려면 회백색의 절벽이 강한 햇살을 받아 흰색으로 빛나는 이른 아침에 찾는 것이 좋다.

백양사 경내를 벗어나 백암산 정상을 향해 조금만 올라가면 키가 큰 비자나무들이 빽빽하게 들어서 있는 비자림을 만나게 된다. 이곳을 지나 오른쪽 산등성이를 따라 20분쯤 산길을 오르면 약사암이 나타난다. 이곳에서는 백양사 경내를 한눈에 내려다볼 수 있는 데다 백양사를 병풍처럼 감싸고 있는 커다란 바위봉들을 가깝게 볼 수 있어서 좋다.

백양사는 담양 추월산, 순창 강천사 등과 함께 전라남도의 대표적인 단풍 나들이 명소로 손꼽힌다. 백양사의 단풍잎은 작고 촘촘한 것이 특징이다. 백양사 입구에서 매표소까지 이어지는 약 1.5km의 도로변에는 단풍나무 가로수들이 길게 이어져 있다. 매표소를 지나 백양사까지 이어지는 산책로에서도 아름다운 단풍을 감상할 수 있다.

단풍 산책로가 끝나는 곳에 있는 쌍계루는 백양사의 단풍을 가장 잘 볼 수 있는 곳이다. 붉게 물든 단풍나무에 둘러싸인 쌍계루의 단아한 자태와 백암산 중턱에 솟은 백학봉이 멋진 조화를 이루고 있다. 특히 연못에 비친 백학봉의 우아한 자태는 조화의 솜씨를 보여 준다.

추천 여행코스

백양사→필암서원→홍길동테마파크

여행 TIP

장성은 '홍길동의 고장'으로도 유명하다. 허균의 소설 속에 등장하는 홍길동도 있지만 장성은 역사상의 실존 인물인 홍길동이 태어난 고장이다. 홍길동은 조선 세종 때인 1443년 지금의 장성군 황룡면 아곡리에서 홍상직의 서자로 태어났다. 해마다 어린이날을 전후해 아곡리의 홍길동테마파크에서는 홍길동축제가 열린다.

주변 명소

필암서원

전라남도 장성은 오래전부터 '유림의 고장'으로 불리던 곳이다. 지금도 장성 곳곳에는 필암서원, 봉암서원, 고산서원 등의 서원이 남아 있다. 이 가운데서 필암서원이 가장 유명하다. 대원군 시절 단행된 서원철폐 때도 없어지지 않은 이 서원은 하서 김인후 와 그의 사위인 고암 양자징을 배향하고 있다. 본래 장성읍 기산리에 있었으나 정유재란 때 소실되는 바람에 지금의 자리인 황룡면 필암리에 다시 세웠다. (061-394-0833)

필암서원

불갑사

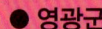 영광군

MAP

불갑사 경내

주홍빛 꽃길 따라 찾아가는 고즈넉한 사찰

꽃무릇 명소로 유명한 불갑사는 영광읍에서 남동쪽으로 15km쯤 떨어져 있다. 특히 꽃무릇이 절정을 이루는 9월 중순에는 사찰 주변이 온통 붉은빛으로 뒤덮여 색다른 장관을 연출한다. 하지만 불갑사는 일년 내내 수많은 관광객으로 붐비는 사찰과 달리 평소에는 늘 한적한 사찰이다. 그러기에 이곳 불갑사는 잠시나마 조용한 시간을 갖고자 하는 여행자들을 위한 숨겨진 명소이기도 하다.

테마
문화유산

함께 가면 좋은 사람
연인

여행 가기 좋은 계절
가을

● **주소** 전라남도 영광군 불갑면 모악리 8 ● **가는 길 | 승용차** 서해안고속도로 영광나들목→23번 국도→불갑저수지→불갑사 | **대중교통** 영광 읍내에서 불갑사 방면 버스 이용 ● **문의** 061-352-8097 ● **홈페이지** www.bulgapsa.org ● **휴무일** 연중무휴 ● **주차장** 있음 ● **먹거리** 굴비정식(다랑가지 061-356-5588)

전남·광주

▲ 불갑사 꽃무릇 길

불갑사는 백제 침류왕 때 인도 스님 '마라난타 존자'에 의해 창건된 것으로 추정하고 있다. 또 다른 설에 의하면 90여 년 후인 백제 문주왕 때 '행은'이라는 스님이 창건한 것으로 알려져 있기도 하다. 현재 불갑사 경내에는 보물 제830호로 지정된 대웅전과 1644년에 중건된 만세루를 비롯해 산신각, 칠성각, 팔상전, 보광전, 명부전, 일광당 등과 같은 크고 작은 건물들이 촘촘하게 들어서 있다. 불갑사 대웅전 지붕의 용마루 한가운데에 있는 자그마한 보주(일명 삼존불대)도 눈길을 끈다. 인도 스투파 양식의 이 보주는 현재 그 유래와 의미, 조성 목적 등이 정확히 알려져 있지 않다. 단지 탑의 양식으로 보아 인도에서 불교가 전래된 것을 기념하는 상징물이 아닌가 하는 추측만 하고 있을 뿐이다.

불갑사 대웅전은 백제 때 처음 세워진 이후로 여러 차례의 중창과 중수를 거쳐 오늘에 이르고 있다. 현재의 건물은 조선 인조 때인 1634년에 지어진 것인데 그 건축양식이 매우 독특하다. 법당 건물은 정면에 3문이 설치되고 오른쪽과 왼쪽 벽에는 각각 하나씩의 출입문을 만들어 놓는 것이 일반적인 데 비해 불갑사 대웅전의 경우는 오른쪽 벽에도 정면과 똑같이 3문을 설치해 놓은 것이다.

대웅전 측면 3문의 어칸(스님들이 출입하는 가운데 문)에는 보상화 문양이 조각되어 있어 눈길을 끈다. 보상화는 실제로 존재하지는 않지만 불교에서 매우 귀하게 여기는 이상향의 꽃이다. 여덟 잎의 끄트머리가 뾰족한 것이 특징이며, 안정되고 우아한 꽃의 자태로 인해 오래전부터 장식 문양으로 많이 사용되고 있다. 우리나라의 경우는 경주 황룡사지와 안압지에서 출토된 유물 등에서 보상화 문양을 찾아볼 수 있다.

불갑사 대웅전의 목조삼신불은 정면이 아닌 왼쪽에 모셔져 있다. 부석사 무량수전의 불상배치와 같은 경우다. 대웅전 앞에 있는 만세루는 누각인데도 땅바닥과 맞닿아 있다. 나쁜 기운이 들어오지 못하도록 빈틈을 없앤 것이라고 한다. 그래서 상대적으로 좋은 기운이 들어오는 방향을 찾아 대웅전 오른쪽 벽에 3문을 만들어 놓았을까? 일반적인 상식을 뛰어넘는 다양한 도발이 시도된 건축물임에 틀림이 없다.

추천 여행코스
불갑사→내산서원→법성포

축제 및 행사
해마다 꽃무릇이 만개할 무렵인 9월 중순이 되면 불갑사 인근에서는 '꽃무릇축제'가 열린다. 불갑사 주변에서 군락을 이루는 꽃무릇은 꽃의 색깔이 진한 붉은 빛을 띤다. 꽃무릇은 '잎과 꽃이 서로 만나지 못하는 특성'으로 인해 흔히 '상사화'라 불리기도 한다. 불갑사에서 시작돼 용천사까지 이어지는 등산로 곳곳에서도 멋진 꽃무릇을 만날 수 있다.

주변 명소

내산서원
불갑사 입구에 강항(1567~1618)을 배향한 내산서원이 있다. 강항은 정유재란 때 의병을 모으다 두 형과 함께 포로가 되었다. 일본으로 끌려가서 2년 6개월 동안 시코쿠 지방과 오쓰성에 머물면서 그곳의 정세를 조선의 조정에 몰래 알렸다. 저서인 《간양록》은 강항 선생이 일본에 잡혀 있는 있을 때 일본의 내정, 지리 등을 기록한 것이다. 강항 선생은 귀국 이후 벼슬을 받았지만 적국에 잡혀갔던 몸이라며 불갑사 근방에서 은거하고 학문에만 힘썼다. (061-350-5752)

내산서원

전남·광주

나주목사내아·목문화관
● 나주시

MAP

하룻밤 묵을 수 있는 체험프로그램을 운영하고 있는 나주목사내아

남도의 중심 나주의 역사와 문화를 체험하는 곳

나주목사내아는 조선시대 나주목사가 부임을 와서 살림을 하던 집이다. 옆에 붙어 있는 목문화관은 나주목의 역사와 문화를 한눈에 알 수 있는 전시관이다. 목사내아와 목문화관을 들르면 삼국시대 이래 나주가 남도의 중심이었음을 알 수 있다. 정수루와 금성관 등 읍의 중심을 이루었던 옛 건물들이 몰려 있어 조선시대 나주의 번성을 짐작케 한다. 유명한 나주곰탕집들도 같이 있으므로 나주를 간다면 꼭 들러야 한다.

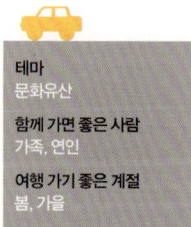

테마
문화유산

함께 가면 좋은 사람
가족, 연인

여행 가기 좋은 계절
봄, 가을

●**주소** 전라남도 나주시 금계동 33-1(목사내아), 11-3(목문화관) ●**가는 길 | 승용차** 무안광주고속도로 나주나들목→산정삼거리→나주읍성 서문터→나주 목사내아·목문화관 **| 대중교통** 나주시외버스터미널에서 도보 이동(10분 소요) ●**문의** 061-330-8831(나주시청 문화관광과) ●**홈페이지** www.najumoksanaea.com(나주목사내아), tour.naju.go.kr(나주시 문화관광) ●**휴무일** 매주 월요일(목문화관) ●**주차장** 공영주차장 ●**먹거리** 곰탕(남평할매집 061-334-4682)

나주목문화관

나주목사내아와 주변은 금성관과 정수루 등 나주관아를 이루던 주요 건물들이 남아 있어 아직도 조선시대의 문화가 살아 있음을 느끼게 한다. 목사내아는 나주목사가 거처하던 살림집으로 본채와 문간채로 비교적 단출하나 조선 상류층 가옥의 품위가 은은하게 배어 있다. 현재의 건물은 언제 지었는지 알 수 없으나 안채 상량문에 순조 때 올렸다는 기록이 있고 문간채는 고종 때 지은 것으로 보아 19세기 무렵으로 추정된다.

일제강점기 때 군수관사로 사용하며 원형이 많이 훼손되었으나 완전 해체하여 복원하였다. 너른 대청에 앉으면 지금이라도 조선 관복을 입은 옛사람이 들어설 듯하다. 목사내아에서는 숙박 체험 프로그램을 운영하고 있다. 뜨끈한 온돌에서 자고 나면 온몸이 개운하다.

목문화관은 나주목의 역사와 문화를 전시하고 있다. 나주는 고려 태조 왕건이 호족세력과 연합하기 위해 나주 사람을 부인으로 맞아들였을 정도로 삼국시대부터 강성한 지방이었다. 고려 성종(983) 때 나주목이 설치된 이후부터 1천여 년의 세월 동안 남도의 행정과 군사, 경제의 중심 역할을 한 도시이다. 목문화관에는 나주목사 행차를 모형으로 재연하고 나주 읍성과 관아의 모형, 나주목사의 일과를 홀로그램으로 보여 주는 등 다채로운 전시 프로그램이 있다.

목사내아와 목문화관 바로 옆으로는 정수루와 금성관 등 나주관아를 이루었던 주요 건물이 이어진다. 정수루는 나주목 관아 동헌의 정문이었으며, 금성관은 한양에서 내려온 관리들이 묵던 객사로 임금의 위패를 모시고 매월 초하루와 보름에 나주 지방 관리와 선비들이 망궐례를 하던 곳이다.

목사내아와 목문화관, 정수루 주변에는 나주곰탕으로 유명한 집들이 몰려 있다. 맑은 국물이 특징인 나주곰탕을 먹고 천천히 걸어서 500m 떨어진 남고문이나 나주향교를 다녀오면 좋다. 남고문은 나주 읍성의 남문이고 나주향교는 고려 성종 때 처음 세워진 이래 여러 차례 중수를 거쳐 오늘에 이른 학당이다.

추천 여행코스

나주영상테마파크→영산강 황포돛배 체험→나주호→목사내아·목문화관→나주 박경중 가옥

축제 및 행사

매년 4월에 영산포홍어축제가 열리고 10월이면 나주영산강문화축제가 열린다. 문화축제 기간에는 나주목사 부임행차 등 다채로운 공연이 읍성을 중심으로 펼쳐진다.

주변 명소

나주영상테마파크

옛 고구려의 문화를 재현한 촬영장으로 드라마 〈주몽〉, 〈바람의 나라〉, 〈태왕사신기〉 등이 이곳에서 촬영됐다. 성벽과 망루, 거리 등을 실물에 가깝게 제작하였다. 저잣거리는 천연염색, 죽물, 한과, 비누공예 등 다양한 체험을 할 수 있는 공간으로 꾸몄고 미술관도 운영하고 있다. 영산강이 내려다보이는 산 중턱에 있어 경관이 뛰어나다. (www.najuthemepark.com 061-330-8114)

나주영상테마파크에서 바라본 영산강

전남·광주

운주사

● 화순군

MAP

운주사의 9층석탑

천불천탑의 신비를 간직한 성지

광주에서 동쪽으로 12km쯤 떨어져 있는 화순은 정암 조광조와 방랑시인 김삿갓이 생을 마감한 고장으로 잘 알려져 있다. 최근 들어서는 운주사와 쌍봉사가 문화답사지로, 화순온천과 도곡온천이 온천휴양지로 많은 인기를 얻고 있다. 전라남도 화순군 도암면에 있는 운주사는 천불천탑의 전설을 간직한 사찰이다. 1481년에 편찬된 《동국여지승람》에 "운주사 좌우 산등성이에 석불과 석탑이 각각 1,000개가 있다."라고 기록돼 있어 신비로움을 더하고 있다.

테마
문화유산

함께 가면 좋은 사람
가족

여행 가기 좋은 계절
사계절

● **주소** 전라남도 화순군 도암면 대초리 20 ● **가는 길 | 승용차** 호남고속도로 동광주나들목→29번 국도→화순군 화순읍→화순군 능주면→822번 지방도→화순군 도암면→운주사 | **대중교통** 광주종합버스터미널 앞에서 운주사 방면 218번 버스 이용 ● **문의** 061-374-0660 ● **홈페이지** www.unjusa.org ● **휴무일** 연중무휴 ● **주차장** 있음 ● **먹거리** 흑두부보쌈(달맞이흑두부 061-372-8465)

운주사의 부부와불상

운주사는 아주 오랜 세월 동안 감춰져 있었으나 발굴조사가 시작된 지난 1984년부터 차츰 세상 사람들에게 그 모습을 드러내기 시작했다. 하지만 아직까지도 언제, 누가, 어떤 목적으로 사찰과 천불천탑을 조성했는지는 정확히 알려지지 않은 상태다.

운주사에 있는 수십 기의 석불과 석탑 가운데 대웅전 오른쪽 산등성이에 길게 누워 있는 거대한 부부와불상이 가장 유명하다. 폭 10m, 길이 12m의 이 와불상은 도선국사가 천탑을 세우고 나서 마지막 천불인 이 불상을 세우려는 순간 새벽닭이 우는 바람에 미처 세우지 못하고 내려놓았다는 전설을 간직하고 있다. 부부와불상 근처에는 와불의 한 쪽을 떼어 낸 것으로 추정되는 머슴부처, 하늘의 북두칠성을 형상화한 칠성바위 등이 있다. 건너편 산등성이에는 운주사에서 가장 소박한 모습의 거지바위(일명 동냥치바위)탑이 자리 잡고 있다.

부부와불상으로 올라가는 길에 만나게 되는 5층석탑과 7층석탑은 번뜩이는 재치가 돋보이는 조형물이다. 탑을 세우려면 먼저 기단을 놓는 것이 일반적인 데 비해 이 탑들은 커다란 바위 전체를 기단으로 삼았다. 경주 남산의 용장골 바위 위에 세운 용장사 3층석탑과는 또 다른 신비로움을 불러일으키는 명품이다.

가장 전망이 좋은 곳은 대웅전 뒤편에 있는 공사바위로 대웅전 양쪽으로 길게 뻗어 나간 산등성이 곳곳에 점점이 박혀 있는 석불과 석탑들이 한눈에 들어온다. '공사바위'라는 이름은 도선국사가 일꾼들을 독려하기 위해 올라가 있었다는 데서 유래한다. 이 바위를 올라가는 길에 만나게 되는 흐릿한 마애불은 운주사의 유일한 마애불이다.

운주사의 좁고 긴 평지에 흩어져 있는 석탑 가운데 가장 눈에 띄는 것은 9층석탑(보물 제796호)이다. 운주사에 있는 석탑 가운데 가장 키가 커서 일명 '돛대탑'이라 불리고 있다. 정확하게 서로 등을 맞대고 있는 석조불감(보물 제 797호)을 비롯해 곡선의 아름다움을 잘 표현한 원형다층석탑(보물 제798호), 발우모양의 원형구형탑, 원반형석탑인 명당탑 등도 눈길을 끄는 석탑들이다.

추천 여행코스

운주사→고인돌유적지→도곡온천

여행 TIP

운주사는 창건연대와 창건배경을 전혀 알 수 없는 신비의 성지이다. 1984년부터 1991년까지 여러 차례 발굴조사와 학술조사를 했지만 알아낸 것이 없다. 이처럼 많은 석불과 석탑이 조성되었는데 그 유래를 알 수 없다는 것 자체가 불가사의이다. 석탑 형태로도 시대를 전혀 가늠할 수 없다. 여러 시대의 기법이 섞여 있기 때문이다. 그래서 운주사는 상상의 나래를 펴기에 더할 나위 없이 좋다.

주변 명소

고인돌유적지

화순 일대에는 청동기시대 고인돌 채석용 암반(감태바위)을 비롯해 고인돌과 관련된 입석(선돌 5기)이 곳곳에 남아 있다. 입석의 크기는 평균 높이 88~140cm, 폭 52~80cm이다. 화순군 도곡면 효산리와 춘양면 대신리를 잇는 고개인 보검재 양쪽 골짜기에는 모두 400여 기의 남방식 고인돌이 밀집되어 있어 눈길을 끈다. 화순 일대의 고인돌군은 현재 세계문화유산으로 등재되어 있다.

고인돌유적지

쌍봉사

● 화순군

MAP

쌍봉사 대웅전

마음이 편해지는 고즈넉한 사찰

화순의 대표적인 사찰 가운데 하나인 쌍봉사는 화순읍에서 남쪽으로 35km쯤 떨어져 있다. 그리 널리 알려진 사찰은 아니지만 문화답사를 목적으로 하는 관람객들에게는 더할 나위 없이 훌륭한 여행지로 인기가 높다. 그만큼 각별한 유물들이 숨겨져 있다는 이야기이다. 돛대 모양의 대웅전, 다양한 시대의 석축, 사계절 푸른 차나무와 대나무, 마치 목탑처럼 부드러운 곡선미를 자랑하는 철감선사 사리탑(부도) 등은 쌍봉사가 가지고 있는 매력의 일부분이다.

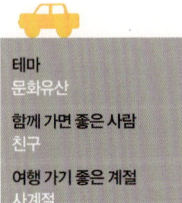

테마
문화유산

함께 가면 좋은 사람
친구

여행 가기 좋은 계절
사계절

●**주소** 전라남도 화순군 이양면 증리 741 ●**가는 길** │**승용차** 호남고속도로 동광주나들목→29번 국도→화순군 화순읍→이양면 매정리→쌍봉사 │**대중교통** 화순읍에서 쌍봉사 방면 버스 이용 ●**문의** 061-372-3765 ●**홈페이지** www.ssangbongsa.com ●**휴무일** 연중무휴 ●**주차장** 있음 ●**먹거리** 흑두부보쌈(달맞이흑두부 061-372-8465)

쌍봉사 철감선사 부도

쌍봉사는 통일신라 때인 839년 이전에 창건된 것으로 알려져 있으며 신라의 고승인 철감선사에 의해 사세가 크게 확장되었다. '쌍봉사'라는 사찰 이름은 사찰의 앞과 뒤에 두 개의 봉우리가 있다 해서 붙여졌다는 설과, 철감선사의 호인 '쌍봉'에서 유래했다는 설이 있다. 본래의 사찰 건물은 임진왜란 당시 대부분 소실되었고 현재의 건물들은 그 이후에 다시 지어졌다.

쌍봉사 대웅전은 여느 사찰과 달리 3층목탑이다. 그것도 정면과 측면이 각각 마치 우람한 기둥처럼 생긴 목조건축물이다. 풍수지리에 의하면 쌍봉사가 자리 잡고 있는 지형이 '움직이는 배'의 형상이라 배의 돛대 역할을 하는 길쭉한 목탑을 세웠다 한다. 게다가 배의 밑바닥을 파게 되면 배가 침몰한다 해서 그 흔한 샘터조차 하나 없다.

임진왜란 당시 폐사된 절터에다 조선 인조 때 3층짜리 대웅전을 짓고 그후 조선 경종 때까지 여러 차례에 걸쳐 중수했다. 하지만 그토록 애지중지하던 목탑은 안타깝게도 지난 1984년에 원인 모를 화재로 인해 완전히 재가 되고 말았다. 다행히 대웅전 안에 있던 불상들은 구했고 현재 이 불상들은 1986년 복원된 대웅전에 모셔져 있다.

쌍봉사 대웅전 왼편으로 난 대나무 숲길을 따라 100m쯤 올라가면 답사여행을 제대로 하는 사람이라면 누구나 한 번쯤 보고 싶어 하는 철감선사부도(국보 제57호)를 볼 수 있다. 이 부도는 현존하는 우리나라의 부도 가운데 가장 아름다운 걸작으로 평가받고 있다. 천년이 넘는 세월이 지났음에도 가릉빈가, 비천상, 구름, 사자, 연꽃문양 등이 고스란히 제 모습을 간직하고 있다.

철감선사부도 앞에서는 일정이 바쁘더라도 어느 정도의 시간을 할애해야 한다. 최소한 30분, 그 이상이라면 더욱 좋다. 위에서 아래로, 혹은 아래에서 위로 올라가며 부도의 작은 부분까지도 세심히 살펴보고 그 의미를 이해해야 한다. 제대로 된 여행자라면 아마도 지루하거나 숨을 돌릴 틈조차 없을 것이다. 어쩌면 천년이 넘은 부도와의 교감을 확인하는 순간 작은 전율을 경험할 수 있을지도 모른다.

추천 여행코스

쌍봉사 → 화순온천

여행 TIP

쌍봉사는 사계절 아무 때나 찾아도 좋은 사찰이지만 고즈넉한 분위기를 만끽하고 싶다면 겨울에 가는 것이 좋다. 쌍봉사에서는 한겨울에도 푸른 나뭇잎을 많이 볼 수 있다. 사찰 뒤편에는 울창한 대나무 숲이 마치 병풍처럼 펼쳐져 있으며 대나무 숲길 곳곳에서는 때깔 좋은 차나무 잎들이 사시사철 싱그러운 푸른빛을 자랑하고 있다.

주변 명소

화순온천

화순군 북면에 있는 화순온천은 근처의 도곡온천(화순군 도곡면 소재)과 함께 호남 지역의 대표적인 온천휴양지 가운데 하나이다. 1982년에 발견되어 1995년에 종합온천장으로 문을 열었다. 약알칼리성 온천으로 만성 피부병, 신장염, 위장병 등의 치료에 효험이 있는 것으로 잘 알려져 있다. 우리 몸에 좋은 작용을 하는 라듐과 유황성분이 함유된 온천탕 외에도 각종 편의시설이 잘 마련되어 있다. 2006년에는 호남 제일의 아쿠아물을 개장했다. (061-370-5000)

화순온천의 온천탕

송광사 · 선암사

● 순천시

MAP

송광사 대웅전

우리나라 전통 불교의 맥을 잇는 사찰들

전라남도 순천의 조계산 자락에 있는 송광사와 선암사는 우리나라 불교의 전통을 잘 계승하고 있는 사찰들이다. 송광사는 조계종의 5대 총림 가운데 하나인 조계총림, 선암사는 태고종의 본산인 태고총림이 있는 곳이다. '총림'이란 수행공간인 선원, 경전 교육기관인 강원, 계율 교육기관인 율원을 모두 갖춘 곳을 말한다. 특히 선암사는 해마다 4월 하순이면 사찰 전체가 아름다운 꽃동산으로 변해 볼거리도 제공한다.

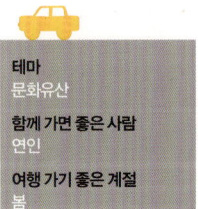

테마
문화유산

함께 가면 좋은 사람
연인

여행 가기 좋은 계절
봄

● **주소** 전라남도 순천시 송광면(송광사), 승주읍(선암사) ● **가는 길** | **승용차** 호남고속도로 주암나들목 →27번 국도→송광사, 호남고속도로 승주나들목→857번 지방도→선암사 | **대중교통** 순천 시내에서 송광사 또는 선암사 방면 버스 이용 ● **문의** 061-755-0107(송광사종무소), 061-754-5247(선암사종무소) ● **홈페이지** www.songgwangsa.org(송광사), www.seonamsa.net(선암사) ● **휴무일** 연중무휴 ● **주차장** 있음 ● **먹거리** 산채백반(길상식당 061-751-9153)

선암사 경내

송광사는 우리나라 '3보 종찰' 가운데 하나이다. 불교에서는 불(佛), 법(法), 승(僧) 이 세 가지를 귀한 보배로 내세우고 있다. 불은 부처님을, 법은 가르침을, 승은 승가(스님)를 각각 의미하는데 송광사는 고려와 조선 초에 16국사를 배출한 사찰답게 '승보종찰'로 불리고 있다.

송광사는 신라 말에 체징이 길상사라는 이름으로 창건했으며 고려 명종 때인 1197년부터 8년 동안 보조국사 지눌 스님이 중창불사를 한 이후로 대사찰의 면모를 갖추었다. 그 후 화재와 전쟁을 겪으면서 송광사는 많은 건물을 잃었다. 하지만 1983년부터 1990년까지 이루어진 대대적인 불사를 통해 오늘날의 모습을 갖췄다.

송광사 입구의 능허교(삼청교) 홍예 한가운데에는 용머리석상이 있는데 자세히 보면 용의 입에 엽전 한 닢이 매달려 있다. 이 엽전에는 아주 작은 물욕이라도 갖지 말라는 가르침이 담겨 있다. 경내에는 탑이 없는 넓은 마당을 앞에 두고 대웅전이 세워져 있다. 대웅전 오른편에는 지장전이 있고 왼편에는 다른 사찰에는 없는 법당인 승보전이 있다. 승보전은 지금의 대웅전이 세워지기 전에 큰 법당으로 사용되었다.

조계산을 중심으로 송광사 반대편에 위치한 선암사는 고즈넉한 절집의 품위가 돋보이는 사찰이다. 좋은 여행지를 찾아가는데 굳이 절기를 따질 필요는 없지만 다른 곳은 몰라도 선암사만큼은 사찰 전체가 아름다운 꽃동산으로 변하는 4월 하순 무렵이 제격이다.

선암사 경내에는 오래된 나무들이 유난히 많다. 그 가운데서도 매화나무, 차나무, 와송, 영산홍, 자산홍 등이 특히 유명하다. 칠전선원(호남제일선원) 입구에서 만날 수 있는 영산홍과 자산홍, 천연기념물 제488호로 지정된 매화나무, 그리고 옆으로 멋지게 퍼지면서 자라는 와송 등은 그 수령을 약 600년 정도로 추정하고 있다.

선암사에서 유명한 전각은 원통전이다. 사찰 건축물로는 특이한 '정(丁)'자형의 이 전각의 내부에는 '대복전(大福田)'이라는 순조의 친필 현판이 붙어 있다. 후사가 없어 걱정이 많던 정조가 선암사 스님에게 100일 기도를 부탁했고 그 결과 순조를 얻어 하사한 것이다.

추천 여행코스

송광사→불일암→선암사

여행 TIP

송광사의 명물 가운데 하나인 능견난사(能見難思)는 중국 원나라에서 가져온 그릇이다. 어찌나 정교하게 만들었는지 아무렇게나 포개도 꼭 들어맞을 정도로 그 크기가 일정하다. 조선 숙종 때 이와 똑같은 그릇을 만들려고 했지만 도저히 만들 수 없었다. 그래서 붙여진 이름이 '눈으로 볼 수는 있지만 만들기는 어렵다'는 뜻의 '능견난사'다.

주변 명소

불일암

송광사에서 오솔길을 따라 20분 정도 올라가야 만날 수 있는 불일암은 법정 스님이 1975년부터 1992년까지 17년 동안 머물던 암자다. 스님의 성품만큼이나 소박하고 정갈한 모습의 불일암은 방문객들에게 끊임없이 '무소유'의 가르침을 주고 있다. 스님은 떠나고 없지만 스님의 손때가 묻은 소박한 생활도구들이 방문객들을 수줍게 맞이하고 있다. 오솔길 곳곳에는 '무소유길' 안내판이 세워져 있다.

법정 스님이 머물던 불일암

낙안읍성

● 순천시

MAP

낙안읍성 마을 전경

조선 초기의 대표적인 읍성

전라남도 순천시 낙안면에 있는 낙안읍성은 충남 서산의 해미읍성, 전북 고창의 고창읍성과 함께 조선시대 초기에 축성된 우리나라의 대표적인 읍성 가운데 하나이다. 성은 외부로부터의 침입을 효과적으로 방어하기 위해 산등성이를 이용해 축성하는 것이 일반적이다. 그러나 이들 읍성처럼 해안 지방의 민가 근처에 성을 쌓게 된 것은 고려시대 말기와 조선시대 초기에 왜구들의 침략이 매우 극심했기 때문이다.

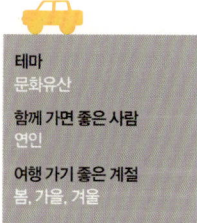

테마
문화유산

함께 가면 좋은 사람
연인

여행 가기 좋은 계절
봄, 가을, 겨울

● **주소** 전라남도 순천시 낙안면 충만길 30   ● **가는 길 | 승용차** 호남고속도로 서순천나들목→17번 국도→순천시→58번 지방도→낙안읍성 | **대중교통** 순천 시내에서 낙안읍성 방면 버스 이용   ● **문의** 061-749-3347   ● **홈페이지** www.nagan.or.kr(순천시 관광)   ● **휴무일** 연중무휴   ● **주차장** 있음   ● **먹거리** 팔진미백반(낙안읍성백반집 061-754-3021)

낙안읍성의 도예방

낙안읍성은 지금으로부터 약 600여 년 전에 이 고장 출신 김빈길이라는 사람이 왜구들의 잦은 침략으로 주민들이 큰 피해를 입자 흙을 이용해 성을 쌓은 것이 시초이다. 그 후 1420년대에 이르러 여러 해에 걸쳐 돌로 다시 쌓으면서 성의 규모를 지금처럼 튼튼하게 조성했다.

읍성은 지방의 행정관서가 있는 고을에 축성되기 때문에 행정적인 기능과 군사적인 기능을 고루 갖추고 있는 것이 일반적이다. 낙안읍성도 예외는 아니어서 성안에 지방행정을 담당했던 동헌이 들어서 있다. 외부 침입자를 효과적으로 공격하기 위해 군데군데 외성도 쌓았다.

낙안읍성은 방어 및 공격용 시설물이다. 그럼에도 불구하고 외부인들에게 그다지 큰 거부감을 주지 않을 뿐더러 위압적이지도 않다. 그리 높지 않은 성벽은 고향 마을의 푸근한 돌담장을 연상케 한다. 게다가 동문(낙풍루) 앞에 설치해 놓은 해자 역시 방어용 시설물이라기보다는 오히려 조그만 개울처럼 보일 정도다.

우리나라에서 사람 사는 초가집이 가장 많은 곳인 낙안읍성은 성곽의 총 길이가 1,410m에 이른다. 성곽 위로는 3~4m 너비의 넓은 길이 비교적 양호한 상태로 잘 보존되어 있다. 이 길을 거닐며 초가집들이 옹기종기 모여 있는 마을의 구석구석을 찬찬히 살펴볼 수 있다. 낙안읍성은 사계절 아무 때나 찾아도 좋은 곳이지만 늦가을과 초겨울 사이 또는 봄꽃들이 피어나기 시작하는 이른 봄의 마을 정취가 가장 인상적이다.

낙안읍성의 동쪽, 서쪽, 남쪽에는 성안의 큰 길과 연결된 성문이 세워져 있다. 이 가운데서도 낙안읍성의 정문 격인 동문 앞에는 조그마한 석구 2기가 세워져 있다. 오랜 풍상으로 인해 비록 그 형태가 뚜렷하게 남아 있지는 않지만 돌로 만든 두 마리의 개가 성문 밖을 향해 짖고 있는 모습에서 낙안읍성의 오랜 연륜을 엿볼 수 있다.

우리 조상들은 오랜 옛날부터 개가 잡신의 침입을 막아 준다고 믿어 왔다. 따라서 사람들의 왕래가 가장 많았던 동문 밖 평석교 앞에 석구상을 세운 것도 마을 동쪽에 있는 멸악산(오봉산)의 강한 기운을 막고자 했던 것으로 해석할 수 있다.

추천 여행코스

낙안읍성→금둔사→선암사

여행 TIP

낙안읍성을 찾아가는 길에 이 마을 명주인 사삼주를 맛보는 것 또한 작은 즐거움 가운데 하나다. 사삼주는 낙안읍성 인근의 제석산 일대에서 나는 더덕으로 담근 민속주다. 여덟 가지(석이버섯, 고사리, 도라지, 미나리, 무, 녹두묵, 천어, 더덕) 반찬을 기본으로 하는 팔진미백반도 권할 만하다.

주변 명소

금둔사

낙안읍성에서 선암사 가는 길을 따라 4km쯤 가면 오른편으로 금둔사에 올라가는 안내판이 보인다. 최근 복원된 금둔사는 비록 옛 고찰의 정취는 다소 떨어지지만 이른 봄 매화 여행지로 아주 제격인 곳이다. 제주도를 제외하고는 우리나라에서 가장 먼저 매화를 만날 수 있는 곳이기 때문이다. 금둔사에서 3월 초에 꽃망울을 터뜨리는 소담스런 홍매는 납월(음력 12월)에도 꽃을 볼 수 있다고 해서 '납월매'라 불린다. (061-754-6942)

금둔사 홍매

태안사

● 곡성군

MAP

태안사의 인공연못과 3층석탑

'구산선문'의 맥을 잇는 유서 깊은 사찰

곡성을 대표하는 사찰인 태안사는 구산선문의 하나인 '동리산문'을 연 매우 유서 깊은 사찰이다. 오래전부터 편안한 산세로 이름 높던 죽곡면 원달리의 봉두산(동리산) 자락에 자리 잡고 있다. 지난 1999년 세상을 떠난 조태일 시인의 고향으로도 잘 알려져 있다. 태안사 진입로는 숲이 건강하게 잘 보존되어 있는 곳이므로 일부러라도 한 번쯤 걸어 볼 만하다. 이 길은 우리나라의 아름다운 사찰 숲길 가운데 하나이기도 하다.

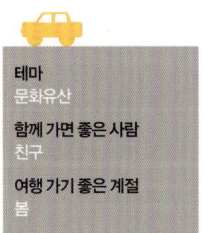

테마
문화유산

함께 가면 좋은 사람
친구

여행 가기 좋은 계절
봄

● **주소** 전라남도 곡성군 죽곡면 원달리 20 ● **가는 길 | 승용차** 익산순천고속도로 화엄사나들목→19번 국도→구례읍→17번 국도→압록유원지→18번 국도→태안사 **| 대중교통** 곡성읍에서 태안사 방면 버스 이용 ● **문의** 061-363-6422 ● **홈페이지** 없음 ● **휴무일** 연중무휴 ● **주차장** 있음 ● **먹거리** 대사리탕(석천산장 061-363-6344)

태안사의 돌담

태안사를 찾아가는 숲길은 사찰 초입의 조태일 시문학기념관에서 시작된다. "내 시는 태안사에서 시작되어 태안사에서 끝이 난다."라고 말했던 조태일 시인의 생전 모습을 떠올리며 걷는 숲길. 이 숲길에는 모두 다섯 개의 다리가 있는데 각각 귀래교, 정심교, 반야교, 해탈교, 능파각이라는 이름이 붙어 있다. 이 가운데 가장 마지막에 만나게 되는 능파각은 마치 근사한 누각처럼 다리 위에 지붕을 올려놓았다.

태안사는 신라 경덕왕 때인 742년에 이름을 알 수 없는 스님 세 명이 암자를 짓고 수도를 한 것에서 그 유래를 찾을 수 있다. 조선 숙종 때인 1683년에 중창했으며 대웅전은 6·25전쟁 당시 소실된 것을 다시 복원했다. 숲길이 끝나는 곳에는 인공연못이 있고 그 안에 섬을 만들어 3층석탑을 옮겨 놓았다. 나무다리로 탑이 있는 곳에 갈 수 있다.

'동리산태안사'라는 현판이 붙은 일주문(봉황문)을 지나면 오른편에 아담한 부도밭이 나타난다. 규모는 그리 크지 않지만 여러 시대의 다양한 부도를 만날 수 있는 곳이다. 이 가운데 가장 눈길을 끄는 것은 광자대사 윤다 스님의 부도인 광자대사탑이다. 보물 제274호로 지정되어 있는 광자대사탑은 안정감과 균형미가 매우 뛰어난 작품이다.

광자대사탑 옆에는 심하게 파손된 광자대사비가 있다. 보물 제275호로 지정되어 있는 광자대사비 위에는 '가릉빈가' 또는 '칼라빈카'라 불리는 극락조가 한 마리 크게 부조되어 있다. 극락조는 세상에서 가장 아름다운 목소리를 가지고 있을 뿐만 아니라 그 소리를 들으면 모든 고통과 번뇌에서 벗어난다고 전해지는 영물이다. 극락조는 서방정토 극락세계에 산다는 상상의 새인데 머리와 팔이 사람의 형태를 하고 있다.

대웅전 오른편 위쪽의 배알문 안에는 보물 제273호로 지정된 적인선사조륜청정탑이 있다. 적인선사 혜철 스님의 부도인 이 탑은 신라 말기에 조성된 사리탑으로는 가장 우수한 작품 가운데 하나로 손꼽힌다. 비슷한 시기에 조성된 화순 쌍봉사의 철감선사부도에 비해 화려함은 다소 떨어지지만 단순하면서도 육중한 느낌을 준다. 신라 경문왕 때인 872년에 조성된 것으로 추정하고 있다.

추천 여행코스

조태일 시문학기념관→태안사→섬진강기차마을

여행 TIP

태안사는 선종의 구산선문 가운데 하나인 매우 유서가 깊은 사찰이다. 구산선문이라 함은 9~10세기 무렵 당나라에서 공부한 선승들이 귀국해서 세운 아홉 사찰을 가리킨다. 구산선문에 속한 사찰로는 태안사를 비롯해 남원 실상사, 장흥 보림사, 보령 성주사, 강릉 굴산사, 문경 봉암사, 영월 흥령사(법흥사), 창원 봉림사, 해주 광조사가 있다.

주변 명소

조태일 시문학기념관

우리에게 '부패한 세상과 맞서 싸우던 시인'으로 기억되는 조태일. 그는 1941년 대처승이었던 조봉호 스님의 7남매 가운데 넷째로 태안사에서 태어났다. 1964년 경향신문 신춘문예에 〈아침 선박〉으로 당선되어 등단했으나 삶은 그리 순탄치 않았다. 술과 담배, 잦은 투옥으로 인해 몸은 많이 상했고 결국 1999년에 생을 마감했다. 그가 세상을 떠난 후 태안사 초입에 조태일 시문학기념관이 세워졌다. 현재 이곳에는 그의 유품과 관련자료 2,000여 점이 전시되어 있다.

조태일 시문학기념관

전남·광주

운조루
● 구례군

MAP

운조루의 전경

'노블리스 오블리주' 실천했던 조선의 양반가

조선시대 인문지리학자인 청담 이중환은 일찍이 저서 《택리지》를 통해 "나라 안에서 가장 살기 좋은 고장으로는 낙동강변의 성주와 함께 섬진강변의 남원과 구례를 꼽을 수 있다."라고 말했다. 구례는 이처럼 오래 전부터 살기 좋은 고장으로 손꼽혀 왔다. 구례읍에서 하동쪽으로 5km쯤 떨어진 토지면 오미리 마을은 오랜 옛날부터 '우리나라 3대 길지' 가운데 하나로 손꼽히던 곳인데 바로 이곳에 운조루가 자리한다.

테마
문화유산

함께 가면 좋은 사람
가족

여행 가기 좋은 계절
봄

● **주소** 전라남도 구례군 토지면 오미리 103 ● **가는 길 | 승용차** 익산순천고속도로 화엄사나들목→19번 국도→운조루 **| 대중교통** 구례읍에서 택시로 약 10분 소요 ● **문의** 061-780-2390(구례군청 문화관광과) ● **홈페이지** www.unjoru.com ● **휴무일** 연중무휴 ● **주차장** 없음 ● **먹거리** 다슬기수제비(선미옥다슬기 061-781-6756)

운조루의 솟을대문

호남 지방의 전형적인 양반 가옥인 운조루는 안동에서 태어나 낙안군수를 지낸 유이주라는 사람이 지은 것으로 230여 년의 역사를 지닌 집이다. '운조루'라는 이름은 이 집의 누마루인 운조루에서 따왔다. 운조루는 '구름 위에서 학이 노닌다'는 뜻이다. 몇 년 전에는 배창호 감독의 〈흑수선〉이라는 영화가 촬영되기도 했다.

운조루는 풍수지리학적으로 최고의 명당터라는 '금구몰니', 즉 '금거북이가 진흙 속에 묻혀 있는 곳'에 자리를 잡은 건축물이다. 하지만 오늘날 운조루가 많은 사람들의 관심을 끄는 것은 꼭 명당터라는 이유만 있는 것은 아니다. 집안 곳곳에서 검소하고, 여성을 배려하며, 자식을 엄하게 키우고, 이웃에게 정을 베풀었던 인정 많은 한 가문의 흔적을 찾아볼 수 있기 때문이다. 그래서 운조루에서는 시간을 넉넉하게 갖고 건물 하나하나를 꼼꼼히 살펴보아야 그 진정한 가치를 알 수 있다. 우선 운조루 솟을대문 앞을 흐르는 개울을 눈여겨보자. 마을 앞을 흐르는 섬진강 물줄기와 서로 반대 방향으로 흐른다. 마을의 기운이 어느 한 방향으로 치우치지 않도록 균형을 이루고 있는 것이다. 서울의 한강과 청계천이 서로 반대 방향으로 흐르고 있는 것처럼……

솟을대문 양쪽에는 담장 대신 많은 방이 길게 이어져 있다. 줄지어 늘어서 있는 행랑채 끄트머리에는 가빈터라는 곳이 있다. 장례를 치르고 나서도 뒤늦게 문상을 오는 분들을 위해 시신을 3개월이나 모셨던 공간이다.

운조루에서는 여성에 대해 배려한 흔적을 지금도 곳곳에서 찾아볼 수 있다. 그 대표적인 공간이 부엌 위에 있는 다락방이다. 이곳에는 바깥을 내다볼 수 있는 작은 창과 문이 하나씩 있다. 집안일을 하다가 잠깐 올라와서는 창으로, 나물을 다듬거나 바느질을 하면서는 문을 열어 놓고서 여유롭게 바깥 세상을 구경하도록 해 놓은 것이다. 다락방에서는 텃밭과 대문 밖 구만들, 그리고 멀리 오봉산까지 한눈에 들어온다. 사방이 막혀 있는 안채에서 생활해야 하는 여성들에게 이 공간은 소중한 해방구 역할을 했을 것이다.

추천 여행코스

운조루→구례장터→사성암→화엄사

여행 TIP

운조루에는 특별한 교훈을 주는 뒤주가 하나 있다. 모두들 먹고사는 것이 힘에 겨웠던 시절. 특히 춘궁기에는 그 고통이 더욱 심했다. 그 어렵던 시절에 운조루 중문간채에는 쌀이 가득 담긴 커다란 뒤주가 놓여졌다. 누구라도 필요한 사람은 가져가도 되는 쌀이었다. 하지만 꼭 필요한 양만 가져가도록 쌀을 퍼 내는 입구를 좁게 만들었다. 여기에는 어려울수록 함께 힘든 시기를 극복하자는 교훈이 담겨 있다.

주변 명소

구례장터

3일과 8일에 장이 열리는 구례장터에는 볼거리가 많다. 그 가운데 가장 눈길을 끄는 것은 나무와 함석을 이용해서 만든 장옥들이다. 웬만한 시골 장터에서는 보기 힘든 장옥들이 오밀조밀하게 밀집되어 있다. 장옥 밑으로는 여러 종류의 잡곡을 파는 곡물전과 각종 농기구를 파는 철물전 등이 길게 줄을 잇는다. 게다가 이제는 풍물처럼 되어 버린 뻥튀기장수나 대장간, 국밥집, 옹기전 등이 있어 옛 장터 모습을 연상케 한다. (061-781-9200)

구례장터

전남·광주

화엄사
● 구례군

MAP

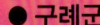
화엄사 홍매

지리산을 대표하는 유서 깊은 사찰

전라남도 구례는 섬진강을 끼고 있는 따사로운 고장이다. 사계절 아무 때나 찾아도 좋은 곳이지만 이른 봄의 구례는 곳곳에서 꽃을 볼 수 있어 더욱 좋다. 산동마을의 산수유꽃과 함께 구례의 명물로 손꼽히는 봄꽃은 화엄사의 홍매이다. 이 매화나무는 각황전(국보 제67호)을 중건한 계파선사(벽암 대선사의 제자)가 심은 것으로 전해지는 고목으로 그 수령이 300년이 넘는다. 해마다 3월 하순이면 짙은 향과 함께 진분홍의 예쁜 꽃망울을 터트린다.

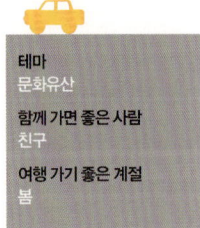

테마
문화유산

함께 가면 좋은 사람
친구

여행 가기 좋은 계절
봄

●**주소** 전라남도 구례군 마산면 황전리 12 ●**가는 길 | 승용차** 익산순천고속도로 화엄사나들목→19번 국도→냉천3거리→18번 국도→화엄사 | **대중교통** 구례읍에서 화엄사 방면 버스 이용 ●**문의** 화엄사종무소(061-783-7600) ●**홈페이지** www.hwaeomsa.org ●**휴무일** 연중무휴 ●**주차장** 있음 ●**먹거리** 산채백반(예약 061-782-9917)

화엄사 4사자3층석탑

화엄사는 신라 진흥왕 때인 544년 인도 승려인 연기조사에 의해 창건되었다. 우리나라의 '화엄 10대 사찰'로서 장육전 벽을 화엄석경으로 치장했던 지리산의 대표적인 명찰이다. 이 화엄석경은 신라 명필 김생의 글씨로 만든 것이었다. 하지만 아쉽게도 장육전과 화엄석경은 임진왜란 당시 완전히 소실되고 말았다.

장육전은 조선 숙종 때인 1699년에 공사를 시작해 1702년 중건되었다. 이름도 각황전으로 바뀌었다. 현판 글씨는 당시 글씨에 능했던 형조참판 이진휴가 썼다. 장육전 중건과 관련해서는 계파선사와 숙종의 딸(공주)과 관련된 전설도 전해지고 있다. 각황전 앞에 세워져 있는 우람한 석등은 그 높이가 6.3m로 우리나라의 석등 가운데 가장 크다. 통일신라시대 당시의 찬란했던 불교예술의 정수를 엿볼 수 있다.

각황전 뒤편의 '효대'에는 신라 선덕여왕 때인 645년 자장율사가 세운 4사자 3층석탑(국보 제35호)이 있다. 탑 안에는 자장율사가 당나라에서 가져온 부처님 진신사리 73과가 봉안되어 있다. 탑 앞에는 공손한 자세로 차를 올리는 모습의 공양탑이 세워져 있다. 탑을 받치고 있는 암수 두 쌍의 사자 얼굴에는 각각 희, 로, 애, 락이 표현되어 있다. 사자는 불교에서 '지혜'를 의미한다.

효대에서 가장 눈에 띠는 커다란 소나무는 수령 500년으로 추정되는 '화엄송'이다. 한편 화엄사 경내에 있는 서5층석탑에서는 부처님 진신사리 22과와 함께 16종 72점의 유물이 발견되어 많은 사람의 관심을 끌기도 했다.

화엄사 입구에 세워진 일주문에는 '지리산 화엄사'라는 글씨가 쓰여 있다. 이 글씨는 조선 선조의 여덟 째 아들이자 인조의 작은 아버지인 의창군의 필체이다.

화엄사 대웅전은 일주문, 보제루 등과 함께 1636년 중건되었다. 현판 글씨는 일주문 글씨를 쓴 의창군이 썼다. 워낙 글씨체가 좋아 조계사, 수덕사, 쌍계사, 완주 송광사 등과 같은 다른 사찰에서도 복각해서 쓰고 있다. 대웅전임에도 불구하고 석가모니 부처님이 아닌 비로자나불을 주불로 모신 것이 특이하다.

추천 여행코스
화엄사→사성암→운조루

여행 TIP
대웅전 앞에 있는 보제루는 말 그대로 중생을 널리 구제하는 기능을 갖춘 건축물이다. 임진왜란 당시 소실된 것을 1636년 벽암 대선사가 중건하였다. 기둥을 세우는 데는 전혀 다듬지 않은 자연석을 초석으로 사용하는 '그렝이 공법'이 시도되었다. 이 같은 공법은 고구려의 석성, 불국사의 석축, 불국사 석가탑 등에서 그 예를 찾아볼 수 있다.

주변 명소

사성암
구례군 문척면 죽마리에는 지리산과 섬진강을 한눈에 조망할 수 있는 멋진 포인트가 있다. 그곳이 바로 해발 542m의 오산이며 이 산에 사성암이 있다. 사성암은 화엄사를 창건한 연기조사에 의해 창건된 것으로 알려지고 있다. 사성암이라는 이름은 원효대사, 의상대사, 도선국사, 진각국사 등이 수도했다는 데서 그 유래를 찾을 수 있다. 바위 벽에다 원효대사가 손톱으로 직접 조성했다는 전설이 담긴 마애약사여래불도 이곳에 있다. (061-781-4544)

사성암

다산초당

● 강진군

MAP

다산 정약용이 10여 년간 머물며 후학을 가르쳤던 다산초당

다산에 맴도는 실학의 향기

조선 후기의 실학자 정약용의 발자취를 이해하려면 남양주시 조안면 다산유적지와 강진 다산초당 두 곳을 가 봐야 한다. 정약용은 두물머리의 풍광이 아름다운 마을에서 태어나 조정에 나갔다가 권문세가의 압박에 멀리 남도 끝 강진 땅에서 17년의 귀양살이를 하고 나이 들어 다시 두물머리로 돌아왔다. 다산이라는 호는 강진 다산에 머물며 얻었고 노년에 두물머리에서 조심조심 살며 스스로를 여유당이라 불렀다.

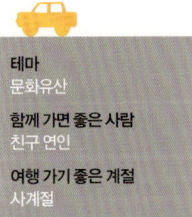

테마 문화유산
함께 가면 좋은 사람 친구 연인
여행 가기 좋은 계절 사계절

●**주소** 전라남도 강진군 도암면 만덕리 귤동 ●**가는 길 | 승용차** 서해안고속도로 목포TG→호남고속도로 광산/비아나들목→강진읍→18번 국도(해남 완도 방면)→학명리 추도삼거리→2번 국도 도암 방면→다산초당 | **대중교통** 강진버스터미널에서 다산초당행 버스 이용 ●**문의** 061-430-3782 ●**홈페이지** www.gangjin.go.kr(강진군청) ●**휴무일** 없음 ●**주차장** 있음 ●**먹거리** 한정식(청자골종가집 061-433-1100)

천일각에서 바라본 강진만

정약용은 강진에 귀양 와서 동문 밖 주막 사의재에서 4년, 고성사 보은산방 등에서 3년을 지냈다. 이후 만덕산 중턱 초당으로 옮겨 10여 년을 지내다 귀양이 풀려 고향으로 돌아갔다. 만덕산은 차가 많이 나는 산이라 해서 근방에서는 다산이라 불렀다. 정약용은 이곳에서 차의 맛에 흠뻑 빠져들었고 다산이라는 호를 사용하였다.

강진에는 사의재와 보은산방, 다산초당과 다산유물전시관 등 다산과 관련한 유적이 많다. 다산초당은 원래 초가였을 것으로 짐작한다. 지금은 기와로 이었으며 동암와 서재, 천일각과 함께 학문과 수양의 터라는 느낌을 물씬 풍긴다. 원래 지방 선비가 자제를 교육하던 곳인데 다산을 초청함으로써 자연스럽게 근처의 인재들이 몰려들었다. 서재는 제자들이 머물던 곳이고 동암은 다산이 지냈던 건물이다.

우거진 숲 속에 숨은 듯 자리 잡은 다산초당에는 4경이 있다. 다산이 유배에서 풀려 떠날 때 초당 뒤편 커다란 바위에 새긴 정석이라는 글씨와 다산이 차를 우릴 때 썼다는 초당 마당에 있는 평평한 바위 다조, 그리고 초당 뒤편에 직접 팠다는 샘물 약천과 역시 직접 꾸몄다는 초당 옆 작은 연못 연지석가산이다.

다산초당 현판은 김정희의 글씨를 집자하여 새긴 것이며 다산동암 현판은 다산의 글씨이다. 강진만과 멀리 흑산도가 보이는 천일각은 귀양을 간 형 정약전을 그리며 바라보던 곳이라는 설명이 붙어 있다. 둘러보자면 잠깐이지만 이렇듯 하나하나 다산의 체취를 짚어 가며 바라보면 옛사람이 아니라 살아 있는 다산을 느낄 수 있다.

천일각 뒤로 올라가면 백련사 가는 길이다. 다산은 이 길을 따라 백련사를 찾아 혜장선사와 교분을 쌓았다. 다산은 이곳에 머물며 혜장선사 외에도 차의 중흥조 초의선사, 추사 김정희 등 인재들과 교유하였는데 모두 연배로 따지자면 아랫사람들이다. 다산의 글과 행적을 좇다 보면 허례보다 사구시를 중시했던 실학을 찾았던 다산의 성품을 알 수 있다. 다산유물전시관은 다산초당 아래쪽에 있다. 다산의 일생과 학문 그리고 강진에서의 생활상 등을 담은 곳이다.

추천 여행코스

강진읍 사의재→고성사 보은산방→영랑생가→다산초당→백련사→무위사

축제 및 행사

매년 9월 다산제가 이틀간에 걸쳐 열린다. 강진은 강진청자축제, 영랑문학제, 마량미항축제, 탐진강은어축제, 강진만풍어제 등 다양한 축제가 있다.

주변 명소

무위사

월출산 아래 숨어 있는 무위사는 고찰의 소박함과 조경이 아름다운 사찰이다. 기록을 보면 삼국통일 후 도선국사가 창건했다고 한다. 선종사찰로 아미타삼존불과 수월관음도, 아미타내영도 등 조선 초기에 제작된 것으로 보이는 벽화가 내려오고 있다. 한때 아랫마을에 사하촌까지 거느린 큰 절로 그 화려함과 웅장함이 남도에서 으뜸이었다고 하는데 쇠락하여 고즈넉한 고찰로 남았다가 최근 수년 사이 새로이 단장되고 있다. (061-433-4974)

무위사 사천왕문

대흥사

● 해남군

MAP

대흥사 대웅보전

테마
문화유산

함께 가면 좋은 사람
친구

여행 가기 좋은 계절
여름

● **주소** 전라남도 해남군 삼산면 구림리 799 ● **가는 길 | 승용차** 서해안고속도로 목포나들목→2번 국도→강진군 성전면→해남군 해남읍→대흥사 | **대중교통** 해남읍에서 대흥사 방면 버스 이용 ● **문의** 061-534-5502 ● **홈페이지** www.daeheungsa.co.kr ● **휴무일** 연중무휴 ● **주차장** 있음 ● **먹거리** 산채정식(호남식당 061-534-5500)

해남은 '땅끝마을'로 널리 알려진 고장이다. '맛과 멋의 고장' 또는 '금비가 내리는 땅'이라 불리기도 한다. 해남의 많은 명소 가운데 가장 먼저 떠오르는 곳이 대흥사이다.

해남을 대표하는 사찰인 대흥사는 해남읍에서 12km쯤 떨어진 두륜산 서쪽 기슭에 자리 잡고 있다. 사찰 주변의 풍광이 아름다울 뿐만 아니라 초입에는 울창한 숲길이 있으며 서산대사와 초의선사의 체취를 느낄 수 있다. 신라 진흥왕 때인 544년 아도화상에 의해 창건된 것으로 알려지고 있다. 대흥사는 지형적인 특성상 금당천을 사이에 두고 대웅보전, 백설당 등이 있는 북원과 천불전, 종무소 등이 있는 남원으로 크게 나뉘어져 있다. 남원 근처에는 표충사와 성보박물관 등이 있는 별원이 자리 잡고 있다. 대흥사 대웅보전 현판을 유심히 살펴보면 '대(大)'가 유난히 눈에 띈다. 어디론가 경쾌하게 걷고 있는 사람의 모습과 흡사하다. 이 글씨를 쓴 사람은 조선시대 후기의 명필인 원교 이광사다. 대웅보전 옆 백설당의 무량수각 현판의 주인공은 추사 김정희이다. 그런가 하면 서산대사, 사명대사, 처영대사의 영정을 봉안한 표충사의 현판 글씨는 조선의 정조가 썼다.

추천 여행코스

대흥사→일지암→녹우당

주변 명소

일지암

대흥사에서 호젓한 산길을 따라 700m쯤 올라가면 '우리나라 차문화의 성지'라 불리는 일지암이 나타난다. 초의선사가 머물며 《동다송》 등을 집필한 곳이다. 이곳에서 바라보는 주변경치가 장관이다. (061-533-4964)

일지암

미황사

● 해남군

MAP

미황사와 달마산

테마
문화유산

함께 가면 좋은 사람
친구

여행 가기 좋은 계절
여름

● **주소** 전라남도 해남군 송지면 서정리 산247 ● **가는 길 | 승용차** 서해안고속도로 목포나들목→2번 국도→강진군 성전면→13번 국도→해남군 해남읍→미황사 | **대중교통** 해남 읍내에서 미황사 방면 버스 이용
● **문의** 061-533-3521 ● **홈페이지** www.mihwangsa.com
● **휴무일** 연중무휴 ● **주차장** 있음 ● **먹거리** 해물탕(용궁해물탕 061-536-2860)

일명 '남해의 금강'이라 불리는 달마산(489m). 마치 거대한 수석처럼 산의 능선이 들쭉날쭉 튀어나와 있는 이 산의 서쪽 중턱에 유서 깊은 고찰 미황사가 자리 잡고 있다.

미황사는 대흥사와 함께 해남을 대표하는 전통사찰이다. 절 뒤편의 달마산이 예사롭지 않은 만큼 창건과 관련된 특이한 전설을 간직하고 있다. 신라 경덕왕 때인 749년 8월의 어느 날 돌로 만들어진 배 한 척이 달마산 아래의 바닷가에 닿았다. 이에 의조화상이 마을 사람들 100여 명과 조심스럽게 다가가 살펴보니 인도에서 왔다는 그 배에는 금인(金人)과 함께《화엄경》,《법화경》등 불경과 불상이 가득 실려 있었다. 이를 계기로 세운 사찰이 미황사이다.

미황사가 있는 달마산은 그리 높지 않은 산이다. 하지만 공룡의 등처럼 외줄기로 뻗은 능선이 12km가 넘게 펼쳐져 멋진 장관을 연출한다. 미황사에서는 다른 사찰과 조금 다른 형태의 산사체험 프로그램을 운영하고 있다. 한 달에 한 번씩 7박 8일 동안 진행하는 '참사람의 향기'가 바로 그것이다. 참가자들은 참선, 법문, 묵언 등을 통해 자기 자신을 진지하게 되돌아보는 좋은 시간을 가질 수 있다.

추천 여행코스

미황사→해남공룡박물관→땅끝마을

주변 명소

해남공룡박물관

해남군 황산면 우항리에서는 세계 최초로 익룡, 공룡, 새발자국 화석이 발견되었다. 바로 그 자리에 해남공룡박물관이 세워져 있다. 알로사우루스 진품화석 447점을 비롯해 다양한 종류의 화석을 만나 볼 수 있다. (061-532-7225)

해남공룡박물관

전남·광주

운림산방

● 진도군

MAP

사시사철 어느 때 찾아도 그림 같은 풍경을 보여 주는 운림산방

남도 화풍의 맥이 살아 숨 쉬는 아름다운 산방

운림산방은 이름도 아름답고 경치도 아름답고 남도 화가가 남긴 그림 또한 아름다운 '3미'가 있는 곳이다. 조선 후기 남종화의 대가 허련 선생이 말년에 머물던 화실은 그윽하여 그 자체가 한 폭의 동양화 같다. 선생의 유전자는 지금까지 이어져 대를 이어 걸출한 화가를 배출하였다. 운림산방은 문화재가 아니라 지금도 남도 특유의 화풍을 이어 가는 창작의 산실이라고 할 수 있다.

테마 문화유산	●주소 전라남도 진도군 의신면 사천리 64　●가는 길	승용차 호남고속도로 광산나들목 또는 서해안고속도로 목포나들목 →진도대교→진도읍→운림산방	대중교통 진도고속터미널에서 운림산방행 버스 이용 ●문의 061-540-6286　●홈페이지 tour.jindo.go.kr(진도군 문화관광)　●휴무일 없음　●주차장 있음 ●먹거리 한정식(신미식당 061-544-4230)
함께 가면 좋은 사람 가족, 연인	
여행 가기 좋은 계절 사계절	

136

소치선생의 생가

진도 가서 글씨 자랑, 소리 자랑, 그림 자랑 하지 말라는 말이 있다. 그만큼 진도의 문화 예술이 깊고 다양하다는 뜻이다. 진도는 소치 허련 선생의 화맥이 살아 있는 곳이다. 운림산방은 소치 허백련이 고향에 돌아와 말년을 보내며 그림을 그리던 화실이다. 첨찰산을 배경으로 너른 연못과 연못 주위의 수목, 연못 한가운데 있는 섬과 백일홍이 어우러져 사시사철 그림 같은 경치를 보여 준다. 산방 뒤로 소치 허백련이 기거하던 생가가 있으며 옆으로 소치기념관이 있다.

소치 허백련은 추사 김정희에게 서화 수업을 받았다. 그는 그림뿐만 아니라 시서화에 뛰어나 3절로 불렸다. 추사 김정희는 "압록강 동쪽에는 소치를 따를 자가 없다."고 극찬하며 중국의 대화가 대치 황공망과 비교하여 소치라는 아호를 지어 주었다고 한다. 왕의 벼루에서 먹을 찍어 그림을 그리고 왕실 소장의 그림을 평가하는 등 당대에 이름을 떨친 소치 허백련은 스승 추사 김정희가 세상을 떠나자 49세에 고향으로 돌아와 81세로 세상을 떠날 때까지 은거하였다.

소치 허백련의 예술혼은 아들 미산 허형, 손자 남농 허건, 증손자 임전 허문으로 이어졌으며 5대 후손 역시 화단에서 활동하며 맥을 이어가고 있다. 허씨 일맥 후대는 단순히 화풍을 잇는 것이 아니라 선대의 그림을 뛰어넘는 독자적인 화풍을 일궈 냈다고 평가받는다. 세계적으로도 일가에서 그림으로 5대를 이어 가는 예가 없으니 '진도 허씨는 빗자루만 들어도 글씨와 그림이 나온다.'는 말이 틀린 말이 아니다. 운림산방 옆에 있는 소치기념관을 찾으면 소치 선생부터 현재에 이르기까지 그림을 모두 감상할 수 있다.

운림산방에서 좀 더 들어가면 첨찰산 쌍계사가 나온다. 천년 사찰 쌍계사는 뒤편으로 동백나무, 후박나무, 차나무 등 상록활엽수림이 우거져 있다. 옆으로 흐르는 계곡의 시냇물은 한여름에도 발을 담그면 발이 시릴 정도로 차다. 운림산방으로 가는 길에는 왕온의 묘라는 표지가 있다. 고려 때 삼별초가 여몽연합군에 쫓겨 진도에 내려와 항거할 당시 왕으로 옹립한 승화후 왕온의 묘가 있는 곳이다.

추천 여행코스

명량대첩지→운림산방→쌍계사→소전미술관

축제 및 행사

매년 9월에 진도 녹진관광지에서 명량대첩축제가 열린다.

주변 명소

소전미술관

진도군청사 옆에 있는 미술관으로 예향 진도의 진수를 맛볼 수 있는 곳이다. 소전 손재형의 글씨와 그림 및 선생과 교유한 예술가들의 작품들을 전시하고 있다. 소전 손재형은 뛰어난 서예가로 백년 안에 필적할 만한 사람이 나타나기 힘들다는 평을 받았던 인물이다. 일본의 서도에 맞서 서예라고 부를 것을 주장하는 등 우리나라 현대 서예사에 한 획을 그었다. (061-544-3401)

소전미술관 전경

강진청자박물관

● 강진군

MAP

고려청자의 맥을 잇는 강진청자박물관

청자, 그 빛을 무엇이라 말하랴

강진군 대구면 일대는 옛날 청자를 만들던 곳이다. 청자가마터로 조사된 곳만 188기에 이르고 현존하는 가마터의 50% 이상을 차지한다. 이 강진에 자리한 청자박물관은 우리나라 청자의 변화 과정을 한눈에 볼 수 있는 곳이다. 매년 여름 열리는 강진청자축제는 국제적인 행사로 발돋움하고 있다. 강진에서 말로 설명하기 힘든 청자의 빛깔과 멋을 직접 눈으로 확인하자.

테마
박물관/미술관/공연관

함께 가면 좋은 사람
가족

여행 가기 좋은 계절
여름

● **주소** 전라남도 강진군 대구면 사당리 117　● **가는 길 | 승용차** 호남고속도로 광천/비아나들목→강진읍→23번 국도(마량 방면)→미산마을 사거리 좌회전→청자박물관 | **대중교통** 강진버스터미널에서 마량행 버스 탑승 대구면 사당리 도요지 하차　● **문의** 청자박물관(061-430-3718)　● **홈페이지** www.celadon.go.kr　● **휴무일** 없음　● **주차장** 있음　● **먹거리** 회(마량항에 횟집이 몰려 있다.)

청자박물관

예전에는 바다가 육지로 깊숙이 들어온 강진만을 따라 강진읍까지 배가 들어왔다. 육지와 바다가 만나는 강진은 양질의 점토가 풍부하고 기후가 온화하여 도자기를 만들기에 최적의 조건을 갖춘 곳이다. 무엇보다 중국과의 해상 교류가 활발하였기에 중국의 청자기술이 일찍 들어왔다.

청자는 강진에서 우리 고유의 빛과 문양, 형태로 거듭남으로써 고려청자라는 이름을 세계에 알렸다. 강진에서 만든 청자가 배로 목포와 서해안을 거쳐 개성으로 올라가고 세계 곳곳으로 퍼졌다. 현재 우리나라 국보, 보물로 지정된 청자의 90%가 강진에서 난 것이다.

고려왕조와 함께 한때를 풍미했던 청자는 조선왕조가 들어서면서 백자에 밀려 거의 명맥이 끊어지다시피 하였다. 대구면 사당리 고려청자도요지에 자리 잡은 청자박물관은 고려청자의 빛을 살리고 맥을 이어가는 곳이다. 박물관과 도예문화원, 7개소의 작업실, 보호각과 청자 공동전시판매장 등이 있다. 도예문화원은 고려청자를 수집·전시·연구·교육을 하는 곳이다. 박물관 입구에는 사당리 고려청자 가마터가 원형 그대로 전시되어 있다. 박물관에서 고려청자의 연원과 발전과정, 제작과정 등을 보고 가마터를 답사하면 청자에 대한 이해가 쉬워진다.

박물관에서 정수사 방면으로 가다 보면 천연기념물로 지정된 푸조나무가 있다. 500년 된 나무가 사방으로 가지를 뻗었는데 마치 작은 산을 보는 듯하니 함께 둘러보면 좋다. 강진읍에서 청자박물관으로 가다 보면 옹기마을로 유명한 칠량면 봉황리를 지난다. 역시 함께 가 보면 좋은 곳이다. 옛날 방법대로 자연 잿물을 발라 구운 옹기는 공기는 통하고 물은 새지 않아 살아 숨 쉬는 그릇이라고 한다. 음식을 보관하고 알맞게 익히기에 가장 효과적인 옹기 중에서도 칠량옹기는 예로부터 품질이 뛰어나기로 유명했다.

강진읍에서 청자박물관을 지나 마량항으로 이어지는 23번 국도는 강진만을 따라가는 길이다. 경관이 아름다워 드라이브 코스로 각광받고 있다.

추천 여행코스
다산초당→영랑생가→칠량 옹기마을→청자박물관→마량항

축제 및 행사
강진군에서는 매년 여름 청자축제를 여는데 우수 축제로 연이어 꼽히고 있다. 직접 도자기를 빚거나 녹차로 만든 음식 등 남도의 향토음식을 맛볼 수 있다. 또한 전통 민속놀이가 이어져 초·중학생 자녀를 둔 가족들이 많이 찾는다.

주변 명소
마량항
강진군 동남쪽 끝에 있는 마량항을 다른 말로 마량미항이라고 부른다. 앞바다가 완도의 섬들로 이어지는 아름다운 항구이다. 항구 앞에 고금도와 약산도가 버티고 있어 잔잔한 바다로 옛날부터 고기잡이 배들이 몰리는 천혜의 항구였다. 고금도까지 연륙교가 나 있어 고금도를 한 바퀴 돌아볼 수도 있다. 항구 뒤편에는 만호성터가 있다. 조선시대 8개 만호성 중에 하나로 왜적을 방비하고 수군 본영이 있는 고금도에 식량을 대던 곳이다. (061-432-2366)

고금도에서 본 마량항

전남·광주

광주시립미술관
● 광주시

MAP

광주문화예술단지 안에 있는 광주시립미술관

테마
박물관/미술관/공연관
함께 가면 좋은 사람
가족
여행 가기 좋은 계절
사계절

●**주소** 광주시 북구 운암동 164 ●**가는 길 | 승용차** 호남고속도로 서광주나들목 나오자마자 우회전 **| 대중교통** 광주역 또는 광천터미널에서 운암동행 버스를 이용하여 비엔날레전시관 입구에서 하차 ●**문의** 062-529-7124 ●**홈페이지** artmuse.gwangju.go.kr ●**휴무일** 매주 월요일, 1월 1일, 설·추석 당일 ●**주차장** 있음 ●**먹거리** 한정식(귀향정 062-522-2743)

광주시립미술관은 중외공원을 중심으로 광주비엔날레전시관, 광주민속박물관, 광주문화예술회관과 함께 단지를 이루며 중외공원 문화벨트의 한 축을 담당한다.

서광주나들목을 나오자마자 만나는 중외공원 일대는 광주 문화예술을 대표하는 장소이다. 중외공원 문화벨트는 세계적인 문화행사로 발돋움하고 있는 광주비엔날레가 열리는 곳이다. 광주시립미술관에서도 연중 수준 높은 전시회를 개최하고 있다.

중외공원에는 광주어린이대공원과 올림픽동산, 올림픽기념탑 등이 있다. 어린이회관을 중심으로 북한관과 교육관, 야외 전시장과 체육시설, 토산품 전시실 등 각종 다양한 시설을 갖춘 종합공원이다.

문화학교에서는 유아, 어린이, 청소년, 성인을 대상으로 미술 전문 강좌 뿐만 아니라 교양, 취미, 어학 등 30여 개의 강좌와 가족과 함께하는 주말 체험 프로그램을 운영하고 있다.

봄이면 매화가 아름답고 가을이면 단풍이 아름다운 공원은 넓은 호수 운암제와 이어지고 공원을 중심으로 문화예술공연장과 전시관이 가득하며 주말이면 어린 자녀와 함께 나들이 나온 가족들로 붐빈다.

추천 여행코스
광주호수생태원→광주시립미술관 및 중외공원 문화벨트→남도향토음식박물관

주변 명소

남도향토음식박물관
남도 음식이 뛰어나다지만 제 맛을 알기는 어렵다. 남도향토음식박물관에서 남도 음식에 대한 정보를 섭렵하면 진짜 남도 음식이 무엇인지를 알 수 있다. (062-675-8883)

남도향토음식박물관 전경

함평엑스포공원
● 함평군

MAP

곤충과 식물, 황금박쥐 등 생태체험학습의 명소 함평엑스포공원

테마
체험/학습

함께 가면 좋은 사람
가족

여행 가기 좋은 계절
봄

● **주소** 전라남도 함평군 함평읍 수호리 1153-2 ● **가는 길 | 승용차** 광주무안고속도로 동함평나들목→함평읍→함평엑스포공원 **| 대중교통** 함평시외터미널에서 도보 이동(10분 소요) ● **문의** 061-320-2213 ● **홈페이지** www.hampyeongexpo.org ● **휴무일** 매주 월요일, 1월1일 ● **주차장** 있음 ● **먹거리** 육회(대흥식당 061-322-3953)

함평의 상징이 된 나비를 테마로 한 공원이다. 국내 유수의 축제로 발돋움한 함평나비축제의 명성을 이어 2013년 함평세계나비곤충엑스포 개최를 준비하고 있다.

함평은 나비축제가 열리는 전국 관광의 명소이다. 나비축제는 초등학생을 둔 부모라면 한 번은 다녀와야 할 체험학습의 대명사가 된 축제이다. 함평엑스포공원은 세계 나비 곤충엑스포를 준비하며 다시 한 번 도약을 꿈꾸고 있다. 함평엑스포공원에서는 자연생태관과 나비생태관, 황금박쥐생태관 등의 상설전시관을 운영하고 있다. 자연생태관은 선인장을 비롯한 다육식물 2,300여 종이 자라고 있으며 허브를 이용한 원예치료관, 허브차 시음 공간 등이 마련되어 있다. 나비생태관은 나비에 대한 모든 것을 알아볼 수 있는 전시관이다. 멸종위기에 처한 희귀동물 황금박쥐가 함평에서 서식하고 있어 황금박쥐생태관도 마련되어 있다. 쉽게 접하기 어려운 박쥐의 분류와 생태를 알아볼 수 있는 공간이다.

111종의 토종 민물고기전시관도 있으며 곤충화석을 찾아볼 수 있는 화석전시관도 함께 있다.

추천 여행코스
함평엑스포공원→꽃무릇공원→용천사→함평해수찜→돌머리해변

주변 명소

돌머리해변
들쭉날쭉한 서해안 바닷가의 아름다움을 간직한 곳이다. 너른 백사장과 송림, 침목다리 등이 있어 피서지로 각광받는다. 갯벌생태체험학습장이 있어 자녀들과 찾아도 좋다. (061-322-0011)

돌머리해변 해변

전남·광주

무안생태갯벌센터
● 무안군

MAP

갯벌의 생태와 중요성을 한눈에 알 수 있는 무안생태갯벌센터

| 테마
| 체험/학습
| 함께 가면 좋은 사람
| 가족
| 여행 가기 좋은 계절
| 봄 여름 가을

●**주소** 전라남도 무안군 해제면 유월리 1-1 ●**가는 길 | 승용차** 광주무안고속도로 북무안나들목→현경면→해제면→무안생태갯벌센터 | **대중교통** 무안고속터미널에서 버스를 타고 해제면에서 하차하여 무안생태갯벌센터행 버스로 환승 ●**문의** 061-450-5631 ●**홈페이지** www.ppul.or.kr ●**휴무일** 월요일, 설·추석 연휴 ●**주차장** 있음 ●**먹거리** 회(도리포횟집 064-454-6890)

지금은 갯벌을 검은 비단이라 부른다. 갯벌의 가치가 높아지면서 체험학습 인파도 날이 갈수록 늘고 있다. 이러한 갯벌 체험학습을 체계적으로 할 수 있는 곳이 무안생태갯벌센터이다.

무안갯벌은 국내 최초로 습지보호지역으로 지정하고 람사르습지로 등록된 도립공원이다. 무안생태갯벌센터는 갯벌을 연구하고 보존하며 나아가 체계적인 체험 프로그램을 운영한다.

갯벌센터는 다목적영상관과 갯벌생태관, 갯벌탐사관, 갯벌탐조대 등 갯벌체험학습시설과 연구실, 학습실, 카페 등 지원시설을 갖췄다. 갯벌전시관은 현장체험교육 중심으로 전시관을 꾸며 놓았다. 센터 주변에는 바다를 보며 휴식을 취할 수 있도록 공원이 있다. 갯벌 먼 곳까지 목재데크로 길을 내서 편하게 체험할 수가 있다. 썰물 때 맞춰 가야 제대로 갯벌체험을 할 수 있으므로 시간에 유의해야 한다. 갯벌보호지역이기에 갯벌에까지 들어가는 체험은 제한되어 있다. 조개나 게를 잡는 본격적인 체험은 송계갯벌체험마을에서 이루어진다.

주로 갯벌로 이루어진 무안지역 해안이지만 넓은 백사장과 송림이 우거진 홀통해변과 톱머리해변도 자리한다.

추천 여행코스
무안생태갯벌센터→도리포→조금나루유원지→홀통해변→회산백련지

주변 명소

조금나루유원지
조금나루유원지를 건너가는 길은 도로 양쪽이 바다이다. 양쪽으로 펼쳐진 백사장은 4km 정도지만 밀물 때면 물이 방파제 밑까지 올라와 작은 섬 같은 느낌이 든다.

조금나루의 해변

목포근대역사관

● 목포시

MAP

우리나라 개항기의 질곡을 사진으로 볼 수 있는 목포근대역사관

테마
체험/학습

함께 가면 좋은 사람
가족

여행 가기 좋은 계절
사계절

● **주소** 전라남도 목포시 중앙동 6 ● **가는 길 | 승용차** 서해안 고속도로 목포나들목→목포시외여객선터미널→목포역→목포근대역사관 | **대중교통** 목포고속버스터미널에서 목포역행 버스 이용, 목포역에서 하차한 후 도보 이동 ● **문의** 061-270-8728 ● **홈페이지** tour.mokpo.go.kr(목포시 문화관광) ● **휴무일** 매주 월요일 ● **주차장** 있음 ● **먹거리** 연포탕(독천식당 061-242-6528)

목포근대역사관은 건물 자체가 우리나라 근대사의 단면을 보여 준다. 일제강점기 때 우리나라 물자의 수탈 창구였던 동양척식회사의 목포 지점이 바로 지금의 목포근대역사관 건물이다.

1921년 건립된 르네상스풍의 동양척식회사 목포지점 건물은 목포의 근대사를 담은 역사관으로 탈바꿈하였다. 현재 동양척식회사 건물은 목포와 부산에 남아 있는데 목포가 좀 더 규모가 크다. 2층 규모로 그리 크지는 않아 잠깐이면 둘러볼 수 있다. 역사관에는 목포 개항 당시의 모습과 조선의 상황 등 역사와 풍속자료, 일제의 강점과 수탈에 관련된 사진들이 전시되어 있다. 한쪽에 동양척식회사가 썼다는 금고도 있다. 별실에 일본군들이 독립군을 처형하는 사진 등 끔찍한 장면들이 있으므로 아이들과 함께 찾을 때 주의해야 한다.

목포근대역사관이 있는 거리는 일제강점기 때 일본인들이 거주하던 지역이다. 지금은 그 흔적이 없으나 일본인들이 중심가를 차지하고 우리 민족은 유달산 기슭으로 밀려나 살았던 모습이 사진 자료에 남아 있다. 백년이 채 지나지 않은 시기에 이 땅에서 있었던 일이다. 조국과 민족이라는 뜻을 한 번쯤 되새기는 의미에서 찾으면 좋다.

추천 여행코스

유달해변→목포근대역사관→삼학도→갓바위

주변 명소

갓바위

입암반조라는 말이 있다. 마치 갓을 쓰고 고개를 숙이고 있는 듯한 갓바위는 해질녘에 그 아름다움을 제대로 누릴 수 있다는 뜻이다. 해양박물관과 남농기념관, 문화예술회관 등과 묶어 다녀오기 좋다.

오누이처럼 나란히 붙어 있는 갓바위

143

천관문학관

● 장흥군

MAP

장흥 출신의 숱한 문인을 만날 수 있는 천관산문학공원

문학의 고장 장흥 여행의 시작점

전남 장흥은 문학의 고장이라 불린다. 우리 문단에 일획을 그은 작가 이청준과 한승원, 송기숙, 이승우의 고향이다. 천관문학관을 찾으면 장흥이 낳은 수많은 문인을 만날 수 있다. 장흥의 산과 바다, 들 어디엔가 문학의 유전자가 숨어 있음에 틀림없다. 장흥 여행의 시작을 천관문학관에서부터 잡는 것도 이 유전자를 찾기 위함이다. 천관산 산행길과 이어지는 천관산문학공원에 있어 산행과 연계하여 다녀와도 좋다.

테마 체험/학습

함께 가면 좋은 사람 가족

여행 가기 좋은 계절 사계절

● **주소** 전라남도 장흥군 대덕읍 연지리 109-10 ● **가는 길** | 승용차 호남고속도로 문흥나들목→화순→보성→장흥→대덕읍→천관문학관 | 대중교통 장흥공용터미널에서 대덕읍 방면 버스를 이용하여 대덕읍에서 하차하여 군내버스로 환승 ● **문의** 061-860-0457 ● **홈페이지** travel.jangheung.go.kr ● **휴무일** 매주 월요일, 1월 1일, 설·추석 당일 ● **주차장** 있음 ● **먹거리** 한정식(신녹원관) 061-863-6622)

〈천년학〉 세트장

서울 광화문을 중심으로 정남쪽에 있어 정남진으로 불리는 장흥의 다른 별칭은 문학의 고장이다. 장흥 테마여행에는 문학기행과 영화기행이 있다. 천관문학관과 문학공원, 한승원 작가의 해산토굴을 둘러보고 임권택 감독의 영화 〈축제〉, 〈천년학〉 촬영지를 잇는 여행이다.

천관문학관은 두 전시실과 문예연구실, 세미나실로 구성되었다. 별관에는 옛 체험관과 도자기 체험관, 녹차 체험관이 있다. 전시실에는 장흥 출신 문인의 약력과 작품, 작품세계 등이 잘 정리되어 있다. 단순한 전시관이 아닌 각종 문학행사와 집필 활동도 지원한다.

문학관이 있는 천관산문학공원에는 국내 유명 작가의 약력을 새긴 50여 기의 문학비와 육필원고, 메시지를 캡슐에 담아 보관한 문탑 등이 천관산을 배경으로 펼쳐져 있다. 천관산은 기기묘묘한 바위군이 유명한 산으로 산의 정기가 가득하여 한때 수도하는 암자가 99곳이나 있었다고 한다.

해산토굴은 소설가 해산 한승원 선생의 거처이다. 고향으로 돌아가 집필활동에 전념하는 그의 집으로 문단 후배들이 줄을 이어 찾아가다 보니 어느새 해산토굴이라는 이름이 널리 알려지게 되었다. 작가가 대나무밭에 일구는 차밭을 둘러보며 문학의 향기에 흠뻑 빠져 볼 수 있다. 이청준 작가의 고향이자 소설 〈눈길〉의 무대인 진목마을도 둘러볼 만한 곳이다.

장흥은 산과 들, 바다가 어우러진 고장이다. 푸근한 인심을 만날 수 있는 정남진 토요시장과 문학기행을 중심으로 계절별로 봄이면 〈천년학〉 촬영지인 선학동 유채밭, 여름이면 신리 개매기 체험과 장천재계곡 여행, 가을이면 천관산 억새산행, 겨울이면 방촌유물전시관과 보림사 등을 함께 즐기면 사시사철 다채로운 여행을 할 수 있다.

보림사는 우리나라에 선종이 들어와 가장 먼저 정착한 사찰이며 장천재계곡은 천관산 기암괴석이 선경을 빚는 계곡이다. 7, 8월에 그물에 갇힌 고기를 갯벌에 들어가 맨손으로 잡는 신리 개매기 체험은 아이들이 특히 좋아한다.

추천 여행코스

천관산자연휴양림→천관산문학공원, 천관문학관→진목마을→정남진토요시장→보림사

축제 및 행사

매년 봄에는 제암산 철쭉제가 열리고 여름에는 대한민국 정남물축제, 가을에는 천관산 억새제가 열린다.

주변 명소

천관산자연휴양림

강진군 칠량면과 접하는 천관산 기슭에 있는 국립자연휴양림이다. 동백군락지, 소나무숲 등 남도의 수목이 울창한 천혜의 휴양림이다. 천관사와 가깝고 천관산 등산로와도 이어져 있다. 산막과 취사장, 수련장 등이 잘 갖춰져 있고 7km에 이르는 산책로도 잘 정비되어 있어 삼림욕을 하기에도 적당하다. 특히 바다가 가까워 여름철 장흥여행의 거점으로 잡고 다니기에 알맞다. (061-867-6974)

천관산자연휴양림 숲속의 집

전남·광주

태백산맥문학기행
● 보성군

MAP

《태백산맥》 첫머리에 현부잣집으로 묘사되는 박씨 제각

도도한 역사의 흐름을 담은 대하소설의 무대

소설 《태백산맥》은 벌교읍을 주무대로 하여 멀리 만주와 서울, 부산, 강원도까지 펼쳐진다. 제목에서 암시하듯 우리나라 현대사의 굴곡을 배경으로 끈질긴 삶의 모습을 풀어내는 이 소설 속에서 벌교는 구체적인 무대로 등장한다. 《태백산맥》에 나온 장소를 찾아다니다 보면 소설 속 주인공들의 삶이 현실과 다르지 않았음을, 우리 윗세대가 직접 겪었던 비극이었음을 깨닫게 된다.

테마 체험/학습

함께 가면 좋은 사람 가족

여행 가기 좋은 계절 사계절

● **주소** 전라남도 보성군 벌교읍 회정리 357-2 ● **가는 길** 호남고속도로 문흥나들목→화순→보성→벌교→태백산맥문학관 | **승용차** 호남고속도로 문흥나들목→화순→보성→벌교→태백산맥문학관 | **대중교통** 벌교역·벌교버스터미널에서 도보 이동 ● **문의** 061-858-2992(태백산맥문학관) ● **홈페이지** tbsm.boseong.go.kr(태백산맥문학관) ● **휴무일** 매주 월요일, 설·추석 당일(태백산맥문학관) ● **주차장** 있음 ● **먹거리** 꼬막정식(수목회관 061-857-3456)

벌교 보성여관터

보성다원이나 대원사, 순천 낙안읍성을 찾는 사람들이 발길을 돌려 꼭 찾는 곳이 벌교읍이다. 그 유명한 벌교 꼬막을 맛보기 위해서이다. 벌교는 소설《태백산맥》의 무대로 태백산맥문학관이 자리하고 있다. 태백산맥 문학기행은 태백산맥문학관에서 시작한다.

4층으로 된 문학관은 1, 2층 전시관과 3층 옥외광장, 4층 전망대가 있다. 전망대에 올라서면 벌교읍이 한눈에 내려다보이고 문학기행을 위해 찾아갈 곳이 어디쯤인지 알 수 있다. 전시실에는 작가가 직접 쓴《태백산맥》원고가 쌓여 있는데 그 분량이 사람 키보다 높다. 작가가 사용한 카메라 등 소품과《태백산맥》의 줄거리, 등장인물 등이 전시되어 있어 소설을 읽지 않아도 대충 작품을 이해할 수 있다.

문학관에서《태백산맥》의 내용을 되새기고 나서면 소화의 집과 현 부자집이 나온다. 대부분은 실제 있는 집을 모델로 하였는데 무당이었던 소화의 집은 옛날에 사라진 것을 복원하였다. 아래쪽으로 내려와 중도방죽과 김범우 집까지 왔다 갔다 하다 보면 벌교읍 한쪽을 아래위로 다닌 셈이다. 김범우의 집은 작가가 어렸을 때 자주 찾아가 놀았던 동료의 집이다. 이처럼 소설 속의 등장인물은 작가의 상상에서 나왔지만 현실을 배경으로 쓰여져 사실감을 더한다.

이 밖에도 벌교역이나 거리, 건물 등 벌교읍 곳곳이 소설의 무대이다. 소화다리를 건너 벌교읍을 돌아다니다 보면 병원이며 여관 등등 벌교읍의 대부분이 소설에 그대로 등장하고 있음을 알 수 있다. 이따금 들려오는 진한 전라도 사투리마저 소설에서 읽은 대목처럼 느껴진다. 물론 분위기는 당시와는 천양지차로 다르니 다시금 평화에 감사할 따름이다. 실제로 벌교에서는 좌우익의 대립으로 많은 사람이 희생되었다. 혹 나이 든 노인이라도 만나 청하면 당시의 비극을 들을 수 있을 것이다.

보성은 녹차밭과 벌교 꼬막이 워낙 유명하여 다른 여행지가 묻혀 버리는 아쉬움이 있는 고장이다. 제암산자연휴양림과 일림산철쭉군락지, 용추폭포, 주암호 등 자연 명소와 백민미술관, 서재필선생기념공원 등 문화예술 명소가 많다.

추천 여행코스

대원사→보성다원→율포해수녹차탕→벌교홍교→태백산맥문학관

축제와 행사

매년 5월에 보성다향제, 10월에 전어축제, 11월에 벌교꼬막축제가 열린다.

주변 명소

율포해수녹차탕

보성군이 직영하는 해수녹차탕이다. 지하 120m 암반에서 끌어올린 해수와 보성의 특산 녹차를 우려낸 녹수가 섞여 보성만의 해수녹차탕을 선보인다. 녹차가 함유된 해수탕은 일반 해수보다 효과가 뛰어나다고 한다. 통창으로 된 탕에서 남해안 바다의 정취를 감상하며 목욕을 즐길 수 있다는 것도 매력이다. 율포는 보성 가장 아래쪽에 있는 작은 포구마을로 작은 송림과 백사장이 있다. (061-853-4566)

율포해변의 해수녹차탕

순천만

● 순천시

MAP

순천만 전경

테마
체험/학습

함께 가면 좋은 사람
연인

여행 가기 좋은 계절
가을

● **주소** 전라남도 순천시 대대동
● **가는 길** | **승용차** 호남고속도로 서순천나들목→17번 국도→순천시→2번 국도→순천만 | **대중교통** 순천 시내에서 순천만 방면 버스 이용 ● **문의** 061-749-4007(순천만생태공원 관리사무소) ● **홈페이지** www.suncheonbay.go.kr ● **휴무일** 연중무휴 ● **주차장** 있음 ● **먹거리** 불고기전골(일품매우 순천점 061-724-5455)

추천 여행코스

순천만→순천만자연생태관→낙안읍성

주변 명소

순천만자연생태관

순천만 갈대밭과 용산전망대가 속해 있는 순천만생태공원 안에 자리 잡고 있다. 생태자원의 소중함을 널리 알리고, 생태학습을 위해 건립되었다. 주요 시설로는 기획전시실, 영상관, 생태교실, 갯벌관찰장 등이 있다. (061-749-3007)

순천만자연생태관

순천만 갯벌은 우리나라에서 가장 아름답고 건강한 갈대숲을 간직하고 있는 명소이다. 또 순천만 동쪽의 용산에서 바라보는 순천만 일몰은 낙조가 매우 아름답다.

갯벌은 생태계에서 매우 중요한 역할을 한다. 순천만은 한국에서 가장 질이 좋은 습지여서 다양한 갯벌 생물과 희귀 철새들이 이곳에서 살아가고 있다. 순천만에서는 흑두루미, 황새, 저어새, 검은머리물떼새 등 11종의 천연기념물을 비롯해 모두 140여 종이 넘는 조류가 서식한다. 현재 순천만 일대는 생태공원으로 조성되어 있다.

순천만의 갈대와 철새들을 가장 잘 볼 수 있는 방법은 대대포구 선착장에서 순천만 탐사선을 타는 것이다. 뱃길로 왕복 30~40분이 소요되는데 배가 아니면 접근할 수 없는 순천만 갯벌 한가운데서 만나는 철새들의 모습은 평화로움 그 자체다.

순천만 일몰 전망대인 용산 전망대는 멋진 풍경만을 찾아다니는 사진작가들의 단골 명소이다. 소문을 듣고 찾아온 일반인들도 아름다운 일몰을 담기 위해 카메라 셔터를 쉴 새 없이 누른다. 최근에는 휠체어를 타고서도 용산전망대까지 올라갈 수 있도록 등산로를 정비했다.

섬진강기차마을

● 곡성군

MAP

섬진강기차마을

테마
체험/학습

함께 가면 좋은 사람
가족

여행 가기 좋은 계절
봄

● **주소** 전라남도 곡성군 오곡면 오지리 기차마을로 232-1
● **가는 길 | 승용차** 순천고속도로 화엄사나들목→19번 국도→구례읍→17번 국도→압록유원지→섬진강기차마을 | **대중교통** 곡성읍에서 택시로 약 5분 소요　● **문의** 061-363-6174
● **홈페이지** www.gstrain.co.kr
● **휴무일** 연중무휴　● **주차장** 있음　● **먹거리** 참게탕(용궁산장 061-362-8346)

추천 여행코스

섬진강기차마을→영화세트장→태안사

주변 명소

영화세트장

옛 곡성역 옆에는 1960년대의 한 소읍을 그대로 옮겨 놓은 듯한 영화세트장이 있다. 실제로 영화 〈태극기 휘날리며〉를 비롯한 여러 편의 영화와 드라마를 촬영했던 곳이다. 꾸며진 공간이지만 천천히 걷다 보면 옛 이야기들이 하나둘 떠오른다.

영화세트장

섬진강기차마을은 곡성의 새로운 명물로 등장한 곳이다. 전라선이 복선화되면서 예전의 철길이 관광명소로 재탄생한 것이다. 옛 곡성역 근처에서는 3일과 8일에 시골장도 열린다.

곡성군 오곡면에 위치한 압록마을은 섬진강과 보성강이 서로 만나는 곳이다. 이곳에서 17번 국도를 따라 곡성 읍내로 올라가는 길은 섬진강을 끼고 달리는 서정미 넘치는 드라이브길이다. 오곡면 소재지를 지나 조금만 더 가면 오른편에 섬진강기차마을이 조성되어 있다. 이곳에서는 기차 타기, 철로자전거 타기, 영화세트장 관람 등을 즐길 수 있다.

섬진강기차마을의 프로그램 가운데 관광객들로부터 가장 인기가 많은 것은 기차 타기이다. 증기기관차가 끄는 관광용 기차를 타고 섬진강 물길을 따라 천천히 달리다 보면 문득문득 옛 추억을 떠올리게 된다. 좀처럼 기차를 타 볼 기회가 없는 어린이들에게는 오래도록 잊지 못할 특별한 체험이 된다. 빠르게 달리는 기차에서는 결코 느껴볼 수 없는 여유로움과 평온함을 만끽할 수 있다. 현재 옛 곡성역부터 가정역 사이의 10km 구간을 운행하고 있다. 가정역에서 가벼운 산책을 할 수 있는 시간을 포함해 왕복 약 1시간 20분이 소요된다.

함평자연생태공원

● 함평군

MAP

어린아이를 둔 가족이 함께 즐기기에 알맞은 함평자연생태공원

테마
공원/유원지/산책
함께 가면 좋은 사람
가족
여행 가기 좋은 계절
봄, 가을

● **주소** 전라남도 함평군 대동면 운교리 500-1 ● **가는 길 | 승용차** 광주무안고속도로 동함평나들목→함평읍→함평자연버스생태공원 **| 대중교통** 함평시외버스터미널에서 대동면행 버스 이용 ● **문의** 061-320-3513 ● **홈페이지** www.ecopark.or.kr ● **휴무일** 1월 1일 ● **주차장** 있음 ● **먹거리** 육회비빔밥(화랑식당 061-323-6677)

함평은 옛날부터 자생란이 많이 자라는 곳이다. 1998년에 조성된 난공원이 나비 곤충, 수생식물과 물고기 등 사계절 생태체험이 가능한 공간으로 확대된 것이 함평자연생태공원이다.

어린 자녀들과 함께 찾으면 좋은 공원이다. 공원 안을 오가는 무당벌레 관광열차와 어린이들에게 인기 있는 TV프로그램〈후토스〉촬영장 등이 아이들의 마음을 빼앗는다. 작은 놀이동산과 곤충 조형물을 비롯한 재미있는 조형물, 호수 등도 있어 신나는 하루를 보낼 수 있다. 봄에는 대한민국 난 대전, 가을이면 대한민국 국향 대전 행사가 열린다.

한국춘란분류관과 나비곤충표본전시관, 풍란 및 동양란관, 나비생태관과 자생란전시관이 있으며 우리꽃생태학습장, 외래꽃생태학습장, 모란원, 괴석원, 반달가슴곰관찰원 등 야외 관람시설을 갖췄다. 생태연못에서는 수생식물과 물고기에 대해서 알아보고 관찰할 수 있다. 공원 전망대와 폭포, 분수대 등 편의시설도 잘 되어 있으며 청소년 야영장과 5인용, 6인용 캠핑트레일러를 운영하여 숙박도 할 수 있다. 초·중학생 대상의 생태체험학습프로그램도 있는데 멸종위기 식물에 대해 알아보는 무료프로그램으로 홈페이지 또는 전화로 접수 받는다.

추천 여행코스

함평자연생태공원→꽃무릇공원→용천사→함평해수찜→돌머리해변

주변 명소

용천사
백제 무왕 때 창건한 고찰이다. 대웅전 층계 아래 용천이라는 샘이 있어 용천사라고 한다. 가는 길에 꽃무릇공원이 있어 가을철에 함께 다녀오기에 알맞다. (061-322-1822)

용천사에 핀 꽃무릇

무등산옛길

● 광주시

MAP

무등산 자락을 비스듬히 넘어 담양까지 이어지는 무등산옛길

테마
걷기여행

함께 가면 좋은 사람
가족 친구

여행 가기 좋은 계절
사계절

●**주소** 광주시 동구 산수동 ●**가는 길 | 승용차** 호남고속도로 동광주나들목→제2순환도로→두암나들목→산수동오거리 옛길들머리 | **대중교통** 광주종합터미널이나 광주역에서 1187번 버스를 타고 원효사 입구에서 하차 ●**문의** 062-222-1187 ●**홈페이지** mudeungsan.gjcity.net ●**주차장** 있음 ●**먹거리** 보리밥쌈밥(쉬어 가는 보리밥집 062-222-0208)

추천 여행코스

무등산옛길 3구간→광주호수생태원→한국가사문학관

주변 명소

광주호

광주호는 영산강의 지류인 고서천을 막아 만들어진 인공호수로 주변에 생태공원도 조성되어 있다. 광주댐에서 광주시 북구 충효동으로 이어지는 광주호 호반도로는 가로수 사이로 보이는 무등산의 위용을 감상하기에 좋다.

광주호 전경

광주와 무등산의 새로운 모습을 볼 수 있는 옛길이 조성되었다. 3개 구간으로 나뉘는 무등산옛길은 옛날 광주와 담양, 화순 사람들의 삶이 담긴 길이다.

광주 사람들에게 무등산은 그냥 산이 아니다. 민중의 애환과 정서가 서려 있는 어머니와도 같은 산이다. 무등산 보존단체가 광주에만 50여 개가 될 정도이다. 무등산옛길은 3개 구간으로 나뉜다. 1구간은 광주 산수동 장원초교 위에서 시작하여 원효사까지 걷는 7.75km 거리의 길이다. 약 3시간 걸리는 코스로 중간에 쉼터와 옛주막터, 충장사 등을 지난다. 경사가 완만하며 가는 길마다 황소걸음 길, 연인의 길, 김삿갓 길, 장보러 가는 길 등 별칭이 붙어 있다. 2구간은 원효사에서 서석대까지 가는 4.12km 거리의 코스로 약 2시간 남짓 걸린다. 산행의 느낌이 좀 더 강한 길로 무아지경 길이라는 별칭이 붙어 있다. 3구간은 무등산 둘레길이라 생각하면 된다. 장원삼거리에서 덕봉과 충장사, 풍암정과 도요지를 거쳐 광주호까지 가는 길이다. 길 끝에 김덕령장군생가와 호수생태원, 환벽당과 취가정, 소쇄원 등이 있어 볼거리도 많다. 약 11.3km에 이르는 긴 코스로 5시간 정도 걸린다.

전남·광주

축령산자연휴양림
● 장성군

MAP

쭉쭉 뻗은 편백과 삼나무가 숲을 이루는 축령산자연휴양림

쭉쭉 뻗은 편백나무 숲에서 즐기는 삼림욕

숲은 고요하다. 사람들은 시원스레 뻗은 편백나무와 삼나무 숲에서 신선함과 고요함을 얻고 도시에서 쌓인 스트레스를 씻는다. 장성의 축령산자연휴양림은 춘원 임종국 선생의 노력으로 이루어진 숲이다. 무려 270만 그루가 넘는 나무를 심고 그 자신이 한 그루의 나무가 되어 잠든 곳이다. 40~50년 된 편백나무숲은 천연항생제라는 피톤치트를 발산하여 삼림욕으로는 최적이다.

테마
산/휴양림/캠핑장

함께 가면 좋은 사람
가족, 연인

여행 가기 좋은 계절
사계절

● **주소** 전라남도 장성군 서삼면 모암리 산98 ● **가는 길 | 승용차** 호남고속도로 장성나들목→상무대→장산사거리→추암→축령산자연휴양림 | **대중교통** 장성버스터미널에서 금곡, 추암, 모암행 군내버스 이용 ● **문의** 061-390-7770(장성군청 산림자원과) ● **홈페이지** tour2.jangseong.go.kr(장성군 문화관광) ● **휴무일** 없음 ● **주차장** 있음 ● **먹거리** 옻닭(추암골산장 061-393-0960)

임종국 공적비

전북 고창과 경계를 이루는 장성 축령산 일대 편백나무와 삼나무 숲이 아름다운 자연휴양림이다. 곧게 뻗은 나무들이 빽빽하게 숲을 이루고 길은 그 사이를 슬며시 가로질러 간다. 지나는 차량을 통제하고 있어 천천히 숲이 주는 차분함과 고요함, 싱그러움을 온전히 느낄 수 있다. 길이 넓고 평평해 쉬엄쉬엄 산책하기에 딱 알맞다.

춘원 임종국 선생이 편백나무와 삼나무를 심기 시작해서 1987년까지 270만 그루를 심어 이룬 숲이다. 선생은 축령산 고갯마루 느티나무 아래 잠들었지만 나무들은 여전히 쭉쭉 뻗어 그 푸르름이 깊어 간다. 축령산 숲은 제1회 아름다운 숲 전국대회에서 22세기를 위해 보존해야 할 아름다운 숲으로 선정됐다. 사람이 심은 나무들이지만 수십 년의 세월이 흐르는 동안 자연이 되었다.

탐방로는 모두 3코스로 괴정마을에서 시작하여 춘원 선생 기념비를 거쳐 능선갈림길, 정상을 거쳐 금곡마을로 넘어가는 길은 총 8.8km로 3시간 반 정도 걸린다. 2코스는 반대로 금곡마을에서 시작하여 해인사를 거쳐 괴정마을로 오는 6.5km 거리의 길로 2시간 정도 걸린다. 괴정마을에서 시작하여 우물터와 삼림욕장을 거쳐 다시 괴정마을로 돌아오는 원점 회귀 코스는 5.5km로 2시간 정도 걸린다. 사계절 푸른 상록수이므로 언제 찾아가도 숲의 아름다움을 만끽할 수 있다.

가는 길에 춘원 선생 기념비와 우물터가 있고 동자승이 모여 사는 해인사가 있다. 편백나무숲 끝에 있는 금곡마을은 오지마을로 1950~60년대 마을의 모습이 남아 있다. 이 마을에서 〈태백산맥〉, 〈서편제〉, 〈내 마음의 풍금〉 등을 촬영하여 영화마을이라고 부른다. 또한 고인돌이 여기저기 있어 고인돌마을이라고도 한다.

금곡마을은 편백나무숲과 연계 관광코스로 가꿔 나가고 있는데 옛 전통초가집 등을 복원하고 전선을 땅에 묻어 전봇대가 없기 때문에 옛 전통마을 느낌이 물씬 풍긴다. 휴양림 입구 괴정마을에 민박촌과 관광농원이 있어 손님을 맞이하고 있으며 산 아래 모암마을에는 통나무집 4동이 있어 숙박이 가능하다.

추천 여행코스

장성호→백양사→축령산자연휴양림→홍길동테마파크

축제 및 행사

매년 8월에 서삼면을 중심으로 산소축제가 열린다.

주변 명소

홍길동테마파크

장성군에서는 우리나라 최초의 한글소설 《홍길동》이 실존 인물을 토대로 쓰였다고 한다. 자료를 바탕으로 황룡면 아곡리에 홍길동 생가를 복원하고 테마공원을 조성하였다. 홍길동의 아버지와 생모, 조선 중기의 생활상 등을 엿볼 수 있도록 꾸몄다. 홍길동 전시관도 있어 인근에서 출토된 유물과 홍길동 관련 책자를 전시하고 있다. 또한 입체영상물도 상연해 홍길동의 생애를 자세하게 다룬다. (061-394-7240)

홍길동 생애를 다룬 테마파크

전남·광주

월출산국립공원
● 영암군

MAP

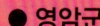
호남의 금강산이라 불리는 월출산

남도의 금강산에 달이 뜨니 그 이름 월출산

월출산은 영암과 강진의 경계를 가르는 산이다. 영암 쪽에서 바라보면 불쑥불쑥 솟은 기암괴석이 뭉친 바위산으로 강건함이 절로 느껴진다. 강진 쪽에서 보는 월출산은 주봉 천황봉이 위엄을 갖추고 깊숙이 들어 앉아 심산유곡의 느낌을 준다. 호남의 금강산으로 불리는 월출산은 능선산행이 아름답기로 이름 높다. 기암괴석 사이를 올라 천황봉에 서면 영암의 너른 들과 멀리 강진만의 바다까지 보인다.

테마
산/휴양림/캠핑장

함께 가면 좋은 사람
연인, 친구

여행 가기 좋은 계절
사계절

●**주소** 전라남도 영암군 영암읍 개산리 484-50 ●**가는 길 | 승용차** 서해안고속도로 목포나들목→삼호대교→영암읍→천황사터 | **대중교통** 영암버스터미널에서 천황사지행 버스 탑승 ●**문의** 061-473-5210(영암군청) ●**홈페이지** wolchul.knps.or.kr ●**휴무일** 없음 ●**주차장** 있음 ●**먹거리** 장뚱어탕(중원회관 061-473-6700)

월출산의 겨울

달이 뜨는 산 월출산을 오르는 코스는 네 가지인데 가장 길고 많이 이용하는 코스가 천황사지에서 시작하여 바람폭포를 거쳐 천황봉에 오르고 도갑사 쪽으로 내려오는 길이다. 6시간 정도 걸리는데 경사가 심한 암석군을 기어오르고 절벽과 절벽 사이를 잇는 구름다리를 건너는 등 꽤 힘이 든 길이다.

월출산을 가장 쉽게 오르는 길은 강진 쪽 경포대 지구에서 오르는 길이다. 계곡을 따라 여유 있게 가다가 막바지 20여 분 정도 비탈을 오르면 천황봉 아래 능선이다. 시간적으로도 4시간이면 왕복산행이 충분하다. 경포대라는 이름이 붙을 정도로 수량이 풍부하고 아름다운 계곡이 있어 여름철이면 물놀이 피서객도 많이 찾는 코스이다. 도갑사를 거쳐 오르는 길은 두 코스의 중간 정도라고 보면 된다. 천황사지에서 오르는 코스보다 경사는 덜하고 시원한 계곡을 따라 올라가기에 적당한 산행이 가능하다.

평지에서 우뚝 솟아난 월출산이기에 천황봉에 오르면 조망이 탁월하다. 커다란 바위로 이루어진 정상 천황봉을 오르려면 바위로 된 통천문을 지나야 하는데 이곳을 지나면 선계에 들어온 듯 세상이 훤하게 내다보인다. 날이 맑으면 멀리 목포와 나주, 강진만 바다 등 주변 지역을 한 눈에 바라볼 수 있다.

월출산은 다양한 풍경을 갖추고 있어 한 번 산행으로 다른 산 두세 군데 다녀온 듯한 느낌이 든다. 능선은 기암괴석이 줄지어 설악산 공룡능선을 연상케 하는데 미왕재 부근에는 너른 억새밭이 펼쳐져 있어 명성산 같은 억새산행지의 느낌이 난다. 아홉 개의 물웅덩이가 있는 구정봉 등 기경이 많고 계곡산행과 능선산행, 암반 등반 등 여러 가지 산행의 묘미를 한 번에 즐길 수 있다.

월출산 아래 도갑사는 풍수지리에 뛰어난 도선국사가 창건한 사찰이다. 천 년이 넘는 세월을 이어오는 동안 전란으로 많은 문화재가 소실되었으나 소박함과 옛 터의 웅장함이 사찰을 찾는 사람들에게 경건한 마음을 지니게 한다.

추천 여행코스

월출산→도갑사→구림마을→왕인박사유적지→강진다원

축제 및 행사

정월과 봄, 여름, 가을에 정악과 민속음악, 전통무가 펼쳐지는 월출산 달맞이 공연이 열린다.

주변 명소

강진다원

월출산 천황봉에서 경포대 쪽으로 하산하면 강진군 성전면 월남리로 내려온다. 경포대 숲을 나오면 너른 비탈에 드넓은 차밭이 펼쳐져 있다. 우리나라 4대 다원의 하나이면서도 대기업에서 운영해서 상대적으로 많이 알려져 있지 않은 곳이다. 산등성이 드넓은 차밭이 가슴 시원한 풍광을 선사한다. 월남사지 석탑, 무위사 등을 함께 둘러볼 수 있으며 다산 정약용이 유배 당시 자주 찾았던 백운동도 최근 복원하여 찾아볼 만하다. (061-432-5500)

강진다원의 녹차밭

전남·광주

유달산
● 목포시

MAP

목포의 상징이자 시민들의 자랑인 유달산

테마
산/휴양림/캠핑장

함께 가면 좋은 사람
가족 연인

여행 가기 좋은 계절
사계절

●**주소** 전라남도 목포시 죽교동 산 27-1 ●**가는 길 | 승용차** 서해안고속도로 목포나들목→목포시외여객선터미널→목포역→유달산 | **대중교통** 목포시외여객선터미널서 목포역행 버스 탑승 목포역 하차 도보 이동(20분 소요) ●**문의** 061-270-8357 ●**홈페이지** tour.mokpo.go.kr(목포시 문화관광) ●**주차장** 있음 ●**먹거리** 회(북항회센터)

유달산을 오르면 목포를 이야기하면서 왜 이 산을 빼놓을 수 없는지 이해할 수 있다. 해발 228m로 도심 속에 있는 높지 않은 산이지만 목포시와 다도해를 바라보는 조망이 탁월하다.

육지의 끝에서 바다로 내려가기 전에 있는 높지 않은 산이지만 일등바위와 이등바위 등 갖가지 기암괴석과 절벽 때문에 호남의 개골산이라는 별칭도 있다. 개골산은 금강산의 여름 이름이다. 천년 항구 목포와 함께 역사의 애환을 함께한 산이다. 목포 시민들은 유달산을 목포8경의 하나로 꼽고 각별한 애정을 쏟는다.

유달산에는 대학루와 달성각 등 5개의 정자와 노래 〈목포의 눈물〉 기념비 등이 있다. 산기슭에 조각공원과 난공원 등이 조성되어 있고 일주도로를 타고 목포 시가지와 다도해 전경을 감상할 수 있다. 유달산 노적봉은 임진왜란 때 이순신 장군이 군량미를 쌓은 것처럼 위장하였다는 이야기가 내려오는 봉우리이다.

유달산의 진정한 묘미는 정상이나 낙조대에서 보는 일몰과 목포항의 야경이다. 유달산의 야경도 볼거리이다. 봉우리마다 야간조명을 설치해 주말이나 축제기간 밤에는 정상능선이 훤히 드러난다.

추천 여행코스

유달산→북항회센터→목포근대역사관→삼학도

주변 명소

삼학도

유달산과 함께 목포 시민의 사랑을 받는 삼학도는 3개의 섬이 나란히 붙어 있어 대삼학도, 중삼학도, 소삼학도로 불린다. 대삼학도에 〈목포의 눈물〉을 부른 가수 이난영 공원이 있다. 공원에는 노래비와 이난영 여사의 수목장이 있다.

유달산에서 본 삼학도

팔영산

● 고흥군

MAP

능가사에서 올려다본 팔영산

팔영산(608.6m)은 고흥의 랜드마크라 할 수 있는 산이다. 그렇게 높은 편은 아니지만 산세가 험준하고 변화무쌍하여 아기자기한 산행을 즐길 수 있다.

고흥의 명품 산행지 베스트 6 중에서 맏형 격인 팔영산은 고흥 읍내에서 동쪽으로 25km 떨어진 소백산맥의 맨 끝자락에 위치한 산으로 8개의 봉우리가 남쪽을 향해 일직선으로 솟아 있다. 위험한 곳에는 철계단과 쇠줄이 설치되어 별다른 준비 없이도 산행에 나설 수 있어 가벼운 암릉 산행지로 사랑받고 있다. 또한 봉우리를 끼고 곳곳에 우회로가 나 있어 주의만 기울인다면 초보자들도 안전하게 산행을 즐길 수 있다. 정상에 오르면 저 멀리 대마도까지 조망되는 등 눈앞에 펼쳐지는 다도해의 절경이 일품이다. 일설에 의하면 세숫대야에 비친 여덟 봉우리의 그림자를 보고 감탄한 중국의 위왕이 이 산을 찾으라는 어명을 내렸고 신하들이 조선 고흥 땅에서 마침내 그 산을 찾아낸 것이 이름의 유래라고 한다. 각 봉우리에 고유이름(유영봉, 성주봉, 생황봉, 사자봉, 오로봉, 두류봉, 칠성봉, 적취봉)이 표지석에 새겨져 있어 등산객들에게 재미를 선사한다.

테마
산/휴양림/캠핑장

함께 가면 좋은 사람
친구, 연인

여행 가기 좋은 계절
봄, 여름, 가을

● **주소** 전라남도 고흥군 점암면, 영남면 ● **가는 길 | 승용차** 벌교→남양면→능가사→팔영산 | **대중교통** 고흥 읍내에서 능가사행 버스 이용 ● **문의** 061-830-5224(고흥군청 문화관광과) ● **홈페이지** www.goheung.go.kr(고흥군청) ● **휴무일** 없음 ● **주차장** 능가사 주차장 이용 ● **먹거리** 생선회(다도해 061-834-8835)

추천 여행코스
팔영산→능가사→팔영산자연휴양림→남영해변

주변 명소

능가사
능가사는 신라 눌지왕 원년(417)에 아도화상이 창건했으며 당시의 명칭은 보현사였다. 현재 능가사에는 천왕문, 대웅전(보물 제1307호), 응진당, 요사채, 범종각 등이 들어서 있고 응진당 옆에는 능가사 사적비가 서 있다. (061-832-8090)

능가사 대웅전

전남·광주

증도
● 신안군

MAP

증도의 명물인 짱뚱어다리

갯벌과 염전이 잘 보존된 '슬로시티'

전라남도 신안군은 갯벌과 염전, 섬으로 유명한 곳이다. 지도읍을 제외하고는 대부분의 지역이 흑산도, 임자도, 압해도, 증도, 하의도, 암태도, 비금도 등과 같은 크고 작은 1,004개(유인도 72개, 무인도 932개)의 섬으로 이루어져 있다. 그래서 붙여진 신안군의 별명이 '천사(1,004)의 섬'이다. 신안군에서 7번째로 큰 섬인 증도의 전체 인구는 약 2,000여 명이다. 2010년에 증도대교가 완공되면서 배를 타지 않고도 쉽게 찾아갈 수 있는 섬이 되었다.

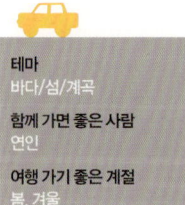

테마
바다/섬/계곡

함께 가면 좋은 사람
연인

여행 가기 좋은 계절
봄, 겨울

●**주소** 전라남도 신안군 증도면　●**가는 길 | 승용차** 서해안고속도로 북무안나들목→24번 국도→무안군 지도읍→지도대교→사옥도→증도대교→증도 **| 대중교통** 광주와 목포에서 증도 방면 버스 이용　●**문의** 061-271-7619(증도면사무소)　●**홈페이지** jeungdo.shinan.go.kr(신안군청)　●**휴무일** 연중무휴　●**주차장** 있음　●**먹거리** 함초청국장(솔트레스토랑 061-261-2211)

팔영산

● 고흥군

MAP

능가사에서 올려다본 팔영산

팔영산(608.6m)은 고흥의 랜드마크라 할 수 있는 산이다. 그렇게 높은 편은 아니지만 산세가 험준하고 변화무쌍하여 아기자기한 산행을 즐길 수 있다.

고흥의 명품 산행지 베스트 6 중에서 만형 격인 팔영산은 고흥 읍내에서 동쪽으로 25km 떨어진 소백산맥의 맨 끝자락에 위치한 산으로 8개의 봉우리가 남쪽을 향해 일직선으로 솟아 있다. 위험한 곳에는 철계단과 쇠줄이 설치되어 별다른 준비 없이도 산행에 나설 수 있어 가벼운 암릉 산행지로 사랑받고 있다. 또한 봉우리를 끼고 곳곳에 우회로가 나 있어 주의만 기울인다면 초보자들도 안전하게 산행을 즐길 수 있다. 정상에 오르면 저 멀리 대마도까지 조망되는 등 눈앞에 펼쳐지는 다도해의 절경이 일품이다. 일설에 의하면 세숫대야에 비친 여덟 봉우리의 그림자를 보고 감탄한 중국의 위왕이 이 산을 찾으라는 어명을 내렸고 신하들이 조선 고흥 땅에서 마침내 그 산을 찾아낸 것이 이름의 유래라고 한다. 각 봉우리에 고유이름(유영봉, 성주봉, 생황봉, 사자봉, 오로봉, 두류봉, 칠성봉, 적취봉-)이 표지석에 새겨져 있어 등산객들에게 재미를 선사한다.

테마
산/휴양림/캠핑장

함께 가면 좋은 사람
친구, 연인

여행 가기 좋은 계절
봄, 여름, 가을

● **주소** 전라남도 고흥군 점암면, 영남면 ● **가는 길 | 승용차** 벌교→남양면→능가사→팔영산 | **대중교통** 고흥 읍내에서 능가사행 버스 이용 ● **문의** 061-830-5224(고흥군청 문화관광과) ● **홈페이지** www.goheung.go.kr(고흥군청) ● **휴무일** 없음 ● **주차장** 능가사 주차장 이용 ● **먹거리** 생선회(다도해 061-834-8835)

추천 여행코스

팔영산→능가사→팔영산자연휴양림→남영해변

주변 명소

능가사

능가사는 신라 눌지왕 원년(417)에 아도화상이 창건했으며 당시의 명칭은 보현사였다. 현재 능가사에는 천왕문, 대웅전(보물 제1307호), 응진당, 요사채, 범종각 등이 들어서 있고 응진당 옆에는 능가사 사적비가 서 있다. (061-832-8090)

능가사 대웅전

증도

● 신안군

MAP

증도의 명물인 짱뚱어다리

갯벌과 염전이 잘 보존된 '슬로시티'

전라남도 신안군은 갯벌과 염전, 섬으로 유명한 곳이다. 지도읍을 제외하고는 대부분의 지역이 흑산도, 임자도, 압해도, 증도, 하의도, 암태도, 비금도 등과 같은 크고 작은 1,004개(유인도 72개, 무인도 932개)의 섬으로 이루어져 있다. 그래서 붙여진 신안군의 별명이 '천사(1,004)의 섬'이다. 신안군에서 7번째로 큰 섬인 증도의 전체 인구는 약 2,000여 명이다. 2010년에 증도대교가 완공되면서 배를 타지 않고도 쉽게 찾아갈 수 있는 섬이 되었다.

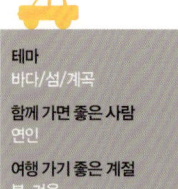

테마
바다/섬/계곡

함께 가면 좋은 사람
연인

여행 가기 좋은 계절
봄, 겨울

●주소 전라남도 신안군 증도면 ●가는 길 | 승용차 서해안고속도로 북무안나들목→24번 국도→무안군 지도읍→지도대교→사옥도→증도대교→증도 | 대중교통 광주와 목포에서 증도 방면 버스 이용 ●문의 061-271-7619(증도면사무소) ●홈페이지 jeungdo.shinan.go.kr(신안군청) ●휴무일 연중무휴 ●주차장 있음 ●먹거리 함초청국장(솔트레스토랑 061-261-2211)

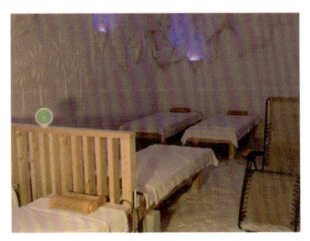

증도의 인공 소금동굴

'**보물섬**' 또는 '시간이 멈춘 섬'이라는 멋진 별명을 가지고 있는 증도는 우리나라의 대표적인 슬로시티 가운데 하나이다. 슬로시티는 환경, 시간, 전통문화, 먹을거리 등의 가치를 존중하며 느리게 살자는 취지에서 비롯한 민간 주도의 환경운동이다.

증도가 자랑하는 가장 큰 보물은 갯벌이다. 서해안과 남해안 일부 지역에는 드넓은 갯벌이 형성되어 있다. 이 가운데 우리나라 서해안 갯벌은 유럽 북해연안, 남미 아마존강 하구, 미국 동부해안, 캐나다 동부해안 등과 함께 '세계 5대 갯벌'의 하나로 손꼽힌다. 그 중심에 증도 갯벌을 포함한 신안 다도해가 있다. 보존과 관리 상태가 뛰어난 신안 다도해는 지난 2009년 유네스코에 의해 생물권보전지역으로 지정되었다.

신안 갯벌의 최고 인기 스타는 '갯벌의 쇠고기'라 일컬어지는 짱뚱어이다. 생선으로는 특이하게 11월부터 3월까지 갯벌에서 겨울잠을 잔다. 그래서 '잠퉁이'라 불리기도 한다. 갯벌과 함께 증도를 더욱 빛나게 하는 명물은 염전이다. 증도에서 가장 큰 염전은 태평염전(근대문화유산 제360호)이다. 단일 염전으로는 우리나라에서 가장 큰 규모를 자랑하는 태평염전은 그 크기가 무려 463만m^2(약 140만 평)에 이르며 지금도 예전과 똑같은 모습으로 질 좋은 천일염을 만들어 내고 있다. 태평염전 입구에는 1945년에 처음 지어진 석조 소금창고가 있다. 이 소금창고는 현재 국내 유일의 소금박물관으로 활용되고 있는데 이 건축물 역시 근대문화유산 제361호로 등록되었다.

소금박물관 옆에는 천일염으로 조성된 인공 소금동굴(힐링센터)이 있다. 소금동굴 속에서 편안하게 휴식을 취하며 미세한 소금입자를 흡입하게 되면 심리적 안정과 함께 천식, 기관지염, 알레르기성 비염, 만성피로증후군 등에 치유효과가 있는 것으로 알려져 있다. 소금동굴 내부는 항상 20~23℃의 온도를 유지하고 있다. 태평염전에서 만들어지는 천일염은 증도의 대표적인 슬로푸드이다. 바닷물이 소금이 되기까지는 대략 20~25일이 소요된다. 만들어진 소금은 소금창고로 옮겨져 3년 동안 간수를 뺀 다음 최고의 천일염으로 탄생된다.

추천 여행코스

증도대교→짱뚱어다리→소금박물관→신안해저유물기념비

여행 TIP

증도에는 건강한 먹을거리가 많다. 대표적인 것으로 민어회, 짱뚱어탕, 양파김치, 함초청국장 등이 있다. 이 가운데서도 짱뚱어탕과 함께 함초 요리가 증도의 별미로 손꼽힌다. 짱뚱어에는 타우린, 칼륨, 게르마늄 등이 많이 함유되어 있는 것으로 알려져 있다. 다소 생소한 식물인 함초(통통마디)는 바닷가에서 소금을 흡수하면서 자라는 바다풀이다, 몸 안의 독소 배출과 혈액순환에 좋으며 피부미용에도 좋아 '먹는 화장품'이라 불리기도 한다.

주변 명소

신안해저유물기념비

증도의 북서쪽 끄트머리에는 해저유물 발굴을 기념하는 신안해저유물기념비가 세워져 있다. 36년 전인 1975년 8월의 어느 날, 고기잡이하던 한 어부의 그물에 청자화병 6점이 걸려 올라왔다. 그 이후로 9년 동안 증도 앞바다에서는 2만 2천여 점(청자류 1만 2천 점, 백자류 5천 점)의 도자기를 대량으로 인양했다. 난파된 목선 일부, 금속제품, 목제품, 생활용품 등도 인양되었다. 조사 결과 이 유물들은 모두 중국 송나라와 원나라시대의 것으로 판명되었다.

신안해저유물기념비

흑산도

● 신안군

MAP

흑산도 상라봉에서 내려다본 예리항 풍경

유람선과 육로 일주 관광 모두 가능한 섬

산과 바다가 푸르다 못해 검게 보인다고 해서 '흑산도'라고 불린다. 트로트 가수 이미자의 〈흑산도아가씨〉라는 곡으로 흑산도는 여행객들에게 매우 친숙한 지명이다. 흑산도에 사람이 살기 시작한 시기는 선사시대부터라고 한다. 신라시대에는 영암을 출발해서 당나라로 가려던 배들이 흑산도에 기항했다가 가거도를 거쳐 중국 땅으로 가기도 했다. 조선시대에는 나라에 큰 죄를 지은 이들의 유배지였다. 지금은 홍어의 집산지로 유명하다.

테마
바다/섬/계곡

함께 가면 좋은 사람
가족, 친구

여행 가기 좋은 계절
봄, 여름

● **주소** 전라남도 신안군 흑산면 ● **가는 길** | **승용차** 서해안고속도로 목포나들목→목포여객선터미널→흑산도 선착장 | **대중교통** 예리 선착장에서 각 마을로 다니는 버스를 이용하세요 ● **문의** 061-275-9300(흑산면사무소) ● **홈페이지** tour.shinan.go.kr(신안군 문화관광) ● **휴무일** 연중무휴 ● **주차장** 있음 ● **먹거리** 홍어회(성우정식당 275-9101, 우리음식점 061-275-9634)

흑산도의 해안도로

흑산도까지는 목포에서 뱃길로 약 93km 거리이다. 과거에는 목포에서 홍도를 찾는 여행자들이 시간 여유가 있을 경우에 어쩌다 발을 딛는 섬이었다. 그러나 지금은 흑산도 비경이 홍도에 못지 않고, 맛있는 홍어도 맛볼 수 있다고 소문나면서 흑산도만을 여행 목적지로 삼고 방문하는 경우도 부쩍 늘었다. 여객선이 기항하는 예리항 일대에 홍어 전문 식당과 숙박업소가 밀집해 있다. 흑산도성당에서 보는 둥그렇고 포근한 모습의 예리항이 정답다.

흑산도를 제대로 보려면 육상 일주 관광과 유람선 관광 두 가지를 모두 해 보는 것이 좋다. 승용차를 가져가지 않은 개별 여행자들은 흑산도를 도는 관광버스를 이용하거나 택시를 빌려 내륙을 일주해 보도록 한다. 굴곡이 심하지만 그 자체가 여행의 재미를 더해 준다. 흑산도 일주도로에는 동백나무가 가로수로 자라고 있어 한겨울부터 늦은 봄까지 붉은 동백이 만개한 모습들을 줄기차게 감상할 수 있다.

예리항을 출발해서 면사무소로 향하는 진입로 오른편에는 청동기시대의 유적인 고인돌 6기가 보인다. 흑산도에 선사시대부터 사람이 살았음을 증명하는 것들이다. 이어서 진리마을을 거쳐 상라봉(226.7m) 진입로의 쉼터마당까지는 구불구불 뱀처럼 허리가 휘어지는 구절양장 오르막길을 올라야 한다. 상라봉은 흑산도에서 수평선 위로 불끈 솟는 기운찬 해돋이, 하루를 마무리하는 따스한 해넘이를 동시에 감상할 수 있는 명소이다. 상라봉으로 오르는 등산로에서는 해상왕 장보고 장군이 쌓았다는 반월성터의 흔적을 발견할 수도 있다. 상라봉 진입로 입구는 '흑산도 아가씨' 노래비가 서 있는 쉼터이기도 하다.

흑산도 유람선을 타면 촛대바위를 비롯해서 해골바위, 학바위, 칠성동굴, 고래바위, 원숭이바위, 공룡섬 등과 같은 절경을 둘러볼 수 있다. 이 가운데 다도해 해상국립공원의 관광자원 제1호인 촛대바위, 아침 햇살에 일곱 가지 색깔로 빛난다는 칠성동굴 등이 유명하다. 흑산도에서 유배생활을 했던 대표적인 인물은 다산 정약용의 둘째 형인 손암 정약전(1758~1816), 의병장 면암 최익현(1833~1906)이다.

추천 여행코스

흑산도→홍도→목포

축제 및 행사

흑산도에서는 개매기 체험을 즐길 수 있다. 흑산 홍어축제도 열리는데 홍어 시식회, 흑산홍어 요리 전시 등 볼거리와 체험 기회를 제공한다.

주변 명소

홍도

홍도는 섬 전체가 천연기념물 제170호로 지정돼 전남 신안군의 최고 관광지 대접을 받는다. 유람선을 타고 섬을 한 바퀴 돌면 홍도33경에 꼽히는 비경들을 모두 만날 수 있다. 홍도초등학교 뒤편 산비탈에는 목재데크 전망대와 조망대가 설치돼 있다. 홍도1구 마을 풍경, 선착장, 낙조 풍광을 한눈에 조망하기에 좋다. 몽돌이 깔린 빠돌해변은 홍도의 해수욕장 구실을 한다. 홍도등대를 보려면 홍도1구에서 홍도2구까지 트레킹을 해야 한다. (061-246-3700)

홍도의 남문바위

전남·광주

가거도
● 신안군

MAP

영화 〈극락도 살인사건〉에 등장했던 가거도 섬등반도

국토의 최남단을 든든하게 지키는 절해고도

가거도는 우리 국토의 최서남단에 위치한 섬이다. 우리나라의 영토 가운데 중국과 가장 가까워서 '중국 땅의 닭울음 소리가 들리는 섬'으로 일컬어진다. '가도 가도 뱃길의 끝이 보이지 않는 섬'이라고도 하고 다시 뭍으로 나오기도 쉽지 않은 탓에 '가거든 오지 마라'는 우스갯소리도 따라다닌다. 영화 〈극락도 살인사건〉이 이 섬에서 촬영됐다.

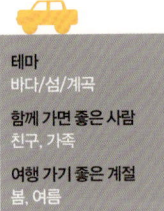

테마
바다/섬/계곡

함께 가면 좋은 사람
친구, 가족

여행 가기 좋은 계절
봄, 여름

●**주소** 전라남도 신안군 흑산면 ●**가는 길 | 승용차** 서해안고속도로 목포나들목→목포여객선터미널→가거도 선착장 | **대중교통** 민박을 예약하면 주인이 선착장으로 마중을 나온다. ●**문의** 061-246-5400(흑산면사무소 가거도출장소), 061-243-2111(동양고속), 061-244-9915(남해고속) ●**홈페이지** tour.shinan.go.kr(신안군 문화관광) ●**휴무일** 연중무휴 ●**주차장** 있음 ●**먹거리** 생선회(섬누리민박 061-246-3418), 매운탕(창신민박식당 061-246-3455)

가거도의 날치

목포에서 뱃길로 233km 떨어진 가거도는 선사시대부터 사람이 살기 시작한 것으로 밝혀졌다. 섬의 맨 북쪽에 자리한 가거도 등대 부근의 산비탈에서 패총과 함께 돌도끼, 돌바늘, 토기 파편 등의 신석기 유물이 출토되었기 때문이다. 또 중국과 매우 가까운 이 섬은 신라시대에 당나라를 오가는 교역선의 중간 기항지로 활용되었다고 전해진다.

하지만 본격적으로 사람이 살기 시작한 때는 1800년 무렵인 것으로 추정된다. 1896년부터는 가히 살 만한 섬이라는 뜻의 가거도(可居島)로 지명이 바뀌었다. 자연 부락은 대리(1구), 항리(2구), 대풍리(3구) 등 세 곳에 이른다. 그중 면출장소, 우체국, 보건소, 초·중학교 등의 공공기관과 여관, 슈퍼, 음식점, 항만 등이 들어선 대리에 주민들의 대다수가 거주한다. 반면에 교통이 불편하고 어항시설도 제대로 갖춰지지 않은 항리와 대풍리에는 사람이 사는 집보다도 빈 집이 더 많다.

가거도는 면적이 9.18km²에 해안선의 길이는 22km밖에 되지 않는다. 그런데도 섬의 한복판에는 신안군에서 가장 높은 독실산(639m)이 솟아 있어서 섬 전역의 해안이 깎아지른 듯한 바위벼랑으로 이루어져 있다. 섬 전체가 하나의 큰 산인 셈이다. 이처럼 지형이 험하다 보니 농경지도 민가와 마을 주변의 손바닥만 한 텃밭이 대부분을 차지한다. 다행히 산자락마다 후박나무, 굴거리나무, 동백나무, 참식나무 등의 상록수가 울창한 숲을 이룬 덕택에 식수는 매우 풍부하다.

해안마다 절경을 이루는 가거도는 홍도 못지않게 관광자원과 해안 절경이 많다. 홍도의 풍광이 섬세하고 아기자기한 여성미를 보여 준다면 가거도의 자연은 굵고 힘찬 남성미를 느끼게 한다. 특히 독실산 정상, 장군봉과 회룡산, 돛단바위와 기둥바위, 병풍바위와 망부석, 구정골짝, 소등과 망향바위, 남문과 고랫여, 국흘도와 칼바위 등의 가거도 8경은 홍도33경에 비견될 정도로 빼어난 절경을 자랑한다. 가거도 전역에 산재한 갯바위와 여는 천혜의 낚시 포인트이다. 11월 말부터 3월 초까지는 길이 50cm 이상의 감성돔이 속출하고 여름철에는 팔뚝만 한 농어와 돌돔(갯돔) 등이 심심찮게 걸려 강태공들을 열광시킨다.

추천 여행코스

가거도→국흘도→흑산도·홍도→목포

여행 TIP

가거도 여행 계획을 세울 때에는 무엇보다도 미리 일기예보를 확인해야 한다. 워낙 먼 바다에 위치해서 날씨가 안 좋은 날이면 파도가 높아 여객선이 결항되는 경우가 있다.

주변 명소

국흘도

가거도 등대 앞바다에는 무인도인 국흘도가 떠 있는데 이 섬은 전체가 천연기념물 제341호로 지정된 바닷새 번식지이다. 바닷새인 슴새와 바닷제비가 이곳에 날아들어 둥지를 틀고 알을 낳아 번식한다. 국흘이라는 독특한 섬 이름도 '구클구클' 하며 우는 슴새의 울음소리에서 땄다고 한다. 주민들은 지금도 슴새를 '구쿠리'라 부른다. 슴새는 가거도에 흉년이 들어서 먹을 것이 부족했던 시절에는 주민들의 목숨을 지켜 준 먹을거리가 되기도 했다.

국흘도

조도

● 진도군

MAP

상조도와 하조도를 잇는 조도대교의 야경

새떼처럼 섬이 많아 조도라고 부른다

진도군 최남단 팽목항에서 배를 타면 30분 만에 닿는 섬 조도는 새떼처럼 섬이 많아서 조도군도라고 불린다. 조도면에 속한 섬의 숫자는 유인도가 35개, 무인도가 119개로 총 154개에 달한다. 중심 섬인 하조도와 상조도는 조도대교로 연결돼 있어서 차를 가져가면 두 섬을 여유롭게 여행할 수 있다. 자연 풍광이 아름답고, 특산물이 많으며, 사계절 낚시가 가능한 섬이라서 TV 여행 프로그램에도 종종 등장한다.

테마
바다/섬/계곡

함께 가면 좋은 사람
친구, 가족

여행 가기 좋은 계절
여름

●**주소** 전라남도 진도군 조도면 ●**가는 길 | 승용차** 서해안고속도로 목포나들목→진도대교→18번 국도→팽목항→하조도 선착장 **| 대중교통** 진도 팽목항과 하조도 어류포항을 오가는 여객선 시간에 따라 버스가 운행된다. ●**문의** 조도면사무소 061-540-6803 ●**홈페이지** www.jindo.go.kr(진도군청) ●**휴무일** 연중무휴 ●**주차장** 있음 ●**먹거리** 흑돼지(하조도 삼거리식육점 식당 061-542-5050)

하조도 등대

민속의 보물창고 진도를 여러 번 찾은 여행자들에게 조도군도는 신천지이다. 차를 실을 수 있는 철부선이 팽목항에서 출항한다. 물결 잔잔한 바다를 가로지른 철부선은 하조도의 어류포항에 여행객들을 내려준다. 차량이 없다면 다도해해상국립공원 조도분소(061-542-1330)에서 자전거를 빌려 섬 여행을 즐겨 본다. 고맙게도 무료 대여이다.

일단 섬에 닿으면 조도대교를 건너 상조도부터 다녀 보자. 주황색 지붕의 집들이 예쁜 맹성리마을, 고깃배가 드나드는 여미마을은 인상적인 촬영 대상이다. 이곳들을 지나 상조도의 대표 명소인 도리산전망대로 서서히 접근한다. 통신회사 중계소가 예전부터 있었던 탓에 차도가 잘 닦여 있어 정상까지 오르기가 수월하다.

전망대에서는 조도대교와 하조도는 말할 것도 없고 나배도, 소마도, 대마도, 관매도 등 다도해해상국립공원에 보석처럼 박혀 있는 섬들을 원없이 조망할 수 있다. 좀더 멀리로는 독거도, 동거차도, 서거차도, 맹골도, 병풍도 등도 시야에 잡히고 날씨가 좋은 날이면 추자도와 그 뒤로 제주도의 한라산도 보이니 이보다 더 멋진 해상 전망대가 또 있을까. 전망대 안내판에 주변 섬들의 이름이 친절하게 모두 적혀 있다.

하조도로 돌아와서 가 볼 곳은 하조도등대이다. 어류포 선착장에서 이곳까지는 십리 길이다. 등대 입구까지 차량 통행이 가능하다. 해발고도 48m 지점에 설치된 등대는 1909년 2월부터 불을 밝히고 있다. 직육면체의 관사와 하얀 등탑은 하조도 기암절벽에 우뚝 서 있다. 등대 서편의 경사지에는 여름이면 노란 원추리꽃과 붉은 엉겅퀴꽃이 무리지어 피어난다. 등대 뒤편의 절벽 지대는 자연조각품 전시장을 방불케 한다. 조도 주민들은 이곳을 '만물상'이라고도 부른다.

여름철에 피서객들이 하조도를 찾는 것은 이 섬에 해변이 2개나 있기에 그렇다. 하조도 동남단의 신전해변은 백사장 길이가 1km를 넘으며 송림이 발달해 있고 모래질이 곱디 곱다. 하조도 서남단의 모라깨(모래개)해변은 백사장의 질과 시설이 신전해변에 비해 뒤지지만 그런 대로 오붓하게 피서를 즐길 수 있는 곳이다.

추천 여행코스

하조도→조도대교→상조도→관매도

여행 TIP

진도 팽목항에 조도고속매표소(061-544-5353), 한림페리매표소(061-544-0833)가 있으며 하루 5회 배가 운항된다.

주변 명소

관매도

하조도 남쪽 바다에 떠 있는 관매도(진도 팽목항과 24km 거리)는 관매8경이라는 비경을 자랑하는 섬이다. 관매도해변, 방아섬(남근바위), 돌묘와 꽁돌, 할미중드랭이굴, 하늘다리, 서들바굴폭포, 다리여, 하늘담(벼락바위)이 8경을 차지하고 있다. 최근에는 봉선화길, 논밭두렁길, 돌담길, 매화길, 해당화길, 건강야생화길이라는 이름을 단 걷기 코스도 개발돼 여행객들의 발길을 기다린다. (061-544-0400)

관매도 하늘다리

전남·광주

신비의 바닷길
● 진도군

MAP

흥해의 기적을 방불케 하는 신비의 바닷길

바다가 열리면 축제가 열린다

썰물 때 바닷물이 갈라지며 길이 드러나 이른바 '모세의 기적'으로 불리는 곳이 전국에 몇 군데 있는데 그 중 원조 격이 진도 신비의 바닷길이다. 고군면 회동리와 의신면 모도리를 잇는 2.8km에 이르는 바닷길은 폭이 40m에 이른다. 세계적으로도 알려져 있어 바닷길 축제가 열리면 외국에서도 많은 관광객이 찾아온다. 축제 때는 사람들이 인산인해를 이루어 사람이 무리지어 바다를 건너는 장관이 펼쳐진다.

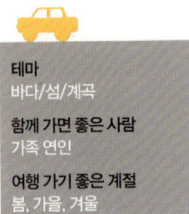

테마
바다/섬/계곡
함께 가면 좋은 사람
가족, 연인
여행 가기 좋은 계절
봄, 가을, 겨울

●주소 전라남도 진도군 고군면 회동리 ●가는 길 승용차 호남고속도로 광산나들목 또는 서해안고속도로 목포나들목→진도대교→고군면→회동리 | 대중교통 진도공용터미널에서 회동행 버스 탑승 ●문의 061-544-0151(진도군 관광문화과) ●홈페이지 miraclesea.jindo.go.kr ●휴무일 없음 ●주차장 있음 ●먹거리 간재미무침(문화횟집 061-544-2649)

신비의 바닷길축제

음력 2월 초 또는 보름 영등사리 때 바닷길이 넓게 드러난다. 대개 이때 축제도 열린다. 신비의 바닷길 축제가 열리면 전국 각지는 물론 외국에서도 사람들이 몰려온다. 약 1시간 정도 바닷길이 완전히 드러났다가 닫히는데 이때는 사람들이 몰려 발 디딜 틈이 없다. 그야말로 모세를 따라 홍해를 건너는 이스라엘 백성의 모습을 연출한다.

길이 꽤 길고 시간은 짧아 왕복을 하려면 바삐 걸어야 한다. 아예 모도리로 배를 타고 가서 걸어오는 편이 낫다. 바닷길의 모습도 모도에서 보는 편이 아름답다. 그 짧은 시간에 갯것을 채취하는 사람들도 있다. 평상시에는 바닷속에 있던 땅이라 낙지며 조개들이 가득하다. 사람들이 너무 많이 잡아 축제 때는 호미를 들고 가지 못하게 한다. 바닷길을 걸으려면 장화를 신어야 하며 갯돌들이 많아 조심해서 걸어야 한다.

축제 때가 아니더라도 봄, 가을, 겨울에 썰물 때마다 바닷길이 드러난다. 그에 맞춰 각종 공연도 열린다. 영등사리 때 열리는 영등제는 뽕할머니를 기리는 전래행사로 바닷길 축제의 모태이다. 옛날 진도에 호랑이가 많았는데 회동리는 호동이라 부를 정도로 자주 나타났다고 한다. 어느 날 호랑이가 나타나자 마을사람들이 모도로 모두 도망을 쳤는데 뽕할머니는 미처 따라가지 못했다. 혼자 남은 뽕할머니가 가족을 만나게 해 달라고 기원하자 용왕이 꿈에 나타나 바닷길을 열어 주겠노라 했고 다음 날 정말 바닷길이 열려 마을사람들이 돌아왔다. 가족을 만난 뽕할머니가 여한이 없다는 말을 남기고 숨을 거두자 마을 사람들이 바닷길을 연 뽕할머니를 기리기 위해 제단을 차리고 제사를 지낸 것이 영등제의 기원이다. 영등이라는 명칭에는 용이 승천한다는 의미가 담겨있다.

전국 10대 축제의 하나로 손꼽히는 바닷길 축제는 강강술래, 씻김굿, 들노래, 다시래기, 북놀이 등 진도의 민속문화공연과 코스튬플레이, 보디페인팅 등 현대적인 이벤트가 조화를 이루며 다양한 볼거리를 제공한다. 그 밖에 바다가 갈라지는 신비의 바닷길로는 보령 무창포, 여수 사도, 화성 제부도, 서귀포 서건도 등이 있다.

추천 여행코스

명량대첩지→운림산방→신비의 바닷길→남도진성→세방낙조

축제 및 행사

매년 봄에 영등제와 바닷길축제가 열린다.

주변 명소

남도진성

남도석성이라고도 부르는 남도진성은 고려 원종 때 삼별초군이 진도로 남하하여 근거지로 삼고 최후까지 격전을 벌인 곳이다. 삼국시대 무렵부터 성이 있었던 것으로 보는데 지금의 석성은 조선 중기에 왜구의 침범을 막기 위해 쌓은 것으로 추정한다. 편마암으로 쌓은 성벽과 성의 외곽에 수군 진영으로 건너다니기 위한 쌍교와 홍교 등이 거의 원형을 유지하고 있다. 성벽이 넓어 벽을 따라 한 바퀴 돌 수 있는데 그리 크지 않아 10여 분이면 된다.

삼별초의 항쟁지 남도진성

전남·광주

보길도

● 완도군
MAP

보길도의 대표적 유적지인 세연정

고산 윤선도 경승에 반해 눌러앉은 섬

고산 윤선도의 유적을 만나 보려면 해남 땅끝마을이나 완도 화흥포항에서 배를 타고 보길도에 가야 한다. 노화도와 보길도 사이에 보길대교가 2008년 개통됨으로써 보길도 뱃길은 줄어들고 여행이 한결 편리해졌다. 걷기 여행 코스로는 고산유적 탐방길과 해안절경 탐방길이 있고 등산 코스로는 적자산, 보죽산 산행로가 있다. 봄날에 찾아가면 지천으로 피어난 동백을 감상할 수 있고 여름철이라면 시원한 바다가 더위를 잊게 해 준다.

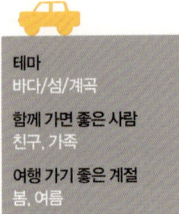

테마
바다/섬/계곡

함께 가면 좋은 사람
친구, 가족

여행 가기 좋은 계절
봄, 여름

●**주소** 전라남도 완도군 보길면 ●**가는 길 | 승용차** 서해안고속도로 목포나들목→완도대교→완도 화흥포항→보길도 선착장 **| 대중교통** 여객선 출항, 귀항 시각에 맞춰 버스가 다닌다. ●**문의** 061-550-5611(보길면사무소), 061-555-1010(완도 화흥포항), 061-535-5786(해남 땅끝매표소) ●**홈페이지** www.wando.go.kr(완도군청) ●**휴무일** 연중무휴 ●**주차장** 있음 ●**먹거리** 활어회(세연정 횟집 061-554-5005)

보길대교

보길도는 해안선의 길이가 41km에 이르는 섬이다. 그 섬에 가기 위해 해남 땅끝마을에서 배를 탄다면 노화도 산양진항, 완도에서 출발한다면 노화도 동천항에 닿는다. 노화도의 두 군데 선착장에서 보길대교까지는 차량으로 이동하는데 한 번의 승선으로 두 개의 섬을 동시에 여행할 수 있어 일거양득이다.

조선 중기의 문신이자 시인이었던 고산 윤선도(1587~1671)의 유적은 세연정이 들어선 고산원림, 고산문학체험공원, 동천석실, 곡수당과 낙서재 등 곳곳에 분포돼 있다. 고산은 병자호란 때인 1637년 인조를 돕기 위해 해남에서 강화도로 향하던 중 '삼전도의 치욕'을 듣고 곧바로 방향을 전환, 제주도로 가다가 보길도에 들렀다. 해변과 섬, 숲과 나무 등 보길도의 경치에 매료된 고산은 보길도에 정착했다.

책을 읽고 제자들을 가르치던 공간인 낙서재와 곡수당에서 마주 보이는 앞산 중턱의 바위 지대에 만들어진 동천석실에 오르면 전망이 아주 좋고 차를 마시면서 시문을 짓던 고산의 정신이 전이되는 듯하다.

윤선도의 유적을 답사한 다음에는 보길도의 해변들을 다녀 본다. 섬 동쪽의 중리해변과 예송리해변은 수려한 자연 경관과 천혜의 조건을 갖춘 해변으로 여름철이면 해수욕장으로도 탈바꿈한다.

보길도 청별 선착장에서 왼쪽 길을 따라 1.5km 가다가 다시 왼쪽으로 난 길을 따라 3km 가면 보길 동초등학교 앞에 중리해변이 나온다. 1km 정도 깔려 있는 모래밭은 밀가루처럼 부드럽다. 예송리해변에는 아름드리 노송이 울창하고 또 천연기념물 제40호로 지정된 상록수림이 늘어서 있다. 이 숲은 3백여 년 전에 태풍 피해를 막기 위해 주민들이 조성한 숲이다. 길이는 740m, 폭은 30m로 반달 형태를 하고 있다.

한편 청별 선착장에서 세연정으로 가다 삼거리가 나오면 우회전해서 황원포와 망끝전망대를 지나면 섬 서남단의 보옥리해변(일명 뽀래기갯돌밭)에 닿는다. 예송리해변의 자갈보다 큰 것들이 해변을 뒤덮고 있어 '공룡알해변'이라는 별명도 따라다닌다.

추천 여행코스

보길도→노화도→완도 구계등→완도수목원

축제 및 행사

매년 4월에 윤선도 문화축제가 열리고 노화전복축제가 매년 5월 열린다.

주변 명소

노화도

보길대교가 놓이기 전에는 보길도에 비해 노화도를 찾는 여행객이 많지 않았다. 그러나 다리가 세워진 뒤로는 보길도 여행객들이 덤으로 노화도를 탐방할 수 있게 됐다. 전복 양식지로 유명한 노화도는 보길대교, 노화읍 당산리 팽나무(수령 450년), 노화읍 대당리 팽나무(수령 110년), 산양진항, 동천항 순서로 돌아보면 편하다. 산양진항에서는 해남 땅끝마을로 뱃길이 이어지고 동천항에서는 완도 화흥포항으로 철부선이 오간다. (061-550-5152)

노화도 산양진항

완도

● 완도군

MAP

신흥사에서 바라본 완도 읍내와 완도항 전경

테마
바다/섬/계곡

함께 가면 좋은 사람
가족, 친구

여행 가기 좋은 계절
봄, 여름

●**주소** 전라남도 완도군 완도읍 군내리 205-2(완도타워) ●**가는 길 | 승용차** 서해안고속도로 목포나들목→완도대교→완도읍→완도타워 **| 대중교통** 완도 읍내에서 버스 이용 ●**문의** 완도타워(061-550-6964) ●**홈페이지** www.wando.go.kr(완도군청) ●**휴무일** 없음 ●**주차장** 있음 ●**먹거리** 활어회(신지횟집 061-552-5244)

추천 여행코스

장도 청해진유적지→완도타워→정도리 구계등→완도수목원→해남

주변 명소

장도 청해진유적지

완도읍 장좌리 앞바다의 장도(사적 제308호)는 통일신라시대의 해상왕 장보고가 청해진을 설치한 섬이다. 다리가 놓여져 물때에 상관없이 다가갈 수 있으며 목책성과 판축토성 등의 유적을 살펴볼 수 있다. (061-550-6930)

장도 청해진유적지

완도군은 208개의 섬으로 구성됐다. 해남에서 완도대교를 건너면 완도 본섬 여행이 시작된다. 장보고유적지, 완도타워, 정도리 구계등, 어촌민속전시관, 완도수목원 등을 만나 보자.

완도타워는 완도의 최신 관광명소이다. 첨탑 높이는 76m에 불과하나 바닷가 언덕 위에 세워져 고도감이 상당하고 전망도 훌륭하다. 전망층에서는 360°를 돌아가면서 다도해 풍경을 감상할 수 있다. 완도항과 읍내를 포함해서 항구 바로 앞에 보석처럼 박혀 있는 주도, 신지대교로 이어진 신지도, 고금도, 약산도, 생일도, 청산도, 여서도 등이 두루두루 시야에 잡힌다. 1층에는 특산품 전시장과 크로마키 포토존(합성사진 촬영장), 완도 소개 영상실 등이 있고 2층에는 이미지 벤치, 완도 출신 골프선수 최경주와 기념사진을 찍는 포토존이 있다.

정도리의 구계등(명승 제3호) 해안은 아홉 계단의 몽돌로 이루어졌다 해서 구계등이라고 한다. 바닷속에 잠겨 있던 돌들은 태풍과 해일, 파도에 밀려 오랜 세월 닳아서 지금처럼 둥글둥글한 몽돌로 변했다. 파도가 밀려오고 밀려나갈 때마다 갯돌들은 천상의 화음을 연주한다. 정도리 방풍숲은 성황당처럼 마을을 수호하는 당숲의 역할을 한다.

전남·광주

신지도
● 완도군

MAP

봄이면 보리밭과 유채꽃의 고운 정경으로 뒤덮이는 신지도

테마
바다/섬/계곡

함께 가면 좋은 사람
가족

여행 가기 좋은 계절
여름

● **주소** 전라남도 완도군 신지면 ● **가는 길 | 승용차** 서해안고속도로 목포나들목→완도대교→신지대교→명사십리 | **대중교통** 완도 읍내에서 신지도행 버스 이용 ● **문의** 061-550-6920(명사십리관리사무소) ● **홈페이지** www.wando.go.kr(완도군청) ● **휴무일** 없음 ● **주차장** 있음 ● **먹거리** 해산물(태연가든 061-552-8009)

완도와 신지대교로 연결된 후 여행하기가 좋아졌다. 신지도의 동쪽 끝 동고항에서는 평일도, 생일도, 약산도 등으로 철부선이 떠나 다도해 섬 여행의 중심 축을 이룬다.

신지대교에서부터 신지도의 동쪽 끝 마을인 동고리까지 약 18km 길이의 횡단도로가 말끔하게 놓여져 드라이브를 하면서 섬의 풍광을 감상하기에 좋다. 모래사장, 송림숲, 맑은 바닷물 등 3박자가 고루 갖춰진 해변을 찾는 여행자들은 명사십리해변을 주목해야 한다.

명사십리해변은 신지도의 관광 명소이다. 옛날부터 비바람이 몰아치는 밤이면 모래 우는 소리가 십리 밖에까지 울려 퍼진다 해서 '울모래등' 또는 '명사십리'라는 별명이 따라다닌다. 여름철에 이곳을 찾는다면 모래찜질의 재미에 빠져 봐야 한다. 관절염과 신경통에 큰 효과가 있다고 한다. 해송숲도 명사십리해변의 가치를 높여 준다.

신지도의 대표적인 문화유적지는 대평리에 있는 항일운동기념탑이다. 신지도는 일제강점기 때 소안도와 함께 독립운동이 활발했던 저항의 섬이었다. 신지도를 대표하는 독립운동가로는 장석천과 임재갑선생이 있다.

추천 여행코스

명사십리해변→동고리해변→완도타워→정도리 구계등→완도수목원

주변 명소

동고리해변
신지도 동쪽 끝의 동고리에 가면 수백 년 묵은 해송 300여 그루가 방풍림 역할을 하면서 바닷가를 장식, 아름다운 자태를 뽐내는 동고리해변이 있다. 한적함을 좋아하는 가족 단위 관광객들이 많이 찾는다.

동고리해변

청산도

● 완도군

MAP

당리언덕에서 바라본 유채꽃밭

드라마와 영화로 유명해진 슬로시티의 섬

신선들이 산다고 해서 '선산', '선원'이라 불렸던 청산도에서 가장 인기 있는 명소는 영화〈서편제〉의 촬영지이며 드라마〈봄의 왈츠〉세트장이 자리 잡은 당리마을 언덕이다. 봄이면 이 언덕은 샛노란 유채꽃밭으로 뒤덮인다. 또 초록빛에서 황금빛으로 변해 가는 보리밭 역시 청산도를 아름답게 뒤덮는다. 지리해변, 신흥해변, 진산해변 등 세 곳의 해변이 있어서 여름철에도 외지인들의 발길이 꾸준히 이어진다.

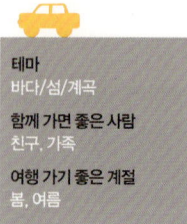

테마
바다/섬/계곡

함께 가면 좋은 사람
친구, 가족

여행 가기 좋은 계절
봄, 여름

● **주소** 전라남도 완도군 청산면 도청리 2 ● **가는 길 | 승용차** 서해안고속도로 목포나들목→완도대교→완도항→청산도 선착장 **| 대중교통** 여객선 출항, 귀항 시각에 맞춰 버스가 다닌다. ● **문의** 061-550-6495(청산면사무소), 061-552-9388~9(청산농협), 061-552-0116(완도 항만터미널) ● **홈페이지** www.chungsando.co.kr ● **휴무일** 연중무휴 ● **주차장** 있음 ● **먹거리** 갈치조림(청산도식당 061-552-8600), 회(보적산장 061-555-5210)

하늘에서 본 청산도

청산도는 슬로시티로 지정된 곳이다. 완도항을 출발한 철부선은 45분 만에 청산도 도청항에 닿는다. 가장 먼저 찾아가는 곳은 당리 언덕이다. 영화 <서편제>의 서너 장면을 담은 대형 안내판이 그곳에 세워져 있다. 이곳에서는 도청항은 물론 도락포 포구마을의 아름다운 전경도 감상할 수 있다.

언제라도 가고 싶은 섬 청산도를 찾은 여행자들은 영화 <서편제>의 주인공처럼 돌담길을 오락가락하며 진도아리랑 가락을 불러 보고 북장단도 맞춰 본다. 돌담길에서는 보리밭 가장자리에 돌담을 보면서 청산도 사람들의 삶의 지혜도 엿볼 수 있다. 그들도 제주도 사람들처럼 보릿대가 상하는 것을 염려하여 밭마다 가장자리에 튼실하게 돌담을 둘렀다. 돌담길 풍경이 야산 밑자락과 만나는 지점에는 예쁜 2층집 한 채가 자리를 잡아 섬의 서정미를 더욱 살려 준다. 드라마 <봄의 왈츠>의 세트장이다.

영화 촬영 무대였던 당리마을 감상을 뒤로하고 읍리마을로 내려가면 길가에 청동기시대의 고인돌과 불상이 조각된 하마비를 보게 된다. 청산도의 오랜 내력과 독특한 문화를 드러내는 것들이다. 하마비는 조선 중기 이후에 불교와 토착신앙이 서로 융화됨에 따라 생겨나게 된 조형물로 보인다. 뒤이어 상동리를 지나 고개를 하나 넘으면 신흥리 마을 전경이 내려다보인다. 논과 밭들은 하나같이 계단식이다. 청산도를 상징하는 구들장논에서 섬사람들의 강인함이 엿보인다. 사람은 많고 논밭은 많이 없었기에 생활이 어려웠던 청산도 사람들은 단 한 평의 농토라도 더 얻기 위해 방바닥에 구들을 깔 듯 층층이 축대를 쌓은 다음 그 안쪽에 흙을 쏟아 부어 구들장논을 만들었다고 한다.

청산도에는 두 개의 해변이 있다. 동부에는 신흥리해변, 서부에는 지리해변이 있다. 신흥리해변은 썰물 때면 2km 이상 바다가 물러나 개펄과 모래가 바닥을 보인다. 지리해변은 신흥리에 비해 모래사장이 발달해서 첫인상이 깨끗하다. 두 곳 모두 해변에 소나무숲이 울창하게 자라고 있어 여름철이면 훌륭한 야영지 구실을 해 낸다.

전남·광주

추천 여행코스

청산도→여서도→완도항→신지도→장도

여행 TIP

청산도는 걷기 여행객들을 위해 슬로길을 개발해 놓았다.
● 제1코스: 항길-동구정길-서편제길(2.6km, 1시간 30분 소요) ● 제2코스: 연애 바탕길(2.4km, 1시간 소요) ● 제3코스: 낭길(1.8km, 40분 소요)

주변 명소

여서도

여서도는 동서 길이와 남북 길이가 각각 2.5km 내외로 원형을 하고 있으며 중앙에는 해발 352m의 산봉우리가 하나 솟아 있다. 여서도는 일반 여행객보다는 바다낚시를 즐기려는 사람들이 더 많이 찾는다. 감성돔, 농어, 참돔, 방어, 볼락, 돌돔, 벵에돔 등이 대상 어종이다. 청정 바다와 높은 수온으로 바다낚시가 잘 된다는 평을 듣고 있다. 감성돔 시즌은 11월 말~12월 초 정도부터 시작된다. 여서도의 특산물은 미역이다.

여서도

전남·광주

나로도
● 고흥군

MAP

내나로도의 덕흥마을에 자리 잡은 덕흥해변

국내 최초의 우주센터가 이곳에 들어섰다

우리나라 최초의 우주센터가 들어선 고장이 바로 나로도라는 섬이다. 고흥반도 동남쪽 바다에 내나로도와 외나로도가 떠 있으며 이 두 섬을 합쳐 편의상 나로도라고 부른다. 행정구역상 명칭은 내나로도가 동일면, 외나로도가 봉래면이다. '다도해의 숨은 진주'라는 평가를 들을 정도로 경관이 수려한 나로도는 1994년 나로1대교가 완공되고 1995년 나로2대교가 완공되면서 여행 명소 반열에 올랐다.

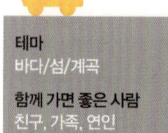

테마
바다/섬/계곡

함께 가면 좋은 사람
친구, 가족, 연인

여행 가기 좋은 계절
봄, 여름, 가을

● **주소** 전라남도 고흥군 동일면·봉래면 ● **가는 길 | 승용차** 서해안고속도로 주암나들목→벌교읍→고흥읍→나로도 | **대중교통** 고흥 읍내에서 나로도항 방면 버스 이용 ● **문의** 061-830-5224(고흥군청 문화관광과) ● **홈페이지** www.goheung.go.kr(고흥군청) ● **휴무일** 연중무휴 ● **주차장** 있음 ● **먹거리** 삼치회(순천식당 061-833-6441)

외나로도의 우주과학관

고흥군 포두면 남성리와 내나로도를 잇는 나로1대교를 건너면서 나로도 여행이 시작된다. 담양에서 시작하여 화순, 벌교, 고흥 읍내를 거친 15번 국도의 남쪽 종착점을 향해 달려가는 여정이다. 총길이 168.4km의 15번 국도는 외나로도 봉래남초등학교 앞 삼거리에서 외나로도 최남단의 하촌마을로 이어지는 15번 지방도를 만난다.

나로1대교-내나로도 동일면소재지-나로2대교-봉래면소재지-염포해변-우주센터로 이어지는 길은 때로는 바다를 끼고 달리고 때로는 마을 안길을 달리며 적당히 구부러지면서 섬사람들의 인정을 느끼게 해 주고 때묻지 않은 풍경을 선사해 준다.

870여 가구가 거주하는 동일면 내나로도의 첫 번째 가는 명소는 덕흥해변(성천해변)이다. 백사장 길이 450m, 폭 70m의 덕흥해변은 아늑한 해안절경이 아름답고 고운 모래의 완만한 백사장으로 간조 시에도 해수욕이 가능하며, 350년 이상 된 노송의 송림으로 해변의 운치를 더한다. 이 해송숲은 한여름의 뜨거운 햇살을 피하기에도 좋고 야영하기에도 좋다. 편안한 휴식과 추억을 위한 연인, 가족 단위 피서지로 많이 알려져 있다.

내나로도 남쪽에 위치한 봉영리 소영마을은 나로2대교가 생기기 이전까지는 내도(내나로도)와 외도(외나로도) 간의 해상교통 연결지였다. 1,250여 가구가 사는 봉래면 외나로도는 조선시대 초기부터 나라에 바칠 말을 키우는 목장이 여러 군데 있어 '나라섬'으로 불려 오다 일제강점기에는 우리 지명이 한자로 바뀌면서 뜻보다는 음을 딴 나로도(羅老島)가 됐다고 한다.

외나로도의 명소는 나로도해변, 나로도항구, 나로도유람선, 염포해변, 하반마을, 봉래산과 삼나무 군락지 그리고 우주센터 등을 꼽을 수 있다. 나로도해변은 나로2대교를 건넌 다음 나로도항으로 가기 전에 만나는 곳이다. 바닷속으로 100m를 들어가도 한 길이 못되는 완만한 경사로 해수욕하기에 좋다. 350년 이상 된 300여 그루의 노송들이 그늘을 만들어 주어 해수욕을 즐기다 시원하게 쉴 수 있다.

추천 여행코스

나로도→나로우주센터 우주과학관→봉래산→능가사→벌교

여행 TIP

나로도항에서는 외나로도 해안의 절경들을 바다에서 감상할 수 있는 유람선이 출발한다. 나로도항을 출발해 섬을 왼쪽에 끼고 한 바퀴 돌아서 다시 나로도항으로 돌아오는 유람선 코스는 2시간 정도 소요된다.

주변 명소

봉래산
외나로도의 봉래산(410m)은 겉으로 보기에는 완만해 보이는 산이지만 섬에 있는 산답게 등산하는 묘미가 넘친다. 정상에 올라가면 봉화대가 있고 다도해의 수려한 경관과 손죽열도를 가까이 볼 수 있다. 일제강점기에 시험림으로 조성된 삼나무 3만여 그루가 울창한 숲을 형성하여 삼림욕을 즐길 수 있으며 보는 이로 하여금 숲이 주는 편안함과 상쾌함에 취하게 한다.

외나로도의 봉래산

거문도

● 여수시

MAP

거문도 등대로 가는 동백숲길

동백꽃 터널 지나 등대에 올라 다도해를 감상하다

거문도 등대, 녹산 등대, 동백꽃길, 수선화, 백도 유람선 여행, 기와집몰랑 산행……. 하나같이 외지인들을 유혹하는 거문도의 여행 명소들이다. 거문도에 가려면 전남 여수여객선터미널이나 고흥 녹동항에서 여객선을 타야 한다. 여수항에서 배로 2시간, 고흥 녹동항에서 1시간 10분 거리로 제주도와 여수의 중간쯤에 위치하고 있다. 거문도는 고도, 서도, 동도 등 3개의 섬으로 구성되어 있어 '삼도'라고도 불렸다.

테마
바다/섬/계곡

함께 가면 좋은 사람
친구, 가족, 연인

여행 가기 좋은 계절
봄, 여름, 가을

●**주소** 전라남도 여수시 삼산면 거문리 거문도 ●**가는 길 | 승용차** 서해안고속도로 순천나들목→여수시→여수항→거문도 | **대중교통** 거문도 내에서는 택시로 이동하는 것이 편리 ●**문의** 061-690-2607(삼산면사무소), 061-665-7788(거문도 관광) ●**홈페이지** www.geomundo.co.kr ●**휴무일** 연중무휴 ●**주차장** 있음 ●**먹거리** 갈치회(산호식당 061-665-5802, 강동횟집 061-666-0034)

거문도 등대

고도와 서도 사이에는 삼호교(길이 250m)라는 다리가 놓여 왕래가 다소 편하지만 동도는 뱃길로만 이어진다. 하지만 공사중인 동도와 서도를 이어 주는 교량이 완공되면 여행자들은 고도에 내린 뒤 서도를 거쳐 동도까지 걸으면서 편하게 여행을 즐길 수 있다.

서도 남단에는 1905년 4월 10일부터 불을 밝혔던 거문도등대가 자리를 잡고 있다. 키가 작은 것(높이 6.4m)이 그 옛날부터 있던 구 등대이고 키가 큰 것(높이 34m)은 2006년 8월 1일부터 불을 밝힌 신 등대이다. 신 등대 안에는 154개의 계단이 놓여 있고 전망대에 오르면 태평양의 장쾌함을 감상할 수 있다. 구 등대 옆의 정자 이름은 관백정이다. 1993년 12월에 세워졌으며 거문도에서 동쪽으로 약 28km 떨어진 백도를 감상하기에 좋다.

거문도등대를 찾아가려면 고도의 거문항에서 삼호교를 건너 서도의 유림해변을 지나 도로가 끝나는 곳까지 차량으로 이동하고 그곳에서부터 약 1.6km가량 걸어야만 한다. 물이 넘나든다는 바위지대인 목넘어(일명 무넹이)를 건넌 다음에는 동백나무 숲터널을 걷게 된다. 동백꽃은 12월부터 피어나기 시작해서 이듬해 봄이 끝날 때까지 계속 피고 진다. 등대를 찾아가는 여행객을 그처럼 반갑게 맞아주는 꽃들이 또 어디에 있을까. 그 맛에 거문도등대를 찾아나서는 것이다. 굽이굽이 수월산 서쪽 자락을 깎아 만든 산길을 돌아가면 마침내 그토록 보고 싶었던 거문도 등대가 모습을 드러낸다. 유람선을 이용하면 목넘어 바위지대를 통과하는 수고를 덜게 되고 걷는 거리는 유람선 선착장에서 등대까지 약 1.3km 정도이다. 한편 서도 북단에는 녹산등대가 세워져 어두운 바다를 밝혀 준다. 녹산등대로 가려면 고도의 여객선 선착장에서 택시를 타고 삼호교를 건너 서도리의 '장촌마을'로 먼저 가야 한다. 장촌마을을 지나고 서도분교 옆으로 난 산책로를 따라 가면 팔각정자와 녹산등대를 차례로 보게 된다. 이곳 산책로 역시 남도 가락처럼 적당히 휘어져 있어 바닷바람을 맞으며 걷는 재미가 그만이다. 녹산등대에서 북쪽으로 보이는 섬들은 초도, 손죽열도 등이다.

추천 여행코스

거문도→백도→오동도→순천

여행 TIP

서도에 트레킹이라고 해도 좋을 산행 코스가 개발돼 있다. 기본 코스로는 유림해변 뒤편에서 출발, 기와집몰랑, 신선바위, 보로봉, 365계단을 지나 목넘어 입구로 내려오는 산행로가 개발되어 있다. 3시간 정도 소요된다. 신선바위는 산신령들이 풍취에 반해 매일 내려와서 바둑을 두고 갔다는 명소이다.

주변 명소

백도

거문항에서 유람선을 타면 40분~1시간 만에 국가명승 제7호인 백도가 모습을 드러낸다. 백도는 망망한 바다 위에 점점이 뿌려진 39개의 바위섬으로 이루어진 무인도이다. 백도는 다시 등대가 세워진 상백도와 하백도로 나뉘는데 파도 위로 솟구쳐 오른 바위섬들마다 서방바위, 매바위, 병풍바위, 각시바위, 곰바위 등 천태만상의 기암괴석으로 장식되어 있다. 백도에는 동백나무와 후박나무, 풍란 등 350여 종의 아열대식물이 자란다.

백도 유람선

돌산도
● 여수시

MAP

거북머리 형상의 임포항

머무는 곳마다 작품 사진인 해안일주도로

돌산도는 우리나라에서 열 번째로 큰 섬이다. 여수 시내와는 1984년 돌산대교로 이어져 드라이브여행이 손쉽다. 다리를 건너 전남수산과학관에서부터 시계 방향을 따라 본격적인 돌산도 일주 나들이가 시작된다. 두문포, 방죽해변, 향일암, 작금항, 금천항 등이 그림처럼 다가와 여행객의 시심을 자극한다. 여수10미인 갓김치를 비롯 서대회, 갯장어(하모), 금풍쉥이, 생선회, 장어구이, 굴구이, 한정식, 해물탕과 찜, 게장백반도 여행을 즐겁게 만든다.

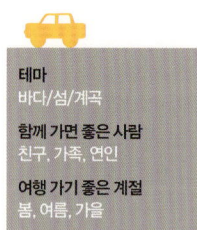

테마
바다/섬/계곡

함께 가면 좋은 사람
친구, 가족, 연인

여행 가기 좋은 계절
봄, 여름, 가을

●**주소** 전라남도 여수시 돌산읍 ●**가는 길 | 승용차** 서해안고속도로 순천나들목→여수시→돌산대교→돌산도 | **대중교통** 여수 시내에서 돌산읍이나 향일암 방면 버스를 이용 ●**문의** 061-690-2036(여수시청 관광과), 061-644-4742(향일암) ●**홈페이지** www.yeosu.go.kr(여수시청), www.hyangiram.org(향일암) ●**휴무일** 연중무휴 ●**주차장** 있음 ●**먹거리** 하모유비끼(미림횟집 061-666-6677, 경도회관 061-666-0044)

돌산대교 야경

돌산도로 향하는 여행객들은 돌산대교를 건너자마자 도로 왼편에 조성된 돌산공원에 먼저 올라가게 된다. 이른 봄이면 노란 개나리가 활짝 피어나 관광객들을 맞이하는 곳이다. 산책로가 잘 만들어진 공원의 정상에서는 여수항 전경과 돌산대교를 골고루 감상할 수 있다. 특히 저녁 무렵에 고기잡이배들이 한 척 두 척 잔잔한 파도를 일으키며 여수항으로 돌아오는 광경은 매우 시적이다. 이를 원포귀범이라 하며 여수 8경 중 제7경으로 꼽는다.

돌산도는 한반도 서해, 남해, 동해의 풍광을 고루 지닌 아름다운 남해의 섬이다. 꿈 속에 그려 보던 남해의 쪽빛 바다와 갓, 보리, 벼가 계절따라 익어 가는 들판이 어우러진 곳에 정겹기만 한 포구들이 해안을 따라 군데군데 숨어 있다. 해안도로를 달리다 어느 곳에 카메라를 들이대도 작품 사진을 얻을 수 있다는 점도 돌산도의 매력이라 할 수 있다.

태평양을 향해 얼굴을 내민 돌산도 최남단에는 일출 명소로 유명한 향일암이 자리한다. 해발 323m인 금오산의 7부 능선에 자리한 암자이다. 향일암이 '일본을 향한다'는 뜻이 담긴 이름이라고 해서 영구암이라는 명칭을 썼지만 '천하제일의 해돋이를 볼 수 있는 곳'이라는 풀이가 원래 뜻이라 해서 향일암이라는 명칭을 다시 쓰고 있다.

신라 선덕여왕 때 원효대사가 창건했다는 향일암은 일출의 명소이기도 하지만 낙조도 지극히 아름다운 곳이다. 암자 아래 임포항 주변으로 민박집과 음식점이 밀집된 곳에서 20분 정도 금오산에 오르면 겨우 한 사람 정도만 다닐 수 있는 곳이 나온다. 그 지점을 지나면 바위에 거북의 등처럼 사각무늬가 새겨진 곳이 나온다. 이어서 남해를 바라보고 있는 향일암 대웅전에 다다른다. 이 전각 옆에는 거북의 등처럼 생긴 바위가 누워 있다. 이 바위의 지맥은 멀리 임포항까지 이어진다. 임포항을 감싸고 있는 동산 부분은 커다란 돌거북의 목 부분에 해당하며 왼쪽 발은 새로 생긴 주차장 부근, 오른쪽 발 부분은 물속에 잠겨 있다. 향일암에서 20분 정도 더 산길을 오르면 금오산(323m) 정상이다. 향일암이 일출 명소라면 금오산 정상은 일몰 감상에 좋은 곳이다.

추천 여행코스

돌산도→오동도→흥국사→영취산

축제 및 행사

매년 12월 31일에서 1월 1일까지 향일암 일출제가 열리고 매년 4월에 영취산진달래축제가 열린다.

주변 명소

영취산

여수 영취산(510m)은 진달래 명산이다. 20~30년생 진달래가 수만 그루 모인 군락과 군락이 맞붙어 넓은 초원을 수놓을 때는 마치 분홍 물감을 뿌린 듯하다. 영취산 진달래가 절정을 이루는 시기는 매년 4월 중순경부터 이후 보름 정도이다. 이 시기를 맞춰 진달래축제가 벌어진다. 진달래 밀집지역은 정상에서 골명재까지의 동북릉 주변이다. 산행은 흥국사에서 시작한다. 정상에 서면 다도해에 보석처럼 박힌 섬들을 한껏 감상할 수 있다.

영취산 진달래

전남·광주

오동도
● 여수시

MAP

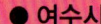
오동도 전경

'바다의 꽃섬'이라 불리는 동백꽃 명소

여수 앞바다에 있는 오동도는 사시사철 관광객들의 발길이 끊이지 않는 명소이다. 특히 동백꽃이 절정을 이루는 3월에는 전국 각지에서 많은 사람이 이 섬으로 모여든다. 오동도는 길이 768m의 방파제에 의해 육지와 연결되어 있다. '바다의 꽃섬' 또는 '동백섬'이라 불리기도 하는데 임진왜란 때는 이곳 오동도 일대에 충무공 이순신 장군이 손수 심어서 화살을 만들어 썼다는 시누대가 많아서 '대섬'이라 불리기도 했다.

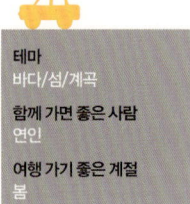

테마
바다/섬/계곡

함께 가면 좋은 사람
연인

여행 가기 좋은 계절
봄

●**주소** 전라남도 여수시 수정동 산1-11 ●**가는 길 | 승용차** 호남고속도로 서순천나들목→17번 국도→오동도 **| 대중교통** 여수 시내에서 오동도 방면 버스 이용 ●**문의** 061-690-2038(여수시청 관광과) ●**홈페이지** www.yeosu.go.kr(여수시청) ●**휴무일** 연중무휴 ●**주차장** 있음 ●**먹거리** 해물한정식(동백회관 061-662-6481)

오동도 동백꽃

오동도는 우리나라의 대표적인 동백꽃 여행지 가운데 하나이다. 오동도의 동백꽃은 다른 지역에 비해 작고 촘촘하게 피어나는 것이 특징이다. 꽃의 색깔도 진하며 푸른 나뭇잎에서는 윤기가 난다. 오동도 동백꽃은 해마다 조금씩 차이는 있지만 대략 3월 중순경에 최고의 절정을 이룬다. 오동도 전설비 근처에는 커다란 동백나무 한 그루가 유난히 눈길을 끈다. 바로 이 나무가 오동도에서 가장 오래된 동백나무이다. 수령은 약 300년 정도로 추정하고 있다.

오동도 곳곳에는 동백나무 말고도 시누대를 비롯해 참식나무, 후박나무, 팽나무 등과 같은 다양한 종류의 나무들이 군락을 이루고 있다. 이 가운데서도 특히 우리나라 남해안의 섬 지방에서 자생하고 있는 참식나무는 늦가을에 꽃과 열매를 같이 볼 수 있는 독특한 수종이다.

오동도에는 울창한 동백나무 숲 사이로 산책로가 잘 닦여 있어 노인들은 물론 어린아이들도 그리 힘들이지 않고 쉽게 오를 수 있다. 꼭대기에는 하얀 등대가 있는데 이 등대를 둘러싸고 산책로가 여러 갈래로 뻗어 있다. 등대 주변의 동백나무숲은 오동도에서 가장 큰 동백 군락지다. 오동도에서 가장 먼저 꽃을 피우는 동백나무도 이 군락지 안에 있다. 보도블럭이 가지런하게 깔려 있는 산책로에서 벗어나 시누대 숲 사이로 난 오솔길을 따라가면 곧장 바닷가로 이어진다. 바닷가의 절벽 끝에 서면 그림 같은 다도해의 절경이 아스라이 펼쳐져 이곳이 바로 한려해상국립공원이 시작되는 지점이라는 사실을 새삼 실감하게 한다. 절벽 아래의 바위 위에서는 파도소리를 벗 삼아 바다낚시를 즐기는 강태공들의 모습도 보인다. 오동도 일대에서는 감성돔 따위가 많이 잡히는데, 바다 장어라든가 놀래미 등도 심심치 않게 걸려든다.

섬의 형태가 오동나무 잎사귀를 닮은 오동도의 전경을 바라보려면 근처에 있는 자산공원으로 오르는 것이 좋다. 자산공원에서는 오동도와 방파제, 그리고 그 뒤로 시원스레 펼쳐진 다도해의 여러 섬이 한눈에 들어온다. 자산공원은 오동도 입구의 매표소에서부터 가파른 층계와 구불구불 이어진 산길을 따라 약 15분쯤 올라간 언덕 위에 있다.

추천 여행코스

오동도→자산공원→진남관

여행 TIP

오동도 입구의 방파제가 시작되는 지점부터 오동도까지는 동백열차가 운행되고 있다. 동백열차가 도착하는 잔디광장에는 거북선과 판옥선이 있다. 근처 돌비석에는 이순신 장군의 "만일 호남 땅이 없었다면 나라도 없었을 것이다."라는 말을 뜻하는 '약무호남(若無湖南) 시무국가(是無國家)'라는 글귀가 새겨져 있다.

주변 명소

진남관

여수 시내 중심가에 있는 진남관은 본래 이순신 장군이 전라좌수영의 본영으로 사용했던 곳이었으나 훗날 객사로 개조된 커다란 목조 건축물이다. 진남관 앞뜰의 담장 밑에는 조그만 석인상이 세워져 있다. 이순신 장군이 왜적들의 공세를 막기 위한 방편으로 여수항 근처에다 돌로 만든 석인상을 여러 개 세워 놓았는데 그 가운데 유일하게 남아 있는 것이 바로 이곳 진남관의 석인상이다.
(061-690-7338)

진남관

거금도

● 고흥군

MAP

거금도 적대봉에서 본 금산 면소재지

테마
드라이브

함께 가면 좋은 사람
혼자, 연인

여행 가기 좋은 계절
봄, 여름

● **주소** 전라남도 고흥군 금산면 ● **가는 길 | 승용차** 벌교읍→고흥읍→도양읍→거금도 | **대중교통** 선착장에서 각 마을로 이어지는 공용버스를 이용한다. ● **문의** 061-830-5224(고흥군청 문화관광과) ● **홈페이지** www.goheung.go.kr(고흥군청) ● **휴무일** 없음 ● **주차장** 주변 도로 이용 ● **먹거리** 활어회(진미횟집 061-842-3111)

추천 여행코스

거금도→소록도→녹동항

주변 명소

소록도

섬 둘레가 14km 정도인 소록도는 우리말로 풀이하면 '작은 사슴의 섬'이다. 소록도에는 한센병 치료를 위한 국립소록도병원이 자리하고 있다. 중앙공원에는 종려나무, 편백, 차나무, 능수버들, 등나무, 매화나무 등 5백여 종의 식물이 자라고 있어 조경이 매우 아름답다. (061-830-5224)

국립소록도병원

전남 고흥반도에 딸린 유인도 중에서 가장 큰 섬이다. 금진 선착장에서 시계 방향으로 해안도로를 드라이브하다 보면 남도 바다와 섬들이 품고 있는 이야기가 친근하게 들려온다.

조선시대에는 도양목장에 속한 방목지의 하나로 '절이도'라 했으며 일설에는 큰 금맥이 있어서 '거금도'라고 불렀다고 한다. 일단 거금도에 들어가면 금진 선착장에서 동쪽 방향으로 해안도로를 따라가는 것이 편리하다. 대취도, 소취도, 독도 같은 자그마한 섬들 뒤로는 시산도가 보이고 멀리 수평선 위에는 손죽도와 초도가 걸려 있다.

거금도에는 남쪽 해안에 익금, 금장, 서쪽 해안에 연소, 고라금 해변이 자리잡고 있어서 여름철 피서객들이 즐겨 찾는다. 이 가운데 가장 인기가 높은 해변은 익금해변이다. 맑고 푸른 남해의 파도를 마주할 수 있고 2.5km에 달하는 백사장에는 고운 은빛 모래가 가득하다. 해수욕장 뒤로 소나무 군락이 울창한 숲을 이룰 정도로 빽빽이 들어서 있어 그 아래에 텐트를 치고 야영을 하기에도 좋다. 해수욕장은 경사가 거의 없이 평탄하며 샤워장과 화장실을 갖추고 있고 백사장과 이어지는 곳에 마을이 자리하고 있어 민박을 하기에도 좋다.

해창만간척지

● 고흥군

MAP

해창만방조제에서 본 일몰 무렵의 간척지

테마
드라이브

함께 가면 좋은 사람
연인, 혼자

여행 가기 좋은 계절
가을, 겨울

● **주소** 전라남도 고흥군 포두면 ● **가는 길 | 승용차** 벌교→고흥읍→포두면 | **대중교통** 고흥 읍내에서 나로도행 버스를 타고 포두면 소재지에서 하차한 후 도보 이동 ● **문의** 061-830-5224(고흥군청 문화관광과) ● **홈페이지** www.goheung.go.kr(고흥군청) ● **휴무일** 없음 ● **주차장** 주변 도로 이용 ● **먹거리** 장어구이(바다마을 061-833-9192)

해창만간척지는 고흥군 포두면 옥강리와 영남면 금사리에 방조제가 축조되면서 탄생한 들판이다. 방조제 도로는 77번 국도의 일부가 돼서 여행객들의 드라이브 코스로 애용된다.

고흥읍이나 포두면에서 영남면의 남열해변으로 갈 때면 어김없이 이 해창만간척지를 지나게 된다. 나로도 방면에서 팔영산으로 갈 때에도 해창만방조제를 건너지 않을 수 없다. 고흥 읍내에서 포두면으로 향하다가 장수저수지를 지난 다음 남촌리로 좌회전하면서 해창만 간척지 일주 드라이브가 시작된다. 1방조제, 오도, 2방조제를 차례로 지나고 옥강리에 다다르면 포두면과 나로도를 이어주는 15번 국도와 다시 만난다.

안개 낀 날에 포두면 소재지 주변의 15번 국도에 서면 안개밭 뒤로 팔영산이 우뚝 솟아 있는 장관을 보게 되고 방조제 도로 위에서는 운암산에서 천등산으로 이어지는 능선의 곡선미를 감상하게 된다.

직각을 이룬 농로와 경지 정리가 잘 된 논, 하늘을 고스란히 담은 해창호와 갈대밭이 빚어내는 풍경은 고흥 땅에서만 맛볼 수 있는 절경들이다.

추천 여행코스

해창만간척지→마복산→나로도

주변 명소

마복산

마복산(534.9m)은 산등성이마다 기암괴석이 많아 마치 금강산이나 설악산의 축소판을 보는 듯하다. 이러한 경관 때문에 소개골산(小蓋骨山)이라 불리기도 한다.

마복산

전남·광주

백수해안도로
● 영광군

MAP

해안드라이브의 백미를 즐길 수 있는 백수해안도로

해안 따라 굽이굽이 환상의 드라이브코스

영광 백수해안도로는 전국 각지의 내로라하는 해안 드라이브길 중에서도 손꼽힐 만큼 아름다운 경치를 자랑한다. 전국의 모든 길을 대상으로 한 '한국의 아름다운 길 100선' 중에 9번째로 선정되기도 했다. 해안절벽을 따라가는 길은 동해안을 연상케 하는데 가깝고도 먼 섬과 바다가 연출하는 풍광이 훨씬 다채롭고 아기자기하다. 갯벌과 푸른 절벽이 번갈아 가며 나타나는 도로를 달리다 보면 멋진 오픈카를 사고 싶은 생각이 절로 든다.

테마
드라이브

함께 가면 좋은 사람
가족, 연인

여행 가기 좋은 계절
사계절

● **주소** 전라남도 영광군 백수읍 백암리 229 ● **가는 길 | 승용차** 서해안고속도로 영광나들목→영광읍→백수읍→백암리 **| 대중교통** 영광버스터미널에서 버스를 이용 ● **문의** 061-350-5600(영광군청) ● **홈페이지** yeonggwang.go.kr/tour(영광군 문화관광) ● **휴무일** 없음 ● **주차장** 있음 ● **먹거리** 백합죽(백수식당 061-352-7551)

노을전시관

77번 국도는 백수읍 대전리를 지나 법성포 쪽으로 올라가는 해안도로이다. 바다가 가까워지는 백수읍 백암리 쪽에 이르면 백암전망대가 나타난다. 이곳이 총 16.8km로 백수해안도로의 남쪽 시작점이다. 계속해서 국도를 따라가다 대신리 정유재란열부순절지 부근 삼거리에서 14호 군도로 갈아타고 해안절벽 길로 들어서면 비경이 펼쳐진다.

해안도로를 따라 거북바위와 모자바위 등 갖가지 바위와 멀리 칠산도, 안마도, 송이도 등의 섬들이 바다와 어우러지는 절경이 펼쳐진다. 군데군데 카페와 전망 포인트도 있어 그냥 지나치지 못하고 차에서 내려 사진을 찍게 된다. 동해가 탁 트인 시원함이 있다면 서해는 아기자기해 아늑한 감을 준다.

해안절벽길 중간에 영광해수온천랜드와 노을전시관이 있다. 서해안의 노을은 어디서나 아름답지만 이곳의 노을은 특별하다. 세계 각지의 노을을 사진을 통해 만날 수 있다. 노을을 배경으로 즉석에서 촬영, 인화하는 서비스도 제공한다. 해수온천랜드는 지하 600m 암반에서 끌어올린 해수를 이용한 해수탕이다. 잠깐 몸을 담가도 피부가 매끈매끈해지고 장시간 운전의 피로가 금세 풀린다. 노을전시관과 온천랜드 단지에서 해안 쪽으로 내려갈 수 있는 산책로도 나 있다.

14호 군도는 대초미마을에서 다시 77번 국도와 합류하는데 조금 더 가면 모래미해변이 나온다. 와탄천과 바다가 만나는 하구에 위치한 해변은 썰물 때면 드넓은 갯벌을 드러내는 곳으로 쉼터가 있어 잠시 휴식을 취할 수 있다. 77번 국도는 원불교 성지가 있는 길용리에서 일단 끊겼다가 와탄천 건너 법성포에서 다시 위로 이어진다.

백수해안도로는 법성포와 백제 불교 최초 도래지, 불갑사지구 관광지, 기독교 순교지, 원불교 성지 등을 연계하여 다니면 1박2일 여행지로 알맞다. 백수해안도로의 가장 큰 매력은 개발된 지 얼마 되지 않아 때 묻지 않은 자연 풍광을 즐길 수 있다는 점이다. 백수해안도로 초입의 석구미의 해수찜도 사람들이 많이 찾는 명소이며 영광 굴비의 산지로 유명한 법성포 역시 백수해안도로 여행길에 꼭 포함할 곳이다.

추천 여행코스

불갑사→백수해안도로→보은강연꽃방죽→법성포→백제불교 최초 도래지

축제 및 행사

매년 음력 단오를 중심으로 법성포단오제와 굴비축제가 열린다.

주변 명소

보은강연꽃방죽

영광군 길룡리는 원불교의 창시자 소태산 박중빈 대종사가 탄생한 곳이다. 대종사는 여기서 대각을 이뤄 원불교를 창시하였다. 매년 수만 명의 원불교 신자들이 찾아오는 원불교의 성지이다. 영산선학대 옆으로는 연꽃방죽이 있다. 매년 8월 말이면 44km²에 이르는 넓은 연못에 연꽃과 때 묻지 않은 자연이 어우러져 아름다운 풍경을 이룬다. 교량과 산책로, 수생식물 군락지와 공원 등을 조성하여 매년 찾는 이들이 늘고 있다.

보은강 연꽃

제주도

제주도는 한국인들이 가장 가고 싶어하는 여행지를 조사할 때마다 늘 1위를 차지하는 곳이다. 제주도 중앙부에는 한라산(1,950m)이 솟아 있으며 주변에는 다양한 크기와 형태를 지닌 368개의 오름(기생화산)이 분포돼 있다. 따라서 제주도 여행 계획을 세울 때에는 한라산을 중심으로 해서 제주시와 서귀포시 등 남북으로 나눠 여행을 다닐 것인지, 아니면 동부와 서부로 구분해서 시간을 배분할 것인지를 고민해야 한다. 비행기 티켓이나 선박 승선권을 최우선으로 확보하고 숙소를 예약하고 렌터카를 예약하면 떠나는 일만 남았다. 거기에 고 김영갑 사진가의 수필집이나 사진집 한 권을 곁들이면 금상첨화이다.

걷기를 좋아할 경우에는 올레길을 찾아가고 등산이 좋다면 한라산에 오른다. 섬 속의 섬을 만나고 싶은 사람들은 우도, 마라도, 가파도, 비양도, 추자도 등으로 다시 떠난다.

제주도

테마여행
중문관광단지 190
지삿개주상절리 192
성산일출봉 194
성읍민속마을 196
빌레못동굴 197
수월봉 198
에코랜드 200
거문오름·만장굴 202
다희연 204

문화유산
항몽유적지 205
추사적거지 206

박물관/미술관/공연관
김영갑갤러리 207
국립제주박물관 208
제주민속자연사박물관 209
이중섭미술관 210
오설록뮤지엄 212

걷기여행
안덕-화순곶자왈 213
제주올레 214
곽금8경 216
사려니숲길 218

산/휴양림/캠핑장
한라산 220
용눈이오름 222

바다/섬/계곡
비양도 223
우도 224
마라도 226
용머리해안·산방산 228
천지연폭포 230
돈내코·쇠소깍 232
섭지코지 234

드라이브
조천-구좌해안길 235

마라도

중문관광단지

● 서귀포시

MAP

중문해변과 한라산

천혜의 자연경관과 국제적 관광시설을 고루 갖춘 곳

화산섬 제주도의 남쪽 바닷가에 자리 잡은 중문관광단지는 중문해변, 천제연폭포, 갯깍주상절리 등 천혜의 자연경관을 자랑한다. 뿐만 아니라 여미지식물원, 퍼시픽랜드, 퍼시픽마리나&요트, 테디베어박물관, 소리섬박물관, 제주국제평화센터, 믿거나말거나박물관 등 국제 수준의 다양한 관광시설도 여행의 즐거움을 살려 준다. 롯데호텔, 신라호텔, 펜션, 리조트 등 숙박시설도 다양하다.

테마 테마여행

함께 가면 좋은 사람 가족, 연인, 친구

여행 가기 좋은 계절 사계절

● **주소** 제주도 서귀포시 중문동　● **가는 길 | 승용차** 제주공항→서부관광도로→창천삼거리→중문관광단지 | **대중교통** 제주공항에서 600번 공항리무진버스 이용　● **문의** 064-739-1330, 1335　● **홈페이지** jungmunresort.visitkorea.or.kr　● **휴무일** 없음　● **주차장** 있음　● **먹거리** 시푸드뷔페(시푸드샹그릴라 064-738-2111), 전복죽(중문해녀의 집 064-738-9557)

제주도

중문관광단지

제주국제공항에서 한 시간 거리에 위치한 중문관광단지는 제주도에서도 온화한 온도와 맑은 날씨가 많아 사계절 관광이 가능한 곳이다. 중문관광단지 주변에는 지삿개주상절리, 쇠소깍, 외돌개 등의 해안경관 명소를 비롯하여 천지연폭포, 정방폭포, 영실기암, 1,100고지의 내륙, 산악경관지 등과도 쉽게 연결돼 다양한 여행을 즐길 수 있다.

천제연폭포가 떨어지는 천제연계곡 절벽 위에 자리 잡은 여미지식물원은 3만 4천여 평의 넓은 대지 위에 우뚝 솟은 38m 높이의 전망대와 3천 8백여 평의 해바라기 모형 유리온실로 구성되어 있다. 세계 130개국 180개 식물원과 종자 교류를 통해 신종 식물을 확보하는 등 국내 식물원의 선도적 역할을 한다는 점이 특색이다. 또 여미지식물원에서는 고대 이집트에서 종이 원료로 쓰인 파피루스와 과일의 크기가 40kg에 달하는 잭푸르트, 음악 소리에 맞추어 춤을 추는 무초 등 다양한 식물도 볼 수 있다.

천제연계곡의 절경인 천제연폭포는 옛날 옥황상제의 선녀들이 밤중에 목욕하러 내려온다고 해서 붙여진 이름으로 '하느님의 연못'이란 뜻을 담고 있다. 천제연의 단애와 그 밑의 점토층 사이에서 용천수가 솟아 나와 사시사철 맑은 물이 연이은 두 개의 폭포로 흘러간다. 천제연 제1 폭포의 동쪽에 있는 동굴에서는 천장에서 식수로도 사용되는 여러 갈래의 용천수가 솟아 나오는데 예로부터 백중과 처서에 이 물을 맞으면 만병통치의 효능이 있다고 전해 온다.

제주도 컨벤션센터에서 중문관광지로 가다가 천제연폭포수가 흘러 내리는 백구천 하류에 놓인 천제2교를 건너기 전에 왼쪽으로 빠지는 길로 접어들면 중문관광단지 해안가를 한눈에 볼 수 있는 성천포구가 나온다. 포구에서 중문 앞바다로 나서면 진모살이라고도 불리는 중문해변이 보인다. 흑색, 백색, 적색, 회색의 4가지 색을 띠는 모래사장이 특색인 중문해변의 백사장은 길이가 0.5km이다. 동쪽 해안은 암석해안으로 기암괴석이 절경을 이룬다.

추천 여행코스
천제연폭포→퍼시픽마리나&요트→중문해변→엉또폭포

여행 TIP
지삿개주상절리대로 이어지는 성천포구 방파제 앞 해안가는 6월에서 8월 중 썰물 때가 되면 보말(고둥), 겡이 등이 잡히는 바릇잡이 체험어장으로 변신한다. 중문해녀의 집에서 체험하고 싶은 사람들의 신청을 받는다. 서귀포시 강정동 엉또폭포는 한라산 남쪽 자락에 70mm 이상의 큰 비가 내리면 50m 절벽에서 쏟아져 내리는 폭포이다.

주변 명소

퍼시픽마리나&요트
퍼시픽랜드 요트투어 상그릴라에는 12인승의 상그릴라호를 비롯하여 26인승의 상그릴라, 상그릴라2, 상그릴라3 등 총 4대의 요트를 보유, 제주도 푸른 바다를 항해할 준비를 하고 있다. 중문항을 출항한 요트는 항구를 뒤로 하고 제주 바다의 풍광을 즐기며 항해를 시작한다. 제주국제컨벤션센터를 지나 대포동 해안절벽에 이르면 주상절리대를 바다에서 볼 수 있다. 용암과 바다가 만나 만들어진 절묘한 육각기둥이 무려 3km에 걸쳐 펼쳐진다. (1544-2988)

퍼시픽랜드

제주도

지삿개주상절리
● 서귀포시

MAP

바다와 용암이 만들어 낸 지삿개주상절리

자연이 만든 육각기둥의 바다 신전

제주도 서귀포시 중문관광단지 컨벤션센터 뒤편에 자리 잡은 대포동 지삿개해변에는 용암과 바다가 만나 만들어진 주상절리대가 있다. 절묘한 육각기둥이 무려 3km에 걸쳐서 바다를 향해 겹겹이 쌓여 있는 신비로운 모습을 대하면 감탄사가 절로 나온다. 대포동 지삿개주상절리는 한라산, 성산일출봉, 만장굴, 서귀포층, 천지연폭포, 산방산 용머리해안, 수월봉 등 제주의 명소들과 함께 유네스코가 인증한 세계지질공원에 선정되었다.

테마
테마여행

함께 가면 좋은 사람
가족, 연인, 친구

여행 가기 좋은 계절
사계절

● 주소 제주도 서귀포시 중문동 2663 ● 가는 길 | 승용차 중문관광단지→컨벤션센터→지삿개주상절리대 | 대중교통 제주공항에서 리무진버스 600번을 이용하여 국제컨벤션센터 앞 하차 ● 문의 064-738-1532 ● 홈페이지 geopark.jeju.go.kr(제주도지질공원) ● 휴무일 없음 ● 주차장 있음 ● 먹거리 화덕피자(한스뷔페 064-738-7386)

바다에서 바라본 지삿개 주상절리

'주상절리'란 두꺼운 1,100°C의 용암이 화구로부터 흘러나와 바닷물을 만나 급격히 식으면서 발생하는 다각형 기둥 형태의 수직절리를 말한다. 주로 현무암질 용암류에 나타나는데 지삿개주상절리(천연기념물 제443호)는 높이가 30~40m, 폭이 약 1km가 될 정도로 우리나라에서 최대 규모를 자랑한다.

바다와 용암이 만들어 낸 조각품인 대포동의 지삿개주상절리는 육면체가 가장 많고 간혹 사각형이나 칠각형의 형태도 발견된다. 기둥의 폭은 최대 90~99cm이고 절리들이 이루는 각도는 대부분 120~129°이다.

대포동 지삿개주상절리를 보기 위해서는 전망대에서 보는 방법과 지삿개해변에서 보는 방법 두 가지가 있는데 전망대로 가기 위해서는 매표소를 거쳐서 바닷가로 이어지는 목재데크를 따라 해안가로 내려가면 된다. 해안절벽 위에 설치된 전망대에서 왼쪽을 보면 주상절리대가 바다 위에 떠 있는 듯 무리 지어 있고 그 위로 파도가 금방이라도 육각기둥을 삼켜 버릴 듯 넘실거린다.

목재데크 통로를 이동하면서 오른편으로 가다 보면 주상절리 육각기둥이 만들어 놓은 해안절벽이 나타나는데 마치 누군가 신을 모시기 위해 만들어 놓은 신전처럼 보인다. 하늘을 향해 우뚝 서 있는 모습이 말 그대로 신이 만들어 놓은 한 폭의 예술작품 같다.

지삿개해변은 흑요석같이 검은 빛을 띤 몽돌해변이다. 지삿개는 기와를 구웠던 곳이라는 데서 유래한 제주도 사투리이다. 대포동 해안의 지삿개해변은 원래 작은 어촌마을이었다. 때로 폭풍우 치는 날이면 작은 어선들은 육각기둥에 묶여 파도를 피하지 않았을까 생각될 정도로 포근한 분위기를 풍긴다. 지삿개해변은 해안선이 두 팔을 벌려 감싸 안은 듯한 형상이 천혜의 항구로 활용할 만하다.

지삿개해변에서 바라보는 주상절리대는 또 다른 모습이다. 주상절리대 위에 서 있는 여행객들이 깨알같이 보인다. 위대한 자연 앞에 선 인간의 존재가 얼마나 작은 것인지를 느끼게 해 준다.

제주도

추천 여행코스

중문관광단지→주상절리→지삿개해변→휴애리자연생활공원

여행 TIP

지삿개해변 왼편으로 돌아가면 바닷물과 용암이 만나면서 만들어 낸 기묘한 형상이 나타난다. 전망대에서 보는 지삿개도 아름답지만 퍼시픽랜드에서 요트나 쾌속정을 타고 바다 위에서 주상절리를 보는 풍경 또한 감탄을 자아내게 한다.

주변 명소

휴애리자연생활공원

우리나라에서 매화꽃이 가장 일찍 피는 지역이 바로 서귀포시이다. 이곳은 1만 2천여 그루의 매화나무가 심어져 2월이면 매화꽃이 피면서 봄소식을 알려 준다. 휴애리를 유명하게 만든 것은 일명 돼지쇼이다. 제주 토종 흑돼지 20마리가 제주산 옹기를 세워 만든 32m 길이의 미로를 통과하고 경사로를 올라간 다음 고무매트 미끄럼틀을 타고 먹이를 찾아가는 공연이다. (064-732-2114)

휴애리

제주도

성산일출봉

● 서귀포시

MAP

신양해변에서 바라본 성산일출봉

유네스코 선정 세계자연유산 성산일출봉

제주도 동쪽 해안에 자리 잡은 성산일출봉(182m)은 수많은 분화구 중에서 드물게 바다 속에서 수중폭발한 화산체이다. 용암이 물에 섞일 때 일어나는 폭발로 용암이 고운 화산재로 부서져 분화구 둘레에 원뿔형으로 쌓여 있다. 원래는 화산섬이었지만 신양해변 쪽 땅과 섬 사이에 모래와 자갈이 쌓여 육지와 연결된 것이다. 일출봉 정상에는 지름 600m, 면적이 8만여 평이나 되는 분화구가 자리한다.

테마
테마여행

함께 가면 좋은 사람
가족, 연인, 친구

여행 가기 좋은 계절
사계절

●주소 제주도 서귀포시 성산읍 성산리 104 ●가는 길 | 승용차 제주공항→교래리→성산읍→성산일출봉 | 대중교통 제주시외버스터미널에서 성산행 버스 이용 ●문의 064-783-0959 ●홈페이지 geopark.jeju.go.kr(제주도지질공원) ●휴무일 없음 ●주차장 있음 ●먹거리 전복죽(오조해녀의 집 064-784-7789), 성게몸국(윤정식당 064-782-3385), 흑돼지오겹살(해월항 064-784-4080)

성산일출봉의 정상

성산일출봉은 거문오름용암동굴계, 한라산과 함께 2007년 세계자연유산으로 등재되었다. 또 세계지질공원에 선정되기도 한 곳이다. 분화구 둘레에는 다양한 형태의 바위가 고성의 첨탑처럼 솟아 있고 분화구 안에는 8만여 평이나 되는 분지가 형성되어 있다.

요새와 같은 모양으로 형성된 성산일출봉은 세계적으로도 그 유례를 찾아보기 힘든 경관적 특성을 보여 준다. 제주도와 연결된 북서쪽 방향을 제외하고 바다에 노출된 해안절벽은 오랜 세월 파도에 의해 침식되어 가파른 절벽을 이루고 있다. 이러한 침식으로 인해 성산일출봉의 해안절벽은 화산체의 완벽한 단면을 드러내게 되었고 세계적으로도 사례를 찾아보기 힘든 독보적인 곳으로 인정받게 되었다.

성산일출봉이 천연기념물로 지정되기 전에는 분화구 안에서 주민들이 농사를 짓기도 했다. 그리고 이곳에서 이장호 감독의 영화 〈공포의 외인구단〉의 한 장면이 촬영되기도 했다. 특히나 제주도 동쪽 바닷가에 자리 잡고 있어 이곳에서 바라보는 일출은 제주도의 10대 절경인 영주 10경 중 하나로 손꼽힌다.

본디 '청산'이라고 불렸으나 '성산'으로 변경된 유래에는 두 가지 설이 전해 온다. 고려 말기 삼별초의 항쟁으로 인해 제주도에 들어온 김통정 장군이 토성을 쌓은 데서 청산을 성산봉이라고 부르게 되었다는 설과 성산일출봉의 정상에 빙 둘러선 기암들이 산성과 비슷해 보인다고 해서 성산이라고 했다는 설이다.

성산일출봉 99봉 중에서 제일 높은 봉우리는 북동쪽에 있는 것으로 높이가 179m이다. 이곳에는 성산봉이라 불렸던 봉수대가 있었는데 이 봉수는 북서로 지미봉수, 남서로 수산봉수와 교신했다고 한다.

성산일출봉에서 내려다보이는 수마포해안은 고려시대 때 몽고로 보낼 조공마를 비롯하여 나라의 군마를 길러 육지로 실어낼 때 말을 모아 놓았던 곳이다. 수마포해안은 일제강점기였던 1940년대에는 수세에 몰린 일본군들이 제주도를 최후방어선으로 만들기 위해 파 놓은 23개의 동굴진지가 여기저기 상처처럼 남아 있는 곳이기도 하다.

제주도

추천 여행코스

성산일출봉→성산항→식산봉→용눈이오름→다랑쉬오름→비자림

여행 TIP

성산 일출봉은 올레 1코스에 속한다. 제주올레안내소에서 출발해서 첫번째 코스인 말미오름에서 시작하여 종점인 광치기해변으로 가는 길에 자리잡고 있다.

주변 명소

비자림

제주시 구좌읍의 비자림은 2,570여 그루의 비자나무가 군집을 하면서 자생하고 있는 생태숲으로 천연기념물 제374호로 지정되었다. 제주도의 비자림은 자생적으로 자란 것이기에 비자나무의 원산지라고 할 수 있다. 구좌읍 비자림의 넓은 수림지대에는 비자나무 그늘 아래 나도풍란, 풍란, 콩짜개난, 흑난초, 차걸이난 등 희귀한 착생 난과 식물이 자생한다. (064-783-3857)

비자림

성읍민속마을

● 서귀포시

MAP

드라마나 영화의 촬영 무대로 자주 등장하는 성읍민속마을

테마
테마여행

함께 가면 좋은 사람
가족, 친구

여행 가기 좋은 계절
사계절

● **주소** 제주도 서귀포시 표선면 성읍리 ● **가는 길 | 승용차** 제주공항→사라봉오거리→대천동사거리→성읍민속마을 | **대중교통** 제주시외버스터미널에서 성읍민속마을행 버스 이용 ● **문의** 064-787-1179 ● **홈페이지** www.seongeup.net ● **휴무일** 없음 ● **주차장** 있음 ● **먹거리** 흑돼지오겹살(돌집식당 064-787-3222)

제주도 동부 중산간지대 마을의 특징이 잘 남아 있는 성읍민속마을은 정의현의 도읍지였던 마을로 제주의 옛날 초가 다섯 채와 제주민요인 '오돌또기'가 전해지고 있다.

정의현의 도읍지로 지정되어 중심 역할을 했던 성읍민속마을에서는 관청인 '일관헌'과 교육기관인 '정의향교', 마을의 방어진 역할을 하며 마을을 두르고 있는 '성터', 제주도의 상징물인 돌하르방, 오래된 비석 등의 유형문화유산과 중산간지대 특유의 민요, 민속놀이, 향토음식, 민간공예, 제주방언 등의 무형문화유산이 아직도 전수되고 있다.

매년 가을에 열리는 정의골 민속한마당축제에서는 촐베기라는 전통행사를 재현한다. 봄에 산이나 들에 방목시켜 놓았던 소나 말들을 가을에 집으로 들여올 무렵에 가축들에게 먹일 풀을 베어 내 말려 두었다가 마당이나 뒤뜰에 쌓아 두는 행사이다. 먹거리촌에서는 좁쌀가루로 술을 빚은 제주좁쌀막걸리와 옹기인 고소리를 이용해서 증류한 소주인 고소리술 등을 맛볼 수 있다.

영화 <이재수의 난>의 촬영지 중 한 곳인 일관헌 주변에는 천연기념물 제161호인 느티나무 한 그루와 팽나무 세 그루가 있다.

추천 여행코스

아부오름→성읍민속마을→성읍승마장→연환포→섭지코지

주변 명소

성읍승마장

모지오름과 영주산 사이 30만 평의 대지에 자리 잡은 환상의 승마코스이다. 짧은 시간에 승마체험을 할 수 있어서 이곳을 찾는 관광객에게 많은 사랑을 받는다. (064-787-2324)

성읍승마장

빌레못동굴

● 제주시

MAP

천연기념물로 지정된 빌레못동굴

한라산 북사면에 자리한 빌레못동굴은 주위에 두 개의 연못이 있어서 평평한 암반을 뜻하는 '빌레'라는 제주도 말과 연못의 '못'이 합쳐져 '빌레못'이라는 이름이 붙여졌다.

곽지과물해변이 있는 곽지사거리에서 한라산 북사면 방향으로 산길을 올라가다 보면 11km 되는 지점에 7~8만 년 전 구석기시대에 사람이 살았다는 빌레못동굴(천연기념물 제342호)이 나온다. 빌레못은 화산이 만들어 놓은 평평한 암반 위에 형성된 작은 연못으로 주변에 아름드리 나무들이 자라고 있고 연못 한가운데에는 수련이 자라나 신비스러운 분위기를 자랑한다.

총길이는 11,749m로 미로가 매우 많은 것으로 알려져 일반 여행객들은 입구 주변만 볼 수 있다. 빌레못동굴을 조사한 발굴단에 의하면 7~8만 년 전의 구석기시대 혈거유적지로 황금곰뼈의 화석 외에도 사슴뼈와 이름을 알 수 없는 동물뼈의 화석 및 석기조각 1점, 골각기 1점, 탄화된 숯이 나왔다. 목탄조각과 동물뼈 화석이 한꺼번에 나온 것은 이곳이 처음이어서 세계적으로 자랑할 만한 선사유적지로 각광받고 있다.

테마
테마여행

함께 가면 좋은 사람
가족, 친구

여행 가기 좋은 계절
사계절

● **주소** 제주도 제주시 애월읍 어음리 70 ● **가는 길 | 승용차** 제주공항→고성교차로→유수암교차로→원동교차로→빌레못동굴 | **대중교통** 제주시외버스터미널에서 애월 방면 버스를 이용해 애월읍에서 내려 택시 이용 ● **문의** 064-728-4075 ● **홈페이지** www.jejutour.go.kr(제주도 관광정보) ● **휴무일** 없음 ● **주차장** 있음 ● **먹거리** 보리밥(곤밥&보리밥 064-799-0116)

추천 여행코스

빌레못동굴→애월히물공원→환해장성→애월항→다락빌레

주변 명소

다락빌레

제주시 애월읍 고내리 해안절벽에 배 방향키와 선수 모양의 모형의 전망대가 있는 다락빌레 쉼터는 제주도 애월해안도로에서 빼놓을 수 없는 풍광을 자랑한다.

다락빌레

수월봉

● 제주시

MAP

화산쇄설암으로 형성된 수월봉

세계지질공원으로 선정된 엉알길은 걸작

제주도 서쪽 해안가에 위치한 수월봉(일명 노꼬물오름) 해안절벽 형상은 마치 바다에서 승천하는 용머리 모양이다. 옛 기록에 의하면 제주도의 머리 부분에 위치한다 하여 영산이라고도 불렸다고 한다. 수월봉은 한라산, 성산일출봉, 만장굴, 서귀포층, 천지연폭포, 대포동 지삿개 주상절리, 산방산 용머리해안 등 제주도의 명소들과 함께 유네스코가 인증한 세계지질공원에 선정되었다.

테마
테마여행

함께 가면 좋은 사람
가족, 연인

여행 가기 좋은 계절
사계절

●**주소** 제주도 제주시 한경면 고산리 3763 ●**가는 길 | 승용차** 공항입구삼거리→하귀입구오거리→고산육거리→수월봉 입구 | **대중교통** 제주시외버스터미널에서 한경면 방면 버스 이용 ●**문의** 064-772-3001 ●**홈페이지** geopark.jeju.go.kr(제주도지질공원) ●**휴무일** 없음 ●**주차장** 있음 ●**먹거리** 갈치구이(만덕식당 064-772-3612), 허브햄버거(붉은못허브팜 금능점 064-796-4585)

제주도

고산해안

수월봉 서편 바다 쪽으로 깎아지른 절벽은 제주도 사투리로 엉알길로도 불린다. 엉알길은 큰 바위, 낭떠러지 아래라는 뜻이다. 안개가 가득 낀 날 찾아가면 수월봉 노두형상은 한 마리 거대한 괴물처럼 보여 금방이라도 튀어 나갈 것 같은 기분이 든다.

수월봉은 제주도에 분포하는 여러 오름 중 성산일출봉, 송악산, 소머리오름 등과 더불어 수성화산활동에 의해 형성된 대표적인 화산절벽이다. 해안절벽에 노출된 화산쇄설암의 노두(암석이나 지층이 지상으로 드러난 형태)는 세계적인 수준이며 학술적 가치도 매우 크다.

수월봉은 특히 화쇄난류(화산쇄설물이 화산가스나 수증기와 뒤섞여 사막의 모래 폭풍처럼 빠르게 지표면 위를 흘러가는 현상)라고 불리는 독특한 화산재 운반작용에 의해 쌓인 화산체이다. 이곳의 수성화산분출은 주로 지하수에 의해 야기된 것으로 추정된다. 수월봉 화산쇄설층은 천연기념물 제513호로 지정, 보호되고 있다.

고산리 일대는 당산봉 입구에서 마을로 들이치는 세찬 바람(당목이바람) 때문에 겨울철에도 눈이 쌓이지 않는다. 특히 바닷가에 인접해 있는 수월봉은 바닷바람을 그대로 받는 바람코지(곳)이다. 바람의 영향으로 차귀도 앞바다의 물살은 세기로 유명하다. 수월봉 정상에는 기상관측소가 세워져 있다.

수월봉에서 고산으로 가는 해안길을 형성하고 있는 화산쇄설암층에서는 하늘이 제주도를 위해 선물했다는 용천수가 여기저기서 솟아나와 바다를 향해 흘러내리는 것을 볼 수 있다. 자연이 만들어 낸 신기한 현상에 신의 의미를 부여한 제주도민들은 용천수가 솟아나는 입구마다 거북머리나 용머리가 조각된 조형물을 만들어 놓아 신비한 분위기가 더 느껴진다.

엉알길 해안도로에는 이러한 용천수가 솟아 나와 흘러내리는 곳이 수십 개가 있다. 한라산에 내린 비가 화산암반을 타고 내려 지하를 흘러흘러 이곳 차귀도 해안에서 솟아오르는 자연의 신비가 자못 신기하기만 하다.

추천 여행코스
고산항→차귀도→고산해안도로→수월봉

여행 TIP
고산항에서 차귀도 잠수함을 타기 위한 도항선을 타면 천연보호구역으로 지정된 차귀도의 아름다운 경관뿐 아니라 수월봉에서 이어지는 고산해안의 수려한 경관을 한눈에 볼 수 있다. 차귀도 잠수함을 타고 해저 40m 아래로 내려가면 제주도 푸른 바다 속에서 자라는 산호초를 비롯해서 다양한 해저생물들을 만날 수 있다.

주변 명소
차귀도
차귀도는 독수리 바위가 있는 죽도와 성벽바위가 있는 와도 등 2개의 섬으로 이루어진 무인도이다. 수월봉이 있는 제주도 고산리 해안에서 약 2㎞ 떨어져 있다. 죽도 앞부분에서 제주도를 바라보고 서 있는 독수리 바위는 거대한 독수리가 날개를 접고 죽도를 지키고 서 있는 듯 웅크리고 있는 모습이다. 너무나 자연스러워 진짜 독수리가 변한 것 같은 착각을 일으키게 만든다.

차귀도 잠수함

에코랜드

● 제주시

MAP

기차여행의 낭만에 젖어 볼 수 있는 에코랜드

곶자왈을 달리는 환상의 기차여행

에코랜드는 제주도 최초로 기차선로가 놓여져 기차를 타고 곶자왈을 탐험할 수 있는 테마파크이다. 제주도 자연생태의 보고이자 허파 중 하나인 조천-대흘 곶자왈용암류 지대에 자리 잡고 있다. 곶자왈이란 제주도를 형성한 화산들이 폭발하면서 분출하던 용암들이 바다로 흘러내리다가 미처 흘러가지 못하고 제주도 중산간 지역에 식어 가면서 만들어 낸 화산암지대를 말한다.

테마
테마여행

함께 가면 좋은 사람
가족, 연인

여행 가기 좋은 계절
사계절

●주소 제주도 제주시 조천읍 대흘리 1221-1 ●가는 길 |승용차 제주공항→교래리 입구→미니미니랜드→에코랜드 |대중교통 제주시외버스터미널에서 조천읍 방면 버스 이용 ●문 064-802-8000 ●홈페이지 www.ecolandjeju.co.kr ●휴무일 없음 ●주차장 있음 ●먹거리 도토리묵밥(선흘방주할머니 064-783-1253), 스파게티(사라의정원 070-7773-9631), 손칼국수(교래손칼국수 064-782-9870)

에코랜드

조천 곶자왈은 원시림을 돌아보는 숲속기차여행을 할 수 있는 에코랜드 테마파크이다. 이곳에는 1800년대 증기기관차인 볼드윈 기종을 모델로 하여 영국에서 수제품으로 제작된 링컨기차 등 전기를 동력으로 운행하는 친환경열차가 운행되고 있다.

에코랜드 테마파크 메인역을 출발한 전기기차는 각기 다른 테마를 가진 5개의 역을 돌면서 원하는 역에 하차하여 다음 열차가 올 때까지 자신만의 시간을 가질 수 있는 열린 운행을 하고 있어서 아름다운 추억을 만들기에 좋다. 특히 연인들의 데이트코스로 인기가 있다.

도넛 모양의 에코랜드 메인역은 에코랜드 열차의 시발역이자 종착역으로 매표소, 대합실, 스낵바, 레스토랑, 기념품숍 등 다양한 시설물을 갖추고 있어 방문객들에게 기차여행에 대한 기대감을 안겨 준다.

두 번째 역은 2만여 평 규모의 아름다운 호수에 자리 잡은 에코브리지역으로 그동안 제주도에서 볼 수 없었던 아름다운 호수가 조성되어 있다. 140m의 수상데크를 따라 걸으며 원시림과 호수 그리고 푸른 하늘과 하얀 구름이 만들어 내는 아름다운 하모니를 감상하기에 좋다.

말을 기르던 목장부지였던 넓은 초지를 그대로 이용하여 만들어진 아름다운 호수와 풍차를 바라보는 자리에 만들어진 세 번째 역이 레이크사이드역이다. 호수의 중앙에 자리하고 있는 수상카페, 잔디밭과 호수를 자유자재로 운항하는 호버크래프트, 물을 이동시키는 풍차 등을 보면서 즐거운 시간을 보낼 수 있다.

네 번째 역은 금잔디가 넓게 펼쳐진 피크닉가든역으로 가족이나 연인들이 여유로운 마음으로 소풍하기에 좋은 곳이다. 피크닉가든역 바로 앞에 있는 작은 돌무더기는 용암정원구라고 불리는 희귀한 화산생성물로 점성이 큰 용암이 지표로 솟아올라 멀리 흐르지 못하고 화구 주변에 식어 돔 형태로 굳어진 화산체이다.

마지막 역은 그린티&로즈가든역으로 제주의 오름을 재현한 오름동산과 전망대에서 각종 야생화가 아름답게 어우러진 모습을 차창 밖으로 볼 수 있다.

추천 여행코스

에코랜드→돌문화공원→산굼부리→용눈이오름→비자림

여행 TIP

에코브리지역에서는 두 가지 여행방법이 있는데 하나는 세 번째 역인 레이크사이드역까지 목재데크를 걸어가면서 호수와 주변 경관이 만들어 내는 아름다운 광경을 감상하는 것이고, 두 번째는 기차를 타고 가면서 곶자왈에 자라는 억새의 풍광을 만끽하는 것이다. 피크닉가든역에서는 화산송이가 깔린 에코로드를 거닐면서 천연암반수, 고사리 등 곶자왈의 식생과 특이한 화산생성물들을 볼 수 있는 신책로가 있다.

주변 명소

돌문화공원

제주도에 전해져 내려오는 설문대할망과 오백장군 전설을 메인 테마로 조성된 문화, 전시 공간이다. 에코랜드 맞은편에 있다. 돌하르방, 전통가옥 등 돌과 흙, 나무, 쇠, 물 등을 통한 제주 돌문화의 다양성과 제주민의 생활상 등을 직접 접하고 관람하기에 좋다. 100만 평 부지에 70%는 자연림이고 나머지 30% 지역에 공원을 조성하였는데 이는 우리가 살고 있는 지구가 70%의 바다와 30%의 육지로 형성되어 있는 모습을 형상화시킨 것이라고 한다. (064-710-7731)

돌문화공원

제주도

거문오름·만장굴

● 제주시

MAP

전체 7.4km 구간 중 약 1km 지점까지만 개방되는 만장굴

세계자연유산으로 등재된 오름과 동굴

거문오름 용암동굴계 만장굴은 한라산, 성산일출봉과 함께 세계자연유산으로 등재되었다. 만장굴은 개방 구간이 거의 평평하고 통로 또한 넓은 편이라서 노약자들도 답사하기에 편하다. 총 길이는 약 7.4km에 달하지만 입구에서부터 약 1km 지점까지만 개방하고 있다. 만장굴 내부로 들어가면 용암유선, 용암종유, 용암표석, 규암편, 용암유석, 용암석주(높이 7.6m) 등 다양한 지질 형상을 감상할 수 있다.

테마
테마여행

함께 가면 좋은 사람
가족, 친구

여행 가기 좋은 계절
사계절

●주소 제주도 제주시 구좌읍 김녕리 41　●가는 길 | 승용차 제주공항→조천→김녕미로공원→만장굴 | 대중교통 제주시외버스터미널에서 만장굴 방면 버스 이용　●문의 064-783-4818(용암동굴관리팀)　●홈페이지 geopark.jeju.go.kr(제주도지질공원)　●휴무일 없음　●주차장 있음　●먹거리 오분자기죽(시흥해녀의집 064-782-9230), 도토리묵밥(선흘방주할머니 064-783-1253)

거문오름

만장굴은 약 20~30만 년 전에 거문오름의 화산이 폭발하면서 분출한 용암이 해안까지 무려 7.4km 거리를 이동하면서 만든 용암동굴로 폭은 약 5m, 높이 5~10m 정도이다. 천연기념물 제98호로 지정된 만장굴 내부에는 고드름 같은 용암종유와 동굴 밑바닥에서 솟아올라 온 용암석순 그리고 용암종유와 용암석순이 만나 기둥을 이룬 용암주 등 다양한 용암 생성물을 볼 수 있다.

만장굴을 탐사하다 보면 동굴바닥에 커다란 암반이 떨어진 것을 볼 수 있는데 이는 용암이 동굴 속을 흐르는 동안 천장이나 내층이 용암 위로 떨어져 흘러내리다가 바닥에 굳어 형성된 것으로 용암표석, 용암구라고 불린다. 만장굴에서 발견되는 용암표석 중에 가장 유명한 것이 돌거북바위인데 용암이 녹아서 만들어진 것이라고 믿기 힘들 정도로 그 선이 아름다워 자연이 만들어 낸 걸작품이라고 할 만하다.

용암발가락은 용암표석과는 다르게 상층굴을 흘러가던 용암이 바닥의 무너진 틈 사이로 쏟아져 내려 형성된 생성물로, 생긴 형상이 코끼리 발가락과 유사하다고 하여 용암발가락이라고 불린다. 만장굴 동굴 벽면에는 주름을 잡아 놓은 것처럼 생긴 용암유석의 모습을 볼 수 있는데 이는 용암이 흘러가면서 발생하는 뜨거운 온도에 의해 천장이나 바닥이 녹아 생긴 형상이다. 만장굴의 관람의 압권은 그동안 발견된 용암이 만들어 낸 기둥 중에서 세계 제일이라는 7.6m 크기의 용암석주인데, 개방구간 끝지점에 자리 잡고 있다. 만장굴 아래에는 705m 길이의 김녕굴이 자리 잡고 있는데 원래는 두 동굴이 하나의 동굴이었으나 천장이 붕괴되어 두 개의 동굴로 나뉘어졌다.

지역주민들은 거문오름을 숲으로 덮여 검게 보인다 해서 검은오름이라고도 부른다. 학자들에 의하면 고조선시대 '검은'은 신(神)이란 뜻으로 해석할 수 있어 '검은오름'은 '신령스런 산'이라는 의미를 가진다는 견해도 있다. 만장굴을 품고 있는 거문오름은 화구 중심으로부터 유출된 용암류의 침식계곡이 유선형의 골짜기를 이루며 해송, 삼나무, 측백나무 숲이 약 4km 정도 연속되는 비경지대이다.

추천 여행코스
만장굴→김녕미로공원→김녕해안도로→김녕요트

여행 TIP
거문오름은 탐방 2일 전까지 사전 예약을 해야 한다. 탐방이 허용된 1일 300명(평일, 휴일 구분 없음)에 한해서 오를 수 있다. 거문오름 탐방 예약자들은 탐방시간인 오전 9시~12시(출발시간 기준)전에 탐방안내소(조천읍 선흘2리 470-9)에 도착, 출입증을 받고 해설자의 안내에 따라 탐방을 시작한다.

주변 명소

김녕미로공원
랠란디(Leylandii)나무로 만든 아름다운 김녕미로공원 길에는 붉은 빛이 감도는 화산송이가 깔려 있어 오염된 공기를 정화시키고 인체의 혈액순환을 촉진시킨다. 미로공원의 전체적인 모습은 동서로 누워 있는 제주도의 형태를 나타내며, 랠란디 나무 울타리는 제주 지역의 애니미즘을 표현하는 뱀과 한라산 산야에 방목하는 조랑말을 상징한다. (064-782-9266)

김녕미로공원

다희연

● 제주시

MAP

지하동굴 다원 카페

테마
테마여행

함께 가면 좋은 사람
가족, 연인, 친구

여행 가기 좋은 계절
사계절

● **주소** 제주도 제주시 조천읍 선흘리 600 ● **가는 길 | 승용차** 제주공항→사라동오거리→동마을삼거리→와산리교차로→다희연 | **대중교통** 제주시외버스터미널에서 조천읍 방면 버스 이용 ● **문의** 064-782-0005 ● **홈페이지** www.daheeyeon.com ● **휴무일** 없음 ● **주차장** 있음 ● **먹거리** 활화산돈가스(다희연 064-782-0005)

다희연은 녹차밭과 동굴이 공존하는 여행지이다. 천연 용암동굴 위에 33만 주의 녹차나무가 자라고 그 아래 지하에는 식사도 하고 차도 마실 수 있는 동굴카페가 만들어졌다.

육지에서 산비탈에 조성된 녹차밭을 보다가 제주도에서 끝없이 펼쳐진 평지에 심긴 녹차밭을 보면 색다른 느낌을 받게 된다. 하동이나 보성 녹차밭이 경사진 곳에 있는 것은 바로 물이 잘 빠지도록 하기 위함인데 제주도는 화산암이 물을 바로 흡수하는 토질이라 평지에서도 녹차나무가 잘 자란다. 또 제주도는 기온이 연평균 14℃이고 일교차가 심한 데다 공기 속에 습도가 높아 녹차 재배에 적합하다.

제주도의 녹차 재배지인 다희연은 화학비료와 농약을 일절 사용하지 않는 유기농구역과 농약은 일절 사용하지 않고 천연발효 비료에다 화학비료를 소량으로 투입하는 무농약구역으로 구분하여 녹차밭을 가꾸고 있다.

다희연 녹차밭 지하에는 녹차를 마시면서 여행의 피로를 풀 수 있는 동굴카페가 들어섰다. 용암동굴카페로 가는 길은 작은 연못과 산책로, 동굴통로가 이어져 방문객들에게 작은 추억을 만들어 준다.

추천 여행코스

다희연→선녀와 나무꾼→에코랜드→돌문화공원

주변 명소

선녀와 나무꾼

추억을 테마로 한 공간이다. 옛장터거리, 달동네, 추억의 학교, 민속박물관, 닥종이 인형관, 추억놀이 체험관, 추억의 내무반 등 다양한 추억을 만날 수 있다. (064-784-9001)

선녀와 나무꾼

항몽유적지

● 제주시

MAP

토성과 토성 사이에 난 길

항파두리 항몽유적지는 고려가 원나라에 의해 백여 년의 간섭을 받는 시기에 최후까지 항전을 펼친 역사의 현장이다.

항파두리에는 항몽투쟁을 벌였던 제주 지역의 삼별초가 최후 항전을 위해 쌓았던 고려시대 토성인 항몽유적지가 있다. 이곳은 삼별초 지휘부를 비롯한 핵심세력이 주둔한 항몽투쟁의 주요 거점이었다.

애월읍 하귀 해안가에서 4km 떨어진 안오름과 살장이왓 사이에 자리 잡은 항파두리 토성은 가파른 경사지에 위치해 있고 구시물을 비롯한 제주도의 생명수인 용천수가 솟아나 토성을 쌓을 수 있는 질 좋은 진흙이 있는 곳이었다. 항파두리 토성은 외곽 6km 정도는 진흙으로 쌓은 토성이고 중심부에는 750m 둘레의 정사각형 돌로 쌓은 석성이 자리잡은 이중성 구조였다.

항파두리 주변에는 하귀리, 수산리를 비롯한 규모가 큰 촌락들이 있어 식량과 건축자재 등을 쉽게 구할 수 있고 토성을 쌓을 인력을 동원하기 쉬웠다. 항파두리 토성은 동쪽에 고성천이, 서쪽에 소왕천이라는 깊은 하천이 흘러 해자 역할을 하는 천혜의 요새였다.

테마
문화유산

함께 가면 좋은 사람
가족, 연인, 친구, 학교

여행 가기 좋은 계절
사계절

●**주소** 제주도 제주시 애월읍 고성리 1126-1 ●**가는 길 | 승용차** 제주공항→신광사거리→무수천교차로→항파두리교차로→항몽유적지 | **대중교통** 제주시내에서 항파두리성으로 가는 버스 이용 ●**문의** 064-728-8677 ●**홈페이지** www.jejutour.go.kr(제주도 관광정보) ●**휴무일** 없음 ●**주차장** 있음 ●**먹거리** 말고기(오라성 064-748-3005), 흑돼지오겹살(흑돈가 064-747-0088)

추천 여행코스
환해장성→ 항파두리 항몽유적지→장수물→유수암천

주변 명소

유수암천

유수암리 절산 산자락에 유수암천이 있다. 바위틈을 비집고 올라오는 용천수인 유수암천은 김통정 장군 가족과 고승에 관련된 슬픈 전설이 전해 오는 곳이다.

유수암천

제주도

추사적거지
● 서귀포시

MAP

추사 김정희선생의 발자취를 만날 수 있는 추사적거지

테마
문화유산

함께 가면 좋은 사람
가족, 연인, 친구

여행 가기 좋은 계절
사계절

● **주소** 제주도 서귀포시 대정읍 안성리 1661-1 ● **가는 길 | 승용차** 제주공항→평화로→인성리→추사유배지 **| 대중교통** 제주시외버스터미널에서 대정읍 방면 버스 이용 ● **문의** 064-760-4012(대정읍사무소) ● **홈페이지** cyber.jeju.go.kr(제주도 관광정보) ● **휴무일** 없음 ● **주차장** 있음 ● **먹거리** 고구마피자(피자굽는 돌하르방 064-773-7273)

북학의 대가로 금석문과 서화에 능통해 70평생 벼루 10개를 구멍 내고 천 자루의 붓을 닳게 했다는 추사 김정희가 제주도 유배 시절의 대부분을 보낸 곳이 추사적거지이다.

추사적거지에는 서화의 경지를 유감없이 발휘한 작품인 〈세한도〉를 비롯해서 김정희(1786~1856)가 유배 생활을 하던 초가 네 채가 복원되어 있다. 추사 김정희는 제주도 유배 중 제주도에 사는 선비들에게도 학문과 서예를 가르치는 등 많은 영향을 끼쳐 제주 학문에 일대 혁신의 계기를 부여한 스승이었다.

추사는 영조의 부마도위였던 김한신의 증손이다. 조선 헌종 6년(1840) 55세 되던 해에 안동김씨 세력과의 권력 싸움에서 밀려나 제주도로 유배되었다. 유배 초기에는 포도청의 부장인 송계순의 집에 머물다가 몇 년 뒤 강도순의 집으로 이사하였다. 이 집은 1948년에 헐렸는데 1984년에 강도순 증손의 고증에 따라 다시 지은 것이다.

2011년에는 '추사에게 길을 묻다'라는 주제로 대정읍과 안덕면에 걸쳐 '집념의 길', '인연의 길', '사색의 길' 3개 코스의 추사유배길이 열렸다.

추천 여행코스

추사유배길→추사적거지→유리박물관→오설록

주변 명소

유리박물관
곶자왈지대에 자리 잡은 유리박물관은 은빛 유리 돌하르방을 비롯해서 유리 피라미드 등 다양한 유리 관련 공예품을 전시하고 있는 유리 관련 테마공원이다. (1588-0511)

유리박물관

제주도

김영갑갤러리
● 서귀포시

MAP

고 김영갑 사진작가의 영혼을 만날 수 있는 김영갑갤러리 '두모악'

테마
박물관/미술관/공연관

함께 가면 좋은 사람
혼자

여행 가기 좋은 계절
사계절

●**주소** 제주도 서귀포시 성산읍 삼달리 437-5 ●**가는 길 | 승용차** 제주공항→97번 동부관광도로→성산읍 삼달리 교차로→두모악갤러리 **| 대중교통** 서귀포 시내에서 삼달리행 버스 이용 ●**문의** 064-784-9907 ●**홈페이지** www.dumoak.com ●**휴무일** 매주 수요일 (7, 8월은 휴관일 없음) ●**주차장** 있음 ●**먹거리** 삼겹살(나목도 식당 064-787-1202)

갤러리 입구에 한 남자가 서 있다. 자세히 보니 퀭한 눈에 주홍색 옷을 걸친 조각 작품이다. 허기를 채우려 들판의 당근을 캐 먹었다는 그의 이야기가 떠오른다. 바로 김영갑이다.

김영갑갤러리 '두모악'을 만나면 언제나 삶에 대한 페이소스가 북받쳐 오른다. 제주의 구석구석을 사진에 담았던 고 김영갑(1957~2005)에게 허용된 시간이 고작 20년밖에 되지 못했음이 쓸쓸하기 때문이다.

'두모악'의 김영갑의 작업실은 그가 생전에 쓰던 카메라가 지키고 있다. 김영갑이 찾아냈던 제주의 바람과 노을, 오름들은 사진전시실에 걸려 관람객들에게 진한 감동을 전해 준다. 제주의 자연과 인간 김영갑의 영혼이 하나가 된 작품들이다. 밥값마저 아껴 가며 필름을 사던 그의 열정이 사진 속에 짙게 배어 있다.

'두모악'의 정원은 김영갑이 루게릭병이라는 불치병과 싸우면서도 한 삽 한 삽 일궈 낸 결과물이다. 안타까운 마음에 돌하르방 공원의 사장님은 돌 조각을 가져와 갤러리 마당 곳곳에 놓아 주기도 했다. 늦가을이면 정원 중앙의 앙상한 감나무에 주홍색 홍시감이 매달린다. 김영갑은 감나무 아래 고이 묻혀 있다.

추천 여행코스

김영갑 갤러리→일출랜드→성읍민속마을→용눈이오름

일출랜드
신생대 4기에 생성된 용암굴인 미천굴을 중심으로 조성된 테마파크이다. 성산읍 삼달리에 있다. 만장굴이나 한림공원 못지 않은 경관이 여행객들을 사로잡는다. (064-784-2080)

일출랜드 선인장

207

국립제주박물관

● 제주시

MAP

제주도의 역사와 문화를 살펴볼 수 있는 국립제주박물관

테마
박물관/미술관/공연관

함께 가면 좋은 사람
가족

여행 가기 좋은 계절
사계절

● **주소** 제주도 제주시 일주동로 17 ● **가는 길 | 승용차** 공항→동문로터리→사라봉 오거리→국립제주박물관 | **대중교통** 동문로터리에서 화북 삼양 방향 시내버스 1, 2, 3, 10번 이용 ● **문의** 064-720-8000 ● **홈페이지** jeju.museum.go.kr ● **휴무일** 매주 월요일 ● **주차장** 있음 ● **먹거리** 갈치국(물금식당 064-722-2772)

돌하르방이 입구를 지켜선 국립제주박물관을 들어서면 중앙홀 천장을 메운 스테인드글라스가 먼저 눈길을 잡는다. 탐라 개국신화인 삼성신화, 삼다도(돌, 바람, 여자)를 표현하고 있다.

국립제주박물관 중앙홀에 있는 제주읍성 디오라마는 숙종 28년 (1702)《탐라순력도》에 그려진 제주읍성의 모습과 1990년 이후 제주목 관아터의 발굴 조사를 토대로 재현해 놓은 것이다. 탐라순력도는 제주목사 겸 병마수군절제사로 부임한 이형상이 제주 관내 순시를 비롯해 한 해 동안 거행했던 여러 행사 장면을 제주목 화공 김남길로 하여금 그리게 한 다음 매 화폭의 하단에 간결한 설명을 적고 '호연금서'라는 이름의 그림 한 폭을 곁들여 꾸민 총 41폭의 화첩이다.

선사실에서는 화산섬 제주의 탄생부터 첫 제주인의 정착과정에 대해 탐라실에서는 제주만의 독특한 문화가 완성되고 꽃을 피웠던 탐라 시대를 보여 준다. 고려실에서는 한반도의 통일왕국 고려와 탐라가 하나의 나라가 되면서 새로운 변화를 맞이하는 제주의 문화를 보여 준다. 화려한 도자문화의 유입과 융성했던 불교문화, 아시아의 거국에 당당히 맞서 싸웠던 대몽항쟁의 역사도 생생하게 볼 수 있다.

추천 여행코스

용두암→용연계곡→국립제주박물관→북촌돌하르방

주변 명소

북촌돌하르방

제주도의 상징인 돌하르방은 제주민의 수호신으로 장소와 형태에 따라 형상과 의미가 다양하다. 북촌돌하르방에는 김남흥 원장이 직접 조각한 48기의 돌하르방이 전시되어 있다. (064-782-0570)

북촌돌하르방

제주민속자연사박물관

● 제주시

MAP

제주도의 민속과 자연에 대한 자료가 풍부한 제주민속자연사박물관

테마
박물관/미술관/공연관

함께 가면 좋은 사람
가족

여행 가기 좋은 계절
사계절

● **주소** 제주도 제주시 삼성로 46 ● **가는 길 | 승용차** 제주공항→오라오거리→남성로오거리→민속자연사박물관 **| 대중교통** 제주공항 36, 500번 버스 이용, 제주항 출발 92번 버스 이용 ● **문의** 064-710-7708 ● **홈페이지** museum.jeju.go.kr ● **휴무일** 설날, 추석 ● **주차장** 있음 ● **먹거리** 오메기떡(몰랑몰랑 064-752-2231)

거친 바다와 매서운 바람에 맞서 싸우면서 살아온 불굴의 개척정신과 특유의 미풍양속인 삼무정신, 조냥정신 등 제주도의 민속과 자연에 관한 자료를 모아 놓은 곳이다.

제주도민속자연사박물관은 1984년에 개관했다. 제주도 내에 산재해 있는 고고민속 자료와 자연사 자료 등 총 3만 7천 8백여 점의 자료를 수집 소장하여 제주도 민속과 자연사의 체험학습장이라고 할 수 있다.

자연사전시실은 제주의 자연사 자료를 전시하고 있는 곳으로 크게 지질암석전시장, 육상생태관으로 나뉜다. 지질암석전시장에는 제주의 형성 과정과 화산분출 장면을 비롯해 패류화석, 새발자국화석, 만장굴 축소모형 등이 전시되어 있다. 육상생태관은 해안습지대, 상록활엽수림대, 초원지대, 낙엽수림대, 침엽수림대, 고산관목림대까지 모두 6개 영역으로 구분하여 동식물 표본 등을 종합적으로 전시한다.

민속전시실은 제주 변천사와 제주인의 일생에 관련된 자료가 전시된 제1민속전시실과, 제주의 생산·생업을 주제로 한 제2민속전시실로 나뉜다. 해양종합전시관은 제주도 바다에서 나는 다양한 수산물에 대해서 배울 수 있는 장소이다.

추천 여행코스

제주민속자연사박물관→삼성혈→연혼포→혼인지

주변 명소

삼성혈

삼성혈은 탐라왕국의 모태가 된 삼신인이다. 즉 제주도 고씨·양씨·부씨의 시조가 바다를 통해 들어왔다는 3개의 구멍을 말한다. 한자의 '품(品)'자 모양으로 배치되어 있다. (064-722-3315)

삼성혈

제주도

이중섭미술관

● 서귀포시

MAP

이중섭 화가의 작품들을 감상할 수 있는 이중섭미술관

천재 화가의 예술혼에 취하다

'소를 그린 천재 화가'라는 수식어가 늘 따라붙는 이중섭을 만나러 가는 길. 바라보는 눈동자마저 말끔히 씻길 것만 같은 푸른 바다가 있고 쏟아져 내리는 물소리가 귓속까지 밀려올 듯한 정방폭포가 가까운 서귀포의 이중섭 거리로 들어선다. 거리 감상에 흠뻑 취하는가 싶더니 볏짚을 덥수룩하게 이고 있는 오두막집 앞에 닿는다. 6·25전쟁 동안 이중섭의 네 식구가 피난 내려와 살았던 집이다.

테마
박물관/미술관/공연관

함께 가면 좋은 사람
연인, 친구

여행 가기 좋은 계절
사계절

●**주소** 제주도 서귀포시 서귀동 532-1 ●**가는 길 | 승용차** 서귀포시청→수모루→이중섭미술관 **| 대중교통** 서귀포 시내에서 이중섭미술관 방향 버스 이용 ●**문의** 064-733-3555 ●**홈페이지** jslee.seogwipo.go.kr ●**휴무일** 월요일, 설날, 추석 ●**주차장** 있음 ●**먹거리** 돌솥밥(대우정 064-733-0137)

이중섭

평안도 출신인 이중섭 화가는 6·25전쟁 중인 1951년 1월부터 12월까지 제주도에서 피난 생활을 했다. 이중섭이 살았던 서귀포시 서귀동 일대에는 화가의 예술혼을 되살리기 위해 이중섭 거리가 조성되었고, 2002년에는 이중섭 미술관도 문을 열었다.

이중섭 거리 입구 가로등에는 이중섭의 작품인 〈울부짖는 소〉, 〈세 가족〉, 〈바닷가의 아이들〉 등이 걸려 있다. 가로등에 걸린 조형물을 감상하면서 언덕길을 올라 자그마한 오두막 앞에 발길이 머문다. 피난시절에 가족들과 세들어 살던 집이다. 그들이 살던 곳은 겨우 한 평 반 남짓한 단칸방이다. 지금 빈방을 지키는 것은 화가의 사진 한 장과 그가 쓴 〈소의 말〉이라는 시 한 수뿐이다. 이 시는 외롭고 서글픈 그의 삶을 대변해 주는 것 같아 보는 이의 마음을 애달프게 한다.

이중섭 미술관은 서귀포 바다가 훤히 내려다보이는 언덕에 위치해 있다. 서귀포는 바닷게, 물고기, 소 등 이중섭이 작품의 모티프를 많이 얻었던 곳이다. 미술관 앞에서 시원한 바다를 바라보며 그의 작품 〈섶섬이 보이는 풍경〉을 떠올려 본다.

미술관 1층에는 〈푸른 게〉, 〈선착장이 내려다보이는 풍경〉을 비롯한 작품들과 은지화 몇 점이 전시되어 있다. 이중섭은 전쟁 중에 종군화가로 참여했는데 그림을 그릴 종이가 없어서 미군이 먹고 버린 초콜릿 포장지에다 그림을 그렸다. 후에 담뱃갑 속의 은지 위에 철필로 그린 은지화는 이중섭만의 독특한 기법이다.

이외에도 가족들에게 보낸 엽서화가 눈에 띤다. 이중섭은 일본에 있는 가족을 그리워하며 쓴 엽서 귀퉁이에 빼곡히 그림을 그렸다. 이 엽서화를 그리면서 많은 습작을 했다고 한다. 엽서 사연을 찬찬히 읽다 보면 가족을 그리는 절절함 때문에 가슴이 먹먹해진다.

이중섭 거리는 주말이면 자동차 없는 거리로 변신한다. 비보이 공연, 콘서트, 초상화 그리기 같은 문화 행사가 이곳에서 열린다. 이중섭 거리는 제주 올레6코스의 일부에 속한다. 이곳을 지나는 올레꾼들은 천재화가의 그림을 감상하기 위해 발걸음을 재촉한다.

추천 여행코스

이중섭미술관→정방폭포→기당미술관

여행 TIP

이중섭미술관에서는 미술관 해설사의 설명을 들을 수 있다.

주변 명소

기당미술관

기당미술관은 '제주화가' 중 하나로 손꼽히는 변시지 화가의 작품을 전시하고 있는 미술관이다. 화가의 사촌인 기당 강구범 선생이 사촌형을 위해 건립한 시립미술관으로 서귀포시에서 한라산을 마주 보는 자리에 있다. 변시지는 어릴 때 제주도를 떠나 일본에서 머물렀다. 그는 어린 시절의 기억을 더듬으며 황토빛 색채로 제주의 풍경과 바람, 말을 특유의 화법으로 표현했다. (064-733-1586)

기당미술관

오설록뮤지엄

● 서귀포시

MAP

테마
박물관/미술관/공연관

함께 가면 좋은 사람
가족, 연인, 친구

여행 가기 좋은 계절
사계절

차밭 풍경을 감상하면서 녹차를 마시기에 좋은 오설록뮤지엄

● **주소** 제주도 서귀포시 안덕면 서광리 1235-3 ● **가는 길 | 승용차** 동광검문소 육거리→동광마트→오설록뮤지엄 | **대중교통** 제주시외버스터미널에서 안덕면 방면 버스 이용 ● **문의** 064-794-5312~3 ● **홈페이지** www.osulloc.co.kr ● **휴무일** 없음 ● **주차장** 있음 ● **먹거리** 녹차케이크, 녹차아이스크림(오설록 티하우스 064-794-5312~3)

아모레퍼시픽에서 운영하는 오설록 서광다원은 1983년 24만 평의 부지에 조성되었다. 끝없이 펼쳐진 녹차밭 너머로 한라산이 바라보이는 풍광은 한 폭의 그림이다.

거대한 용들이 도열하듯 녹차나무가 심겨 있는 오설록 서광다원에는 국내 최대 규모의 차 종합 전시관인 오설록 티 뮤지엄이 자리 잡고 있다. 추사 김정희가 차를 가꾸었던 제주도에 세워진 제주 오설록 티 뮤지엄은 시공을 초월한 문화공간, 자연친화적인 휴식공간, 차문화를 이해하는 체험공간으로 꾸며져 있다.

세계의 차문화를 이해하기 위한 세계의 찻잔, 브랜드스토리, 덖음차 공간, 티 숍, 티 클래스, 티 하우스, 야외테라스 등 차와 관련된 다양한 시설들이 차에 대한 이해와 친밀감을 높여 준다.

이곳은 제주도의 도순다원, 서광다원, 한남다원과 전남의 강진다원 총 4곳의 설록 직영다원에서 친환경으로 재배한 품질 좋은 녹차를 공급한다. 전통차에 현대적 감각을 더해 새로운 차문화를 이끌어 가는 오설록 티 하우스는 녹차로 만든 퓨전 메뉴들을 통해 맛과 함께 아름다움까지 누릴 수 있는 웰빙 코드의 새로운 미각 체험도 제공한다.

추천 여행코스

추사적거지→오설록 서광다원→신화레저

주변 명소

신화레저

신나게 달리면서 제주도의 자연을 만끽할 수 있는 산악자동차이다. 거린오름, 북오름, 밝은오름 사이에 자리 잡은 신화레저에 가면 체험할 수 있다. (064-792-8188)

신화레저

안덕-화순곶자왈

● 서귀포시

MAP

제주도 생태숲의 보고인 안덕곶자왈

테마
박물관/미술관/공연관

함께 가면 좋은 사람
가족, 친구

여행 가기 좋은 계절
사계절

● **주소** 제주도 서귀포시 안덕면 상창리 2770 ● **가는 길 | 승용차** 제주공항→경마장교차로→광명교차로→동광1교차로→대병악 **| 대중교통** 제주시외버스터미널에서 안덕 방면 버스 이용 ● **문의** 064-772-5611 ● **홈페이지** www.gotjawal.com(곶자왈사람들) ● **휴무일** 없음 ● **주차장** 있음 ● **먹거리** 성게보말국(중앙식당 064-794-9167)

곶자왈은 제주도 자연의 걸작품이다. 서귀포시 안덕면 병악오름에서 시작하여 논오름을 지나 화순리 방향으로 용머리해안까지 분포하고 있는 곶자왈이 안덕-화순곶자왈이다.

안덕면 상천리 마을 서쪽 무악오름 앞에는 대병악오름(492m)과 소병악오름(473m)이 서로 마주 보며 솟아 있어 두 오름을 합쳐 병악(쌍둥이) 또는 제주방언으로 골래기라고 부른다. 대병악오름은 정상이 뭉툭하게 튀어나와 여자의 얹은머리 모양으로 같다고 하여 여진머리오름 또는 큰오름이라 부르고 소병악오름은 족은오름이라고도 한다. 논오름은 오름 정상에 논이 있다고 붙여진 이름인데 정상에 올라서면 산방산을 비롯한 안덕곶자왈이 펼쳐지는 장관을 볼 수 있다. 상창리 숲길을 따라가면서 우회전하여 서광동리 교차로 방향으로 올라가면 화순곶자왈생태탐방숲길을 만날 수 있다. 삼나무데크산책로, 송이산책로, 자연곶자왈길, 쉼터, 평상 등이 곶자왈 생태숲 체험을 즐겁게 해 준다.

곶자왈에는 제주에서 최초로 발견된 제주산 양치식물인 제주고사리삼, 한국 미기록종인 창일엽과 제주암고사리, 환경부지정 보호야생식물인 개가시나무 등 다양한 식물이 자라고 있다.

추천 여행코스

병악→논오름→상창리숲길→화순곶자왈생태숲길→산방산→다빈치뮤지엄

주변 명소

다빈치뮤지엄

화가이자, 과학자이며 발명가이자 자연주의자 였던 레오나르도 다빈치의 천재적 작품들을 만날 수 있는 전시관인 다빈치뮤지엄이 제주도 안덕에 자리한다. (064-794-5115)

안덕계곡

제주도

제주올레

● 서귀포시

MAP

올레 7코스에 있는 일작지해변

놀멍 쉬멍 걸으멍, 제주도 걷기 여행

서귀포시 성산읍 시흥리에서 성산일출봉을 지나 광치기해변까지 이어지는 올레1코스가 2007년 열린 뒤로 석 달에 한 개 정도씩 코스가 늘어났다. 현재는 남쪽 해안을 돌아 제주시까지 이어지는 18코스에 21개의 올레길이 만들어졌다. 마을 안으로 이어지는 작은 길이라는 뜻을 가진 '올레'는 걸어서 여행하는 이들을 위한 길로 끊어진 길을 잇고, 잊힌 길을 찾고, 사라진 길을 불러내어 사단법인 제주올레가 제주도민들과 함께 만들어 가는 길이다.

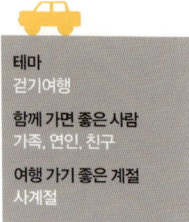

테마
걷기여행

함께 가면 좋은 사람
가족, 연인, 친구

여행 가기 좋은 계절
사계절

● **주소** 제주도 서귀포시 성산읍 시흥리~제주시로 이어지는 올레길 ● **문의** 064-762-2190 ● **홈페이지** www.jejuolle.org ● **휴무일** 없음 ● **주차장** 있음 ● **먹거리** 갈치국(물항식당 064-755-2731), 흑돼지오겹살(킹흑돼지 064-748-8577)

17코스 이호해변

푸른 바다와 오름, 돌담, 곶자왈, 방사탑 등 제주의 자연과 마을을 돌아보는 올레길에는 '간세'라고 불리는 조랑말 형태의 상징이 있다. 이 길은 걸으면서 아름다운 풍광을 느끼는 여행이기 때문에 기본적인 체력을 준비하고 자신의 체력에 맞는 일정을 선택해야 한다.

1코스는 성산읍 시흥리에서 성산일출봉을 지나 광치기해변까지 이어지는 길이다. 1-1코스는 섬 속의 섬 우도를 돌아보는 길이다. 2코스는 광치기해변에서 온평으로 이어지는 제주 동부 해변을 돌아보는 길이다. 3코스는 온평에서 표선으로 이어지는 중산간 길이다. 4코스는 표선에서 남원 코스로 해안과 오름으로 이어진다. 5코스는 남원에서 쇠소깍 코스로 바당올레와 마을길로 이어지는 길이다. 6코스에서는 쇠소깍에서 외돌개 서귀포의 문화와 생태를 접할 수 있다. 7코스는 외돌개에서 월평으로 이어지는, 올레인들이 사랑하는 자연생태길이다. 7-1코스는 월드컵경기장에서 외돌개까지 이어지는 남쪽 바닷길이다. 8코스는 월평에서 대평으로 이어지는 주상절리와 흐드러진 억새가 일품인 해안길이다. 9코스는 대평에서 화순으로 이어지는 안덕계곡길로 제주의 원시 모습을 볼 수 있다. 10코스는 화순해변에서 하모리해변으로 이어지는 해안길이다. 10-1코스는 가파도 올레길이다. 11코스는 모슬포에서 무릉으로 이어지는 삶과 죽음이 공존하는 길이다. 12코스는 무릉에서 용수로 이어지는 해안을 따라 제주시로 올라가는 첫 길이다. 13코스는 용수에서 저지로 이어지는 숲 속 올레의 시작을 알리는 길이다. 14코스는 저지에서 한림으로 이어지는 고요한 올레길이다. 14-1코스에서는 저지에서 무릉으로 이어지는 무성한 숲의 생명력을 느낄 수 있다. 15코스는 한림의 바다에서 출발해 중산간의 마을과 밭, 오름을 돌아보는 길이다. 16코스는 고내에서 광령으로 이어지는 작은 오솔길과 바다가 맞닿은 길이다. 17코스는 광령에서 산지천까지 이어지는 제주시해안의 시원한 숲길이다. 18코스는 산지천마당에서 조천 만세동산까지 이어지는 제주시 해안길이다. 18-1코스는 추자도 올레 바다와 산봉우리가 어우러진 매혹적인 길이다.

추천 여행코스

올레1코스→올레18코스→도두항 제주유람선을 타고 제주시 야경 여행

여행 TIP

올레 코스는 10~20km의 거리로 구성되어 있어 코스에 따라 도보로 3시간에서 6시간 정도 소요된다. 각 올레코스에는 자원봉사로 활동하는 올레지기들이 여행자들의 도우미로 활동하고 있다. 제주올레 홈페이지에 가면 제주올레에 관한 정보가 수록되어 있고 제주공항 1층 제주올레 안내소에서 올레길 관련 자료와 패스포트를 구입할 수 있다.

주변 명소

도두항 제주유람선

제주시 도두항을 출항하는 제주유람선 미르호를 타면 아름다운 제주시 해안도로와 밤바다 야경을 볼 수 있다. 해안도로 카페촌에서 불빛이 바다에 어른거리는 위로 한라산과 제주공항을 오르내리는 비행기도 낭만적이다. 용두암, 용연계곡 야경, 탑동광장 야경, 제주항 야경을 돌아보면서 로맨틱하고 낭만적인 크루즈 밤배놀이를 즐겨보자.

제주유람선

곽금8경

● 제주시

MAP

용천수가 흐르는 곽지과물해변

초등학생들이 만들어 낸 올레길

제주시 애월읍 곽지리와 금성리의 아름답고 의미 있는 장소를 제주도 곽금초등학교 학생들이 고사리 손으로 찾아냈다. 그 특별한 장소 하나하나에 이름이 붙었고 곽금8경이라는 새로운 올레길이 만들어졌다. 곽지리는 선사유적인 곽지패총이 발견될 정도로 풍요롭고 아름다운 풍광 속에 오랜 세월 사람들이 살아 오던 곳으로 고려와 조선시대에는 탐라의 17현 중 하나인 곽지현이 있었던 곳이다.

테마
걷기여행

함께 가면 좋은 사람
가족, 연인, 친구

여행 가기 좋은 계절
사계절

●**주소** 제주도 제주시 애월읍 일주서로 6000　●**가는 길 | 승용차** 제주공항→신광사거리→외도교→애월읍사무소→곽금초등학교 **| 대중교통** 제주시외버스터미널에서 애월 방면 버스 이용　●**문의** 064-799-0020(곽금초등학교)　●**홈페이지** www.jejutour.go.kr(제주도 관광정보)　●**휴무일** 없음　●**주차장** 있음
●**먹거리** 고등어회(사형제횟집 064-796-8709), 대합죽(곽지과물해변 상가식당)

유지부압

소가 누운 형상을 한 곽지리와 금성리의 올레길은 자연생태교육을 하던 곽금초등학교 5학년 어린이들에 의해 발견되었다. 총 길이 약 11km의 곽금 올레길은 곽금8경을 따르는 길이다.

곽금8경은 1경-곽악삼태(과오름과 주변경관), 2경-문필지봉(문필봉과 솥바리), 3경-치소기암(소로기통 바위와 주변경관), 4경-장사포어(곽지과물해변 주변 고기잡이), 5경-남당암수(남당머리와 용천수), 6경-정자정천(정짓내의 경관), 7경-선인기국(윗동네가 바둑 두는 형국), 8경-유지부압(버들못에 철새가 노는 모습) 여덟 가지이다.

곽금올레 코스는 과오름, 곽지과물해변 등 곽지마을을 둘러볼 수 있는 코스(5.1km)와 금성리 뒷동산과 정자천으로 이어지는 금성마을 코스(5.8km)로 이루어져 있다.

곽금8경의 유지부압은 제주올레길 제15코스인 버들못로와 같은 장소로 곽지리 상동 사람들이 소나 말에게 물을 먹이기 위해 만든 연못이었는데 현재는 보호수생식물인 창포 군락의 자생지이자 맹꽁이의 서식지이다. 돌담길과 어울려 아름다운 풍광을 자랑하는 곳이다.

원담과 포구가 있는 진모살에서 멸치잡이 풍광을 나타내는 곽금4경 장사포어는 곽지과물해변으로 금빛 해변가 여기저기에서 맑고 시원한 용천수가 솟아 나온다. 평균 수온 22℃ 정도를 유지하는, 제주도에서 가장 시원한 해수욕장이다. 곽지과물해변의 용천수를 석경감수라고 부르는데 석경은 우물 위치 지명이고 감수는 물맛이 좋다는 뜻이다.

곽지과물해변의 용천수는 곽지리에 사람이 살기 시작했다고 알려진 2,000년 전부터 식수로 사용되었다. 가뭄에는 이웃마을인 납읍리, 어음리, 어도리, 원동리 등 화전마을까지 부녀자들이 물허벅(물을 담는 토기)을 물구덕(대나무로 만든 바구니)에 넣어 등에 지고 이 물을 길어다 식수로 사용했다고 한다. 이 과물은 제주도 내 여름철 해수욕장 중 유일한 용천수이다. 용천수 샤워를 위해 곽지과물 노천탕이 만들어졌다.

추천 여행코스

곽금8경→납읍난대림→한림공원→차귀도→수월봉

여행 TIP

한담해안산책로의 출발점인 한담공원전망대는 곽지(한담) 해안산책로에서부터 곽지과물해변까지 이어지는 해안을 한눈에 볼 수 있는 명소이다. 곽금5경 남당암수(남당머리와 용천)는 용천수빨래터에서 언덕길을 올라선 다음 해안가로 뻗어 나간 바위해안 끝자락에 자리 잡고 있는데 이곳 일몰은 알려지지 않은 비경이다.

주변 명소

납읍난대림

제주시 서부 지역 평지에 남아 있는 유일한 상록수림으로 학술적 가치가 높아 천연기념물로 지정하여 보호되고 있다. 납읍난대림은 온난한 기후대에서 자생하는 식물들이 숲을 이루고 있는데 숲길, 목재데크 등이 있어 가벼운 산책을 하거나 연인들의 데이트 장소로 좋은 곳이다. 숲 안에는 시도무형문화재 제6호로 지정된 납읍리마을제를 지내는 포제단이 있다. 해마다 이곳에서 포제를 지낸다.

납읍난대림

사려니숲길

● 제주시

MAP

여러 개의 오름과 계곡으로 연결괴는 사려니숲길

오름으로 올라갈까, 계곡으로 들어갈까

이름에 걸맞게 참으로 아름다운 숲길이다. 한라산 중산간, 해발 500~600m에 위치한 사려니 숲길은 완만한 평탄지형으로 주변에는 물찻오름, 말찻오름, 괴평이오름, 마은이오름, 거린오름, 사려니오름 등과 천미천계곡, 서중천계곡 등이 연결되어 있다. 한 번이라도 이 길을 걸어 본다면 왜 이곳이 사진 촬영지로 사랑받는지 그 이유를 단박에 알 수 있다.

테마
걷기여행

함께 가면 좋은 사람
가족, 연인

여행 가기 좋은 계절
사계절

●**주소** 제주도 제주시 조천읍 교래리 137-1 ●**가는 길 | 승용차** 제주공항→한라생태숲→교래입구교차로→삼나무길→물찻오름 입구 | **대중교통** 제주 시내에서 교래리 방면 버스 이용 ●**문의** 064-710-2395 ●**홈페이지** www.jejutour.go.kr(제주도 관광정보) ●**휴무일** 없음 ●**주차장** 있음 ●**먹거리** 닭샤브샤브(성미가든 064-783-7092)

삼나무길

제주도 한라산 중산간을 돌아가는 5·16도로(1131번)와 1112번 비자림로가 만나는 교래입구교차로 삼거리에서 교래사거리 정도까지 이어지는 도로는 길가뿐만 아니라 숲 속까지 삼나무가 빽빽이 들어차 원시림을 방불케 한다. 그래서 이곳을 찾는 이들은 자연의 품에 안긴 듯한 착각에 빠지게 된다.

제주도를 여행하다 보면 감귤밭 울타리나 돌담 주변 방풍림으로 하늘을 향해 우뚝 솟은 삼나무를 많이 볼 수 있다. 이처럼 제주도에 삼나무가 많이 자라는 것은 생육조건인 연평균기온 12~14℃, 강우량 3,000mm와 맞아 떨어지기 때문이다.

비자림로를 가득 메우듯 서 있는 삼나무숲길을 달리다 보면 끝없이 이어질 것 같은 삼나무와 바람에 실려 오는 삼나무향에 이끌려 자기도 모르게 차를 세우게 된다. 삼나무 하나하나를 둘러보듯이 길을 내려가다 보면 삼나무 숲길 중간에 물찻오름으로 들어가는 표지판이 보이는데 이곳에서 사려니숲길이 시작된다.

사려니숲길은 제주시 봉개동 절물오름 남쪽 비자림로에서 물찻오름을 지나 서귀포시 남원읍 안남리 사려리오름까지 이어지는 약 15km의 숲길을 말한다. 전형적인 온대산지인 사려니숲길에는 졸참나무, 서어나무가 자생하는 가운데 산딸나무, 때죽나무, 단풍나무 등이 자생하고 있어 다양한 식물을 볼 수 있다.

물찻오름으로 이어지는 숲길은 사려니숲길 중에서도 으뜸이다. 교래리숲길에서 물찻오름까지 이어지는 5km 구간은 2009년 제10회 아름다운 숲 전국대회 '숲길' 부문에서 아름다운 어울림상을 수상했다. 2002년에는 유네스코 생물권 보존지역으로 지정되었고 2007년에는 유네스코 세계자연유산으로 등재되어 학술적인 가치는 물론 천혜의 경관을 국제적으로 인정받았다. 산정화구호에 물이 연중 넘실거려 물이 괸 오름이라는 뜻을 가지고 있는 물찻오름에는 돌이 성처럼 쌓여 있다.

추천 여행코스

비자림로→사려니숲길(물찻오름)→산굼부리→돌문화공원

여행 TIP

물찻오름은 교래리와 남원, 표선 3개 읍면의 경계선이 마주치는 자리에 위치한다. 사려니숲길 구간에는 지역 경계에 따라 제주시와 서귀포시에서 숲 해설사가 안내를 해 준다.

주변 명소

산굼부리

산굼부리 분화구는 용암을 거의 분출하지 않고 폭발에 의하여 패여서 만들어진 분화구이다. 이런 식의 분화구는 우리나라에서 하나밖에 없다. 지름과 깊이가 백록담보다 크지만 물은 고이지 않고 화구벽의 현무암 자갈층을 통해 바다로 흘러나간다. '마르'라고 불리는 화구호로 천연기념물 제263호로 지정되어 보호되고 있다. 산굼부리를 유명하게 만든 것은 가을이면 오름을 하얗게 수놓는 억새밭이다. 〈연풍연가〉의 무대가 된 이후 여행객들이 즐겨 찾는다. (064-783-9900)

산굼부리

제주도

한라산
● 제주시

MAP

한겨울의 한라산 백록담

제주도가 곧 한라산이다

한라산은 화산섬 제주도의 중심에 자리 잡은 원뿔형의 순상화산이다. 정상에 백록담이라 불리는 거대한 호수가 형성되어 있다. 한라산 백록담을 중심으로 한 산록지대는 1966년에 천연기념물 제182호(한라산천연보호구역)로 지정되었고 1970년에 국립공원으로 지정되었다. 2007년 유네스코가 선정한 세계자연유산에 등재되었고 세계지질공원에 선정되기도 했다.

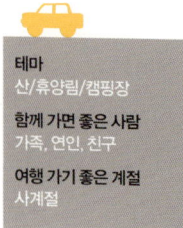

테마
산/휴양림/캠핑장
함께 가면 좋은 사람
가족, 연인, 친구
여행 가기 좋은 계절
사계절

●주소 제주도 제주시·서귀포시 한라산 ●가는 길 | 승용차 제주시와 서귀포시 중문동을 잇는 1139번 도로(1100도로)를 이용(어리목·영실 탐방로). 제주시와 서귀포시를 잇는 1131번 도로(5·16도로)를 이용(성판악 탐방로) | 대중교통 제주시외버스터미널에서 성판악행이나 어리목행 버스 이용 ●문의 064-713-9950~3(어리목), 064-725-9950(성판악), 064-747-9950(영실), 064-756-9950(관음사), 064-710-6920~3(돈내코) ●홈페이지 geopark.jeju.go.kr(제주도지질공원) ●휴무일 없음 ●주차장 있음 ●먹거리 흑돼지오겹살(킹흑돼지 064-748-8577), 말고기(오라성 064-748-3005)

한라산의 새벽

한라산은 은하수를 이룰 만큼 높은 산이라 해서 붙여진 이름으로 지리산, 방장산과 함께 신들이 살던 삼신산이다. 설문대할망과 오백장군을 비롯한 수많은 전설과 신화가 전해져 신화의 섬 제주도의 중심을 이루는 신성스러운 산으로 많은 이들의 사랑을 받는다.

해발 1,950m로 남한에서 가장 높다. 정상부의 백록담 분화구, 영실기암의 가파른 암벽과 약 40여 개의 오름 등 제4기 화산활동으로 수많은 현무암 또는 조면암질 용암들로 형성된 화산지질 및 화산지형과 더불어 독특한 생태계와 생물의 다양성을 보여 준다.

한라산 정상에 화산 폭발로 생성된 호수인 백록담은 선녀들이 하늘에서 내려와 노닐고 흰 사슴을 탄 신선이 내려와서 물을 마셨다는 전설이 전해 오는 산정호수로 화구륜의 능선 둘레는 대략 1.7km, 호수 깊이가 110m나 되는 거대한 호수이다.

한라산 정상인 백록담으로 오르기 위해서는 동쪽 코스인 성판악 탐방로와 북쪽 코스인 관음사 탐방로 중 골라서 올라가야 하는데 숙영을 할 수 없기에 아침 일찍 출발해서 해가 지기 전에 하산해야 한다.

성판악 탐방로는 길이가 9.6km에 이른다. 대부분이 숲길로 이루어진 완만한 구간으로 편도 4시간 30분이 소요되는데 해가 짧은 겨울에는 12시에 진달래밭대피소에서 입산 통제를 하기 때문에 정상에 올라가서 백록담을 보기 위해서는 아침에 일찍 출발해야 한다.

관음사 탐방로는 8.7km에 이르며 계곡과 오름 등 다양한 코스로 이루어졌으나 5시간 정도가 소요될 정도로 힘든 코스여서 성판악으로 올랐다가 관음사로 내려가는 하산로로 많이 이용된다.

제주도 전설에 의하면 사냥꾼의 화살을 맞은 해님이 화가 나서 한라산 정상을 발로 차 버렸는데 그 윗부분이 날아가서 사계리 해안에 떨어져 산방산이 되고 움푹 패인 부분이 백록담이 되었다고 한다.

제주시 오라동의 들렁귀에는 한라산을 오르는 아치형의 입구가 자리잡고 있는데 방선문, 환선대라 부르며 신선들을 만날 수 있는 곳으로 한라산에 전해 오는 수많은 전설이 서린 곳 중 한 곳이다.

추천 여행코스

성판악 탐방로→진달래밭대피소→한라산백록담→관음사 탐방로→어리목 탐방로→어승생악

여행 TIP

한라산으로 오르기 위해서는 어리목 탐방로, 관음사 탐방로, 성판악 탐방로, 영실 탐방로, 돈내코 탐방로 등 다섯 곳의 등산로 중에서 일정과 가고자 하는 장소를 비교해서 미리 계획을 잡아야 한다.

주변 명소

어승생악

한라산의 오름 중에서 가장 짧은 시간에 올라가 시간 가까운 곳에서 한라산의 장관을 볼 수 있는 곳이 어승생악이다. 정상에 올라서서 한라산 방향으로 쳐다보면 중앙에 자리 잡은 한라산을 비롯하여 큰두레왓, 장구목, 윗세오름, 만세동산, 사제비동산, 민대가리오름, Y계곡, 작은두레왓, 어리목등산로입구, 망체악, 삼형제오름, 노로오름 등 1,000m가 넘는 산봉우리들이 병풍처럼 둘러서 있는 장관에 감탄사가 절로 터져 나온다.

어승생악

용눈이오름

● 제주시

MAP

용눈이오름의 아름다운 전경

테마
산/휴양림/캠핑장

함께 가면 좋은 사람
가족, 연인, 친구

여행 가기 좋은 계절
사계절

● **주소** 제주도 제주시 구좌읍 종달리 28 ● **가는 길 | 승용차** 제주공항→손자봉→용눈이오름 **| 대중교통** 제주시외버스터미널에서 구좌읍 방면 버스 이용 ● **문의** 064-710-3314 ● **홈페이지** www.jejutour.go.kr(제주도 관광정보) ● **휴무일** 없음 ● **주차장** 있음 ● **먹거리** 회국수(해녀촌 064-783-5348), 멸치국수(춘자국수 064-787-3124)

용이 누워 있는 모습이라고 해서 용눈이라고도 하고 정상에서 보면 분화구 부분이 용이 누웠던 자리처럼 보인다고 해서 용눈이오름이라고 부르기도 한다.

용눈이오름은 두모악갤러리에 걸린 사진작가 고 김영갑의 사진을 보고 반한 사진작가들과 여행블로거, 여행자들이 찾기 시작하면서 제주도 오름 60선에 오를 정도로 유명해졌다. 입구에서 평탄하게 시작되는 산책로를 따라 용눈이오름으로 올라가다 보면 약간의 오르막길이 시작되는 곳부터는 비나 눈길에 미끄러짐을 방지하기 위해 놓인 고무재질의 계단이 놓여 있어 올라가는 길을 편하게 만들어 준다.

용눈이오름 정상에 올라서면 북쪽으로 비자림을 품고 있는 돝오름을 시작으로 다랑쉬오름(월랑오름), 아끈다랑쉬오름, 동쪽방향의 윤드리오름, 큰왕메오름을 비롯해서 저 멀리 성산일출봉과 우도까지 한눈에 보여 오름에 오르는 즐거움을 느끼게 해 준다.

전체적으로 잔디와 함께 풀밭을 이루는, 전형적인 제주 오름의 모습을 가지고 있는 용눈이오름은 산 정상의 높이가 247.8m, 둘레가 2,685m이며 지피식물인 미나리아재비, 할미꽃 등이 자생하고 있다.

추천 여행코스

용눈이오름→다랑쉬오름→다랑쉬동굴→다랑쉬마을→비자림

주변 명소

다랑쉬오름

다랑위오름은 산봉우리의 분화구가 마치 달처럼 둥글게 생겨서 월랑봉이라고도 불린다. 다랑쉬오름 위로 보름달이 떠 있는 모습은 손꼽히는 경관이다.

다랑쉬오름

비양도

● 제주시

MAP

비양도 정상을 지키고 있는 비양도 등대

테마
바다/섬/계곡

함께 가면 좋은 사람
연인, 친구

여행 가기 좋은 계절
봄, 여름, 가을

● **주소** 제주도 제주시 한림읍 협재리 ● **가는 길 | 승용차** 제주공항→애월항→한림항 | **대중교통** 제주시에서 한림 방면 버스 이용, 한림항에서 비양도행 정기여객선 이용 ● **문의** 064-796-7522(한림항대합실), 064-796-2730(비양리사무소) ● **홈페이지** www.jejusi.go.kr(제주시청) ● **휴무일** 연중무휴 ● **주차장** 한림항에 있음 ● **먹거리** 보말죽(호돌이 식당 064-796-8475)

비양도는 한라산을 어미라고 불러도 좋을 만큼 어린 섬이다. 고려시대에 화산 폭발로 생겨난 섬이기 때문이다. 비양도 일주도로는 3.5km 정도라서 걷기여행 지로 사랑받는다.

에메랄드 빛 바닷물이 환상적인 제주도 서부의 협재해변에 서서 바다 건너편을 바라보면 예쁜 섬 하나가 수평선에 걸린 채 어서 오라고 손짓한다. 그 섬이 바로 비양도이다. 한림항에서 15분 정도 배를 타고 가면 비양도 선착장에 닿는다.

해안길을 걸으면 현무암 사이로 부딪치는 파도소리가 가까이 들린다. 여름철이라면 길가에는 연분홍 갯메꽃들이 피어난다. 선착장에 내려서 시계 반대 방향으로 걷다 보면 아담한 비양분교를 지나면 펄랑 못이다. 못 주변으로 목재데크가 만들어져 발걸음이 편하다. 비양도의 절경은 해안가의 기암들이 빚어낸다. 해변길을 따라 줄지어 선 돌조각들 사이로 애기업은바위, 코끼리바위 등이 장관이다.

비양도 정상의 등대 탐방도 해 볼 만하다. 비양봉민박집을 지나 목재데크 길을 오르면 전망대가 나타난다. 여기서 잠시 쉬었다가 정상으로 오른다. 하얀 등대 하나가 비양도 정상을 홀로 지키고 있다.

추천 여행코스

비양도→협재해변→한림공원→월령리 선인장 군락지

주변 명소

월령리 선인장 군락지

한림읍의 갯마을인 월령리에 선인장 군락지가 있다. 이곳에 선인장이 자생하기 시작한 것은 약 200년 전, 머나먼 남국에서 해류에 떠밀려 와 갯바위 틈에 뿌리를 내린 뒤부터이다.

월령리 선인장 군락지

우도

● 제주시

MAP

검멀레해변 입구에서 본 우도봉

제주도 동쪽 바다에 누워 있는 소

제주도 동쪽 해안, 성산일출봉 동쪽 바다 2.8km 해상에 위치한 우도는 소가 누워 있는 형상이라 하여 소섬 또는 쉐섬으로 불리다가 북제주군 우도면으로 승격되면서 우도로 불리게 된 섬 속의 섬이다. 신생대 제4기 플라이스토세에 화산 활동의 결과로 만들어진 화산섬이다. 숫자로 보면 남북 길이 3.53km, 동서 길이 2.5km, 해안선길이 17km, 우도봉 해발 132m의 높이이다.

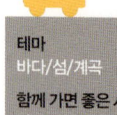

테마
바다/섬/계곡

함께 가면 좋은 사람
가족, 연인, 친구

여행 가기 좋은 계절
사계절

●**주소** 제주도 제주시 우도면 ●**가는 길** | **승용차** 제주공항→성산포항→우도 | **대중교통** 성산항여객선터미널에서 1시간 간격으로 운항하는 여객선 이용(자동차 탑재 가능), 우도 내부 교통수단 / 자가용, 관광버스, 마을버스, 스쿠터, ATV, 자전거 ●**문의** 064-728-4330(우도면사무소) ●**홈페이지** cyber.jeju.go.kr(제주도 관광정보) ●**휴무일** 없음 ●**주차장** 있음 ●**먹거리** 보말손칼국수(해광식당 064-782-0234)

우도 선착장

우도는 제주도의 동쪽 바다 속에서 화산이 폭발하면서 분출하여 만들어졌다. 우도는 우도등대 동쪽으로는 급경사를 이루며 동안경굴 같은 해식동굴이 발달하였고, 북쪽으로는 완만한 경사를 이루면서 대부분 지역이 고도 30m 이하의 평탄한 지형을 이룬다.

우도의 대표적인 관광지 우도8경은 1983년 연평중학교에 재직하던 김찬흡이 발굴하여 명명하였다. 주간명월, 야항어범, 천진관산, 지두청사, 전포망도, 후해석벽, 동안경굴, 서빈백사이다.

제1경 주간명월은 우도봉의 남쪽 기슭 해식동굴에 정오가 되기 전에 천장에 비치는 햇빛이 달이 뜨는 모습처럼 보인다 하여 붙여진 이름이다. 제2경 야항어범은 여름밤이 되면 고기잡이 어선들이 무리를 지어 우도의 바다를 불빛으로 밝히는 광경을 일컫는다.

제3경 천진관산은 우도 관문인 동쪽 천진항에서 바라보는 한라산의 아름다운 경관에 붙여진 이름이다. 제4경 지두청사는 우도의 가장 높은 우도봉에서 한눈에 내려다보이는 우도의 풍광과 구릉을 초록으로 물들이는 푸른 잡초 물결이 바다까지 이어질 듯한 풍광이다.

제5경 전포망도는 우도로 가는 배를 타는 항구 중 하나인 종달항에서 우도를 바라보면 동쪽으로 솟아 있는 우도봉에서 시작한 형상이 서쪽 기슭을 따라 평평하게 섬의 중앙부로 이어지다가 섬의 서쪽 끝 수평선과 합쳐지면서 바다로 잠기어 버리는 모양이다. 이곳에서 바라보면 우도가 소가 누워 있는 형상이라는 것을 알 수 있다.

제6경 후해석벽은 차곡차곡 석편을 쌓아 올린 듯 가지런하게 단층을 이루고 있는 높이 약 20m, 폭 약 30m의 석벽이 직각으로 절벽을 이루고 침식된 우도봉 기암절벽이다.

제7경 동안경굴은 커다란 고래가 살았다는 이야기가 전해 오는 우도봉 영일동 앞 검은 모래가 펼쳐진 검멀래 모래사장 끄트머리 절벽 아래 콧구멍이라고 하는 동굴을 말한다. 제8경 서빈백사는 우도 서쪽 바닷가에 홍조류와 홍조단괴가 해빈의 주요 구성 퇴적물을 형성하여 눈이 부실 정도로 하얀 백사장을 말한다.

추천 여행코스

고망난돌→지미봉→성산항→우도→성산일출봉→섭지코지

여행 TIP

천진해변의 하얀 모래사장은 이현승이 감독하고 전지현, 이정재가 출연한 영화 〈시월애〉에서 전지현이 이정재를 만나기로 약속하며 떠나간 장소로 나온다. 또 박흥식 감독이 연출하고 전도연, 박해일, 고두심이 출연한 영화 〈인어공주〉는 전체 분량의 65%를 우도에서 촬영했다. 우도등대가 있는 소머리오름으로 올라가는 입구에는 김성중 감독이 연출하고 최지우, 조한선, 최성국, 서영희가 출연한 영화 〈연리지〉의 무대가 되었던 연리지나무 형상의 조형물이 세워져 있다.

주변 명소

고망난돌

구좌-성산 해안길을 달리며 제주도의 푸른 하늘과 바다를 즐기다 보면 철새도래지인 용왕포를 지나 지미봉자락이 흘러내린 바닷가에 기묘하고 오묘한 용암바위들이 서 있는 종달고망난돌쉼터를 만나게 된다. 고망난돌이라는 뜻은 구멍난돌이라는 뜻의 제주사투리이다. 화산 폭발과 함께 흘러나온 뜨거운 용암이 차가운 바다와 만나 만들어낸 작품이다.

고망난돌

마라도

● 서귀포시

MAP

마라도 최남단비에서 바라본 마라도성당과 등대

우리나라 최남단에 자리 잡은 고구마 형태의 섬

마라도는 마치 거대한 고구마가 바다 위에 떠 있는 듯 타원형의 형태를 하고 남북으로 길게 드러 누워 있는 섬이다. 제주도에서 남쪽으로 약 11km 떨어져 있으며 한국의 최남단에 해당한다. 처음에는 가파도 가파리에 속했으나 1981년 4월 1일 마라리가 되었다. 마라도를 가기 위해서는 도선이나 유람선을 타야 하는데 서귀포시 대정읍 하모리에 위치한 모슬포항이나 대정읍 상모리 송악산 선착장에서 도항선에 승선하면 30분 정도 후 마라도에 도착한다.

테마
바다/섬/계곡

함께 가면 좋은 사람
가족, 연인, 친구

여행 가기 좋은 계절
사계절

●**주소** 제주도 서귀포시 대정읍 가파리 ●**가는 길** | **승용차** 제주공항→서부관광도로→모슬포항 | **대중교통** 모슬포항에서 삼영호 모슬포1호(064-794-3500), 대정읍 상모리 송악산 선착장에서 송악산호(064-794-6661) ●**문의** 064-760-4012(대정읍사무소) ●**홈페이지** cyber.jeju.go.kr(제주도 관광정보) ●**휴무일** 없음 ●**주차장** 없음 ●**먹거리** 보말손칼국수(옥돔식당 064-794-8833), 해물짜장면 (원조마라도해물짜장면집 064-792-8506)

마라도성당

북위 33° 06′에 자리한 마라도에 사람들이 살기 전까지 제주 특유의 나무절구인 '남방애'를 만들 수 있을 정도로 나무밑둥이 굵은 나무가 울창했다. 그러나 1883년 김씨, 나씨, 한씨 세 성의 사람들이 들어와 불을 놓아 화전을 만들면서 삼림지대가 모두 훼손되었다.

마라도 선착장에 도착하면 자장면집 건물들이 제일 먼저 보이는데 그중에서 원조집은 마라도 섬 안으로 좀더 걸어 들어가서 마라도 분교 대각선 방향 길 왼편에 위치한 원조마라도 해물짜장면집이다.

마라도 선착장에서 내려서 마라도를 한 바퀴 둘러보는 데는 1시간 정도면 충분하다. 마라도 남쪽 해안 끝인 동경 120° 16′ 3초″, 북위 33° 66′ 81″ 지점에 최남단을 알리는 기념비가 세워져 있어 우리나라에서 관광객이 갈 수 있는 마지막 지점임을 실감나게 해 준다. 마라도에서 배를 타고 남쪽으로 더 내려가면 상상의 섬으로 알려져 온 종합해양과학기지가 있는 이어도가 나온다.

마라도 남쪽 끝을 돌아 섬 동쪽 방향으로 가다 보면 언덕 위에 마라도 등대가 보인다. 세계 각국의 해도에 제주도는 표기되어 있지 않지만 마라도의 등대는 표기되어 있을 정도로 바다를 운항하는 데 중요한 방향추 역할을 하는 곳이다.

마라도 동쪽 해안은 태평양의 거센 파도에 침식되어서 이곳 사람들이 '그정'이라고 부르는 수직 절벽을 이루고 있는데 그 높이가 무려 39m에 이른다. 그곳에 자라는 백년초와 억새는 섬을 더욱 신비롭게 한다. 등대를 돌아 배를 내렸던 선착장이 있는 북쪽 해안으로 다시 돌아오면 섬 가장자리의 가파른 절벽과 기암, 남대문이라 부르는 해식터널, 해식 동굴 등 마라도의 손꼽는 경승지를 볼 수 있다. 마라도는 섬 전체가 현무암 덩어리로 되어 있어서 해식동굴이 발달했다.

마라도는 패류, 해조류, 연체류 등 수산물의 최적 서식지이기 때문에 제주도 어느 해안보다 해산물이 풍부하다. 전복, 소라, 해삼, 성게, 미역, 톳 등이 많이 나며, 특히 봄여름에 잡히는 마라도산 자리돔이 예부터 유명하다.

추천 여행코스

모슬포항→마라도→가파도→송악산

여행 TIP

마라도 북쪽 해안에는 주민들이 하늘에 있는 수호신이 강림하는 곳이라 여기는 애기업개에 대한 전설이 깃든 '할망당(처녀당)'이 있다.

주변 명소

가파도

모슬포와 마라도 사이에 위치한 가파도는 '물결이 더한다'는 의미를 지닌 '더우섬'으로 불리다가 후에 한자어로 기록하면서 '가파도'라 불리기 시작했다. 동인도 회사 소속 네덜란드의 하멜 일행이 상선 스페르베르호를 타고 일본 나가사키로 가던 중 폭풍을 만나 조선 효종 4년(1653)에 표류했던 곳이다. 서귀포시 안덕면 사계리 산방산 아래의 용머리해안 입구에는 '하멜의 표착기념비'가 세워져 있다.

가파도

제주도

용머리해안·산방산

● 서귀포시

MAP

태평양의 파도가 쉼없이 달려드는 용머리해안

거대한 용이 바다를 향해 달린다

제주도 서쪽 해안의 산방산 주차장에 도착해 바다를 내려다보면 안덕면 사계리 해안에 바다를 향해 달려드는 거대한 용 한 마리의 형상을 볼 수 있다. 산방산 용머리해안은 한라산, 성산일출봉, 만장굴, 서귀포층, 천지연폭포, 대포해안 주상절리, 수월봉 등 제주도의 명소들과 함께 유네스코가 인증한 세계지질공원에 선정되었다.

테마
바다/섬/계곡

함께 가면 좋은 사람
가족, 연인

여행 가기 좋은 계절
사계절

●**주소** 제주도 서귀포시 안덕면 사계리 181-1 ●**가는 길 | 승용차** 제주공항→한전아파트→덕수삼거리→산방산(굴산) | **대중교통** 제주시외버스터미널에서 산방산행 버스 이용 ●**문의** 064-794-2940 ●**홈페이지** geopark.jeju.go.kr(제주도지질공원) ●**휴무일** 없음 ●**주차장** 있음 ●**먹거리** 해물탕(순천미향 064-792-2004), 성게보말국(중앙식당 064-794-9167)

산방산

용머리해안 탐방로는 항상 파도가 넘나들어 이끼나 물기가 많기 때문에 바닥이 미끄럽다. 그러므로 조심하면서 절벽 안쪽으로 이동해야 한다. 용암이 제주바다로 흘러내리다가 거센 파도와 부딪쳐 형성된 해안절벽인 용머리해안은 바다가 넘실대는 바윗길을 빙 돌아 탐방을 하는 것이기에 파도가 심한 밀물시간이나 비바람이 치는 날에는 출입을 통제한다. 따라서 출발 전에 관리사무소에 전화를 걸어 출입여부를 확인하고 찾아가는 것이 좋다.

수증기의 폭발적인 팽창으로 용암이 지표면으로 솟아오른 용머리해안은 화쇄난류에 의해 퇴적된 해안절벽이다. 용머리해안을 돌아보면 거대한 사암층의 절벽이 웅장하게 서 있는 모습을 볼 수 있다.

제주도에는 용머리해안에 관련된 전설이 내려온다.

"옛날에 천하를 통일한 진나라의 시황제가 지리서를 보고 탐라섬에 왕기의 맥이 있어 제왕이 태어날 것을 두려워했다. 풍수사 호종단을 파견하여 구좌읍 종달리에서부터 맥을 끊어 오다가 산방산에 도착했다. 용머리해안을 보니 태평양으로 나가려고 기세를 떨치는 기운이 보였다. 이에 용머리를 내리쳐 맥을 끊어 버리자 검붉은 피가 솟구쳐 오르면서 우르릉 우르릉 신음소리를 토하며 구슬프게 울었다."

용머리해안 바닷가에서 뒤를 돌아보면 거대한 오름 하나가 버티고 서 있는 모습이 여행객을 압도한다. 제주도 한라산의 뚜껑이라는 전설이 전해 오는 산방산이다. 설문대할망의 아들인 오백장군 중 한 명이 하늘을 향해 화살을 쏘았는데 이에 화가 난 하늘님이 한라산 정상을 발로 차 버렸다. 그 윗부분이 날아가서 사계해안에 떨어졌는데 그게 바로 산방산이라는 이야기이다. 거대한 종모양처럼 생긴 산방산은 용머리해안 퇴적층과 이어져 있는 조면암질 용암원정구로 345m 높이의 오름 전체가 하나의 용암덩어리로 이루어졌다. 제주도의 오름 중에서 가장 오래된, 약 70~80만 년 전에 화산의 폭발로 만들어진 기생화산이다.

추천 여행코스

화순해변→ 용머리해안→하멜표류선→산방산→생각하는 정원

여행 TIP

'산 속의 굴'이라는 뜻의 이름에서 알 수 있듯이 산방산 남측면에 바다를 향해 입을 크게 벌리고 선 해식동굴이 있다. 산방굴과 산방산은 영주10경 중 하나이고 이곳에서 나는 용천수는 제주8대 명수 중 하나이다. 산방산에서 용머리해안으로 내려가는 계단 초입에 봉수대의 일종인 산방연대가 보이며 용머리해안 오른편에는 하멜표류기로 잘 알려진 스페르베르호의 모형이 세워져 있다.

주변 명소

생각하는 정원

생각하는 정원은 제주도의 황무지를 개간해서 1968년부터 밀감, 정원수, 양돈장, 관엽식물, 분재 등을 재배하던 곳이다. 1992년에 국내 최초의 사설 분재 공원으로 개원했다. 30~250년 수령의 희귀수목 100여 종과 2,000여 점의 분재와 정원수들이 돌담, 연못, 돌다리, 야자수, 인공폭포 등과 조화를 이루며 전시되어 있다. 희고 굵은 줄기가 비틀린 채 휘어진 향나무, 수령 250년된 괴불나무와 산당화, 적송, 주목, 해송, 심산해당, 매화나무, 모과나무, 혹느릅나무 등을 볼 수 있다. (064-772-3701)

생각하는 정원

제주도

천지연폭포
● 서귀포시

MAP

서귀포의 대표적 여행 명소 가운데 하나인 천지연폭포

용암과 퇴적층이 빚은 제주폭포의 대표선수

서귀포항 인근에는 세 가지 보물이 있다. 첫째와 둘째는 천지연폭포와 새섬이다. 최근에는 독특한 형태의 해안지층이 발견됐다. 그 진가가 알려져 지리명에 우리나라 지역 이름이 들어갈 정도로 세계적으로 인정받은 서귀포층이 바로 세 번째 보물이다. 천지연폭포 계곡에는 천연기념물 제27호 무태장어가 서식하고, 천연기념물 제163호 담팔수나무가 자생하고 있어 주가를 드높이고 있다.

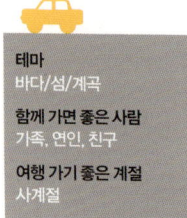

테마
바다/섬/계곡

함께 가면 좋은 사람
가족, 연인, 친구

여행 가기 좋은 계절
사계절

● **주소** 제주도 서귀포시 서홍동 666-1 ● **가는 길** | **승용차** 중문관광단지→서귀포항→천지연폭포 | **대중교통** 서귀포시내에서 택시를 이용 ● **문의** 064-733-1528 ● **홈페이지** geopark.jeju.go.kr(제주도지질공원) ● **휴무일** 없음 ● **주차장** 있음 ● **먹거리** 회정식(서귀포수산마트 064-733-8280), 흑돼지바베큐(바이킹바베큐 064-739-0670)

제주도

천지연폭포

서귀포 시가지까지 움푹 들어간 해안절벽 아래 하늘과 땅이 만나서 만들어진 연못이 있다. 천지연이라고 불리는 이 연못으로 떨어지는 하얀 물기둥을 가리켜 천지연폭포라고 부른다. 비가 내려 강수량이 많을 때는 높이 22m, 폭 12m에 이르는 천지를 뒤흔드는 굉음이 울리면서 바다로 쏟아진다.

천지연폭포는 지금보다 바다에 더 가까운 곳에 위치해 있었는데 오랜 시간에 걸친 침식으로 점점 계곡 안쪽으로 깎여 들어와 오늘날처럼 바다에서 V자형으로 움푹 들어온 형태가 만들어진 것으로 추정된다. 천지연폭포의 하층부를 이루고 있는 해양퇴적층 위로 화산 폭발로 흘러온 용암이 덮이면서 윗부분은 단단한 용암층이, 아랫부분은 쉽게 깎여 나가는 서귀포층이 자리 잡게 되었다. 오랜 기간에 걸친 하천침식에 의해 상대적으로 약한 부분인 서귀포층이 깎여 나가면서 현재와 같은 폭포와 웅덩이가 만들어지게 된 것이다.

천지연폭포에서부터 새섬이 바라보이는 지점에 이르는 광범위한 해안절벽에서 40m 두께로 노출되어 있는 지층이 서귀포층이다. 서귀포층을 더 자세히 가까운 곳에서 보려면 새연교가 놓여진 새섬과 마주 보고 있는 해안절벽을 찾아가면 좋다.

서귀포층 패류화석은 우리나라에서 유일한 신생대 플라이스토세 초기의 해양퇴적층으로 서흥동 해안절벽을 따라 두께 36m, 길이 약 1km에 걸쳐 서흥동 707번지에서 763-1번지까지 노출되어 있다.

연체동물화석을 비롯하여 완족류, 유공충, 개형충, 성게, 해면, 산호, 상어이빨, 고래뼈 등 다양한 해양동물화석이 산출되고 있는 서귀포층은 1923년 요코하마교수에 의해 학계에 소개되었으며 1930년 하라구치교수에 의해 서귀포층이라는 이름의 지층으로 명명되었다. 서귀포층은 시준화석인 제주송곳고둥의 모식지로 유명하며 북륙가리비, 밤색무늬조개류가 특징적이고 100만 년 전 동북아시아 지역의 고해양 환경을 연구하는 데 매우 중요한 장소이다. 학술적 희귀성과 가치가 인정되어 천연기념물로 제195호로 지정, 보호되고 있다.

추천 여행코스

외돌개→쇠소깍→천지연폭포→새섬→서귀포칠십리공원

여행 TIP

중국 진시황이 중국을 통일하고 장수를 누리기 위해 서시를 대장으로 하는 동남동녀 천 명을 동방으로 보냈는데 서귀포를 지나가면서 '서시과북'이라고 정방폭포 절벽에 새겼다는 데서 유래했다는 전설이 전해온다. 서귀포 칠십리에 걸쳐 다양한 자연경관이 여행자들의 발길을 이끈다.

주변 명소

새섬과 새연교

서귀포 내항과 새섬을 연결하는 다리인 새연교는 제주의 전통 고기잡이배인 테우를 형상화해 건설된 인도교(길이 169m)이다. 국내 최초의 외줄 케이블 형식을 도입한 편측 사장교로 밤이 되면 아름다운 야경이 펼쳐져 많은 여행객의 발길을 이끈다. 새섬은 초가집 지붕을 잇는 억새라의 '새'라는 풀이 많이 생산되어 그런 이름을 얻었다. 높이 17.7m의 바위섬으로 새연교가 건설되기 전에는 썰물 때에만 건너갈 수 있었다.

새섬–새연교

돈내코 · 쇠소깍

● 서귀포시

MAP

원앙폭포 등의 비경이 숨어 있는 돈내코계곡

청정수가 만들어 낸 계곡과 폭포가 어우러진 곳

제주도 한라산 백록담 서북벽에서 흘러내리던 청정수가 선작지왓과 방애오름으로 갈래갈래 흩어져 흘러내리다가 산벌음계곡 아오라지에서 하나로 합해져 흐른다. 한라산 백록담 남쪽 웃방애를 서쪽으로 두고 남쪽으로 흘러내리던 지류와 다시 합수하여 영천천이라는 이름을 얻어 바다를 향해 치달리다가 만들어 내는 계곡이 바로 돈내코 계곡이다. 제주인들의 여름 피서지로 사랑을 듬뿍 받는다.

테마
바다/섬/계곡

함께 가면 좋은 사람
가족, 연인, 친구

여행 가기 좋은 계절
사계절

●**주소** 제주도 서귀포시 상효동 1459 ●**가는 길 | 승용차** 중문관광단지→탐라대학교사거리→제7산록교→돈내코원 | **대중교통** 서귀포 시내에서 돈내코계곡 방면 버스 이용 ●**문의** 064-733-1584 ●**홈페이지** www.jejutour.go.kr(제주도 관광정보) ●**휴무일** 없음 ●**주차장** 있음 ●**먹거리** 분작뚝배기(대우정 064-733-0137)

쇠소깍

화산섬이라는 특성으로 인해 지하로 흘러내리던 청정수는 한라산 산록인 중산간, 비밀의 숲인 곶자왈 그리고 해안가 등 다양한 지역에서 용천수로 샘솟는다. 그 수가 무려 900여 군데에 달한다.

1987년에 한국자연보호협회 등이 공동으로 선정한 '한국 명수 100선'에는 서귀포시 상효동 돈내코계곡을 필두로 제주시 애월읍 하물, 제주시 도두동 오래물, 제주시 건입동 금산물, 제주시 외도동 수정사지, 서귀포시 색달동 천제연, 서귀포시 서홍동 지장샘 등 제주도에서 8곳이 포함됐다.

돈내코라는 지명의 유래는 다음과 같다. 예전에는 이 지역에 멧돼지들이 많이 살았으며 계곡으로 찾아와 물도 먹고 목욕도 했다. 돈내코는 처음에는 제주도 방언으로 돗내코라 불렸는데 돗내코의 '돗'은 '도새기'의 돼지를, '내'는 하천을, '코'는 입구를 뜻한다. 훗날 '돈내코'로 정착됐다. 이 계곡의 핵심은 돈내코 탐방로 입구에서 1115번 도로를 가로질러 돈내코유원지 옆으로 난 목재데크를 따라 20여 분 걸어가다 보면 나오는 원앙폭포이다.

원시의 분위기가 살아 숨 쉬는 계곡에 원앙소가 형성되어 있다. 높이 5m의 바위절벽이 둘러싸는 형상 속에 사이좋게 흘러내리는 두 개의 폭포가 원앙폭포이다. 백중날(음력 7월 보름)에 이 물을 맞으면 신경통이 사라지고 연인들은 사랑이 이루어진다는 속설이 전해 온다.

돈내코계곡을 흘러내리던 영천천의 청정수는 영천오름 앞에 이르러 사라오름에서 흘러내리는 계곡과 만나 효돈천으로 그 이름이 바뀐다. 건천과 작은 소가 이어지면서 제주도 남쪽 바다를 향해 흘러내리던 효돈천이 제주도 서귀포시 하효동의 효례교를 지나 잠시 숨을 고른다. 하효항을 2~3백m 남겨 두고 용암 바위절벽 아래에서 바닷물과 용천수가 만나서 깊은 물을 간직하고 있는 호를 만들었는데 이곳이 쇠소깍이다. 쇠소깍은 그 형상이 소가 누워 있는 모습이어서 쇠둔이라 불리다가 쇠소깍이라고 붙여졌는데 '쇠'는 소, '소'는 작은 호수(연못), '깍'은 끝이라는 의미를 담고 있다.

추천 여행코스

돈내코계곡→원앙폭포→효돈천→쇠소깍→외돌개

여행 TIP

원앙폭포를 중심으로 맑은 청정수가 흘러내리는 돈내코계곡은 한라산 남쪽 근처인 시오름과 선돌 사이의 상록수림과 함께 천연기념물 제191호로 지정되었다. 난초과의 상록다년생 풀인 제주도의 한란이 자랄 수 있는 북쪽 한계선으로 해발 400m 일대에는 희귀식물인 한란과 겨울딸기가 자생하는 것으로도 유명하다. 쇠소깍에서는 제주도 전통 뗏목인 테우와 누드보트를 타면서 계곡을 둘러볼 수 있다.

주변 명소

외돌개

서귀포 칠십리 해안가 삼배봉 자락이 바다에 잠기면서 형성된 기암절벽의 바로 앞으로 우뚝 솟은 20m 높이의 돌기둥이 외돌개이다. 어찌 보면 외로움을 타는 듯한 모습처럼 보이는 외돌개는 고기잡이 나간 할아버지를 기다리다가 바위가 된 할머니의 애절한 전설이 깃들어 있어 '할망바위'라고도 불린다. 고려 말 최영 장군이 목호의 난 때 제주도를 강점했던 반란군을 토벌할 때 외돌개를 장대한 장수로 치장시켜 놓아 '장군석'이라고 부르기도 한다.

외돌개

섭지코지

● 서귀포시

MAP

드라마나 영화의 단골 촬영 무대인 섭지코지

섭지코지는 성산일출봉처럼 원래는 섬이었으나 모래가 퇴적하여 제주도와 연결된 육계도이다. 남쪽 해안절벽에는 주상절리와 해안절벽, 화산송이해변이 발달되어 있다.

섭지코지는 바다로 돌출된 특성으로 인해 연대탑, 봉수대 등 예부터 해안감시초소가 설치되었다. 지금은 조랑말들이 여유롭게 풀을 뜯어먹고 있는 모습을 만날 수 있는데 봄이면 노란 유채꽃이 평원을 뒤덮어 푸른 바다와 어울려 아름다운 풍광을 만들어 낸다. 섭지코지와 제주도를 연결해 주는 모래다리 역할을 하고 있는 신양섭지코지해변은 곶부리가 둥글게 해변을 감싸고 있어 호수와 같이 잔잔한 바다로 인해 보드세일링을 즐기기에 적합하다. 독특한 형태와 아름다운 풍광을 간직하고 있어 〈단적비연수〉, 〈이재수의 난〉, 〈천일야〉, 〈올인〉 등 영화와 드라마 촬영지로 인기가 높다. 대한민국 최초의 드라마 기념관인 올인하우스는 영원한 사랑 올인, 사랑의 오르골, 수연이야기, 인하이야기, 올인시네마, 올인의 꿈으로 구성되어 있다. 지상 1층 전시관에는 올인 탄생의 주역과 숨겨진 이야기, 제작현장의 소품에 이르기까지 드라마 〈올인〉에 나온 것들을 두루 만나 볼 수 있다.

테마
바다/섬/계곡

함께 가면 좋은 사람
가족, 연인, 친구

여행 가기 좋은 계절
사계절

● **주소** 제주도 서귀포시 성산읍 고성리 ● **가는 길 | 승용차** 제주공항→함덕→성산→섭지코지 **| 대중교통** 제주시외버스터미널에서 성산포 방면 버스 이용 ● **문의** 064-760-4251 ● **홈페이지** www.jejutour.go.kr(제주도 관광정보) ● **휴무일** 없음 ● **주차장** 있음 ● **먹거리** 갱이죽(섭지해녀의집 064-782-0672), 허브비빔밥(허브동산 064-787-7362)

추천 여행코스
성산일출봉→섭지코지→연혼포→혼인지→허브동산

주변 명소

제주허브동산
허브들이 만들어 내는 향그러운 허브 향에 취하는 곳이다. 2만 6천 평의 규모로 150여 종의 허브와 야생화들이 향기를 뿜어내고 다양한 허브 제품과 수제햄버거, 허브비빔밥은 또 다른 즐거움을 준다. (064-787-7362)

제주허브동산

조천 - 구좌해안길

● 제주시

MAP

코발트 빛 바다와 하얀 모래가 이국적인 김녕해안

조천읍 신촌교차로에서 조천항구로 진입하는 왼쪽 길로 접어들어 조천항과 함덕서우봉해변을 지나 김녕해변, 세화해변으로 이어지는 길은 환상의 해안 드라이브코스이다.

신촌교차로에서 해안길로 접어들면 조천포구, 신흥포구, 함덕서우봉해변, 서우봉오름으로 이어지는 해안 드라이브 코스를 만난다. 함덕리에서 잠시 1132번 지방도로 나왔다가 다시 동복입구교차로에서 기분 좋은 해안길이 이어진다. 함덕서우봉해변은 오른편에 자리한 서우봉오름이 파도를 막아 준다. 수심이 얕은 모래밭이 500m까지 펼쳐지는 해변으로 여름이면 야간에도 해수욕장이 개장된다. 김녕항 못 미쳐서 나오는 목지섬은 바다의 불로초라고 불리는 천연 톳이 자생하는 목지어장이 있는 곳이다. 새하얀 모래사장이 아름다운 김녕해변은 코발트 빛의 깨끗한 바다와 질 좋은 모래가 눈을 즐겁게 해 준다. 김녕해변을 지나 월정리로 가는 길에는 풍력발전기가 제주도 전설에 나오는 오백장군의 현신처럼 든든해 보인다. 구좌읍의 세화해변은 잘 알려지지 않은 조그마한 해변으로 제주도민들이 많이 찾는다. 해안길을 달리다가 보는 해변, 항구, 목지섬, 토끼섬 등은 경치가 아름답다.

테마
드라이브

함께 가면 좋은 사람
연인, 친구

여행 가기 좋은 계절
사계절

● **주소** 제주도 제주시 조천읍, 구좌읍 ● **가는 길 | 승용차** 제주공항→조천항→함덕해변→김녕해변 | **대중교통** 제주시외버스터미널에서 구좌읍 방면 버스 이용 ● **문의** 064-728-7773 ● **홈페이지** www.jejutour.go.kr(제주도 관광정보) ● **주차장** 있음 ● **먹거리** 전복죽(동김녕해녀횟집 064-783-4986)

추천 여행코스
조천항→함덕서우봉→김녕요트→김녕해변→세화해변

주변 명소

김녕요트
럭셔리 52피트 요트 보나를 타고 돌아보는 김녕 앞바다는 돌고래 서식지여서 요트투어 중 돌고래를 만나는 행운을 기대할 수 있다. 또한 어종이 풍부한 두럭산을 경유하므로 신선한 회를 맛볼 수도 있다. (064-725-0225)

김녕요트

책 속 부록

가장 편하고 경제적인 여행
버스여행 '시티투어'

지역 명소들을 가장 편안하게 둘러볼 수 있는 방법의 하나로 **시티투어**가 떠오르고 있다. 시티투어는 단순히 한국을 방문한 외국인 관광객을 위한 코스라고 생각하는 경우가 많지만 우리나라 곳곳의 명소와 대중교통으로는 가기 힘든 여행지, 박물관, 미술관과 이색적인 체험지로 안내하는 매력적인 여행 프로그램이다.

*'버스여행 시티투어'는 2011년 9월을 기준으로 한 것입니다. 자주 변동되므로 최신 정보는 관광공사 홈페이지(www.visitkorea.or.kr)나 각 시티투어의 홈페이지를 확인하시기 바랍니다.

전라도·광주

광주시티투어

	의향투어	예향투어
코스	광천터미널→광주역→국립518민주묘지→무등산[(경열사)→충장사→(충민사)→광주학생독립운동기념관→포충사→고원희 가옥→(눌재로, 절골, 만귀정)→광천터미널→광주역	광천터미널→광주역→시립미술관→시립민속박물관→지하철 송정역(임방울전시관)→떡갈비거리→무등산[부채박물관→의재미술관→우제길 스튜디오]→광천터미널→광주역
이용기간 및 시간	토·일요일 운행, 1일 1회, 09:15~18:00	
요금	2,000원(식사 및 기타 입장료 개별 부담)	
출발장소	광천터미널	
승차권 구입	전화 예약	
문의	062-233-3399	

광양시티투어

	1코스	2코스	3코스(역사문화유적탐방)
코스	광양읍터미널 앞→관광안내소→광양제철소→광양항→옥룡사지→백운산자연휴양림,생태숲→장도 전수관→유당공원→광양읍터미널	광양읍터미널 앞→관광안내소→광양제철소→광양항→매화마을→장도전수관→유당공원→광양읍터미널	광양읍터미널 앞→관광안내소→김시식지→매천 황현생가→옥룡사지→중흥사→유당공원→광양읍터미널
이용기간 및 시간	매월 둘째·넷째 주 토요일 운행(명절 연휴 제외), 09:30-17:00		방학기간 운영
요금	무료(중식비, 입장료 등 기타 경비 본인 부담)		
출발장소	중마터미널 옆 관광안내소		
승차권 구입	온라인 예약, 전화 예약		
문의	www.gwangyang.go.kr/tour_culture 061-797-2731		

장성시티투어

	정규코스
코스	무등경기장→백양사→장성문화예술공원→한마음자연학교→황토염색체험→필암서원→홍길동테마파크→축령산→무등경기장
이용기간 및 시간	토요일 운행(광주권), 09:00~18:00(약 9시간 소요)
요금	1인 10,000원(교통비, 식대, 체험료 포함)
출발장소	무등경기장
승차권 구입	전화 예약
문의	061-393-1925, 061-390-7241

시.티.투.어

군산시티투어

	근대문화유산코스 (수·금요일)	선유도-새만금코스 (4~10월, 토요일)	은파-새만금코스 (일요일)
코스	군산시외버스터미널→군산역→금강철새조망대→채만식문학관→진포해양테마공원→구 장기18은행→구 군산세관→해망굴→월명공원(수시탑)→히로쓰가옥→동국사→수산물종합센터(해망동)→군산역→군산시외버스터미널	군산시외버스터미널→군산역→금강철새조망대→선유도관광→새만금방조제→군산역→군산시외버스터미널	군산시외버스터미널→군산역→금강철새조망대→은파관광지(물빛다리)→새만금방조제→비응항(새만금수산시장)→풍력발전기→군산역→군산시외버스터미널
이용기간및시간	수·금·토·일요일 운행, 09:10-17:40		
요금	성인(19세 이상) 5,000원 / 초·중·고등학생, 경로, 장애인, 군인 4,000원 만 6세 이하 무료		
출발장소	군산 시외버스터미널 앞 09:10 출발, 군산역 광장 앞 09:30 출발		
승차권 구입	온라인 예약		
문의	tour.gunsan.go.kr 063-450-6598		

나주역사문화버스투어

	운행코스
코스	동점문→금성관→목문화관→목사내아→나주영상테마파크→반남고분군→천연염색문화관
이용기간및시간	단체관광객 20인 이상 신청 시 운행 토·일요일 운행, 10:00~18:00
요금	성인 17,000원 / 어린이 및 학생 13,000원
출발장소	별도 협의 조정
승차권 구입	전화 예약
문의	현주투어 고속관광 062-675-5600~5601 나주시청 문화관광과 061-330-8107

담양시티투어

	담양의 명품투어	초록빛 세상투어	가사문학과 정자문화투어	슬로시티투어
코스	광주역→죽녹원→메타세쿼이아 가로수길→슬로시티 창평→한과, 쌀엿 체험→소쇄원→한국가사문학관→광주역	광주역→한국대나무박물관→죽녹원(관방제림)→염색체험→가마골생태공원→다도 체험→메타세쿼이아 가로수길→광주역	광주역→면앙정→죽녹원→추월산 약다식체험(미술체험과 교차 운영)→소쇄원→한국가사문학관→식영정→광주역	광주역→슬로시티창평→전통된장체험→메타세쿼이아 가로수길→분경체험→죽녹원→광주역
이용기간 및 시간	첫째·셋째·다섯째 주 토요일 운행	둘째·넷째 주 토요일 운행	첫째·셋째·다섯째 주 일요일 운행	둘째·넷째 주 일요일 운행
요금	1인 17,000원(중식, 체험료, 여행자보험 등 포함) 미취학아동 무료(단, 중식과 체험료는 별도 부담)			
출발장소	광주역 광장(패밀리마트 옆 담양버스투어 안내판)			
승차권 구입	온라인 예약, 전화 예약			
문의	www.damyang.go.kr/tourism 061-380-3154			

목포시티투어

	정규코스
코스	목포역→목포근대역사관→국도 1, 2호선 기점→구 일본영사관→유달산(예술공원, 조각공원 등)→유달유원지→삼학도(요트마리너)/평화광장→갓바위 문화타운→종합수산물시장·해산물상가→목포역
이용기간 및 시간	09:00~15:30, 월요일 휴무
요금	어른(대학생) 3,000원 / 장애인·군인·경로자 2,000원 / 초·중·고등학생 1,000원
출발장소	목포역
승차권 구입	온라인 예약, 전화 예약
문의	tour.mokpo.go.kr 061-245-3088

시.티.투.어

순천시티투어

	1코스(화, 금)	2코스(월, 수)	차체험코스(목)
코스	팔마체육관→순천역경유→드라마촬영장→선암사→낙안읍성→순천만→순천역	팔마체육관→순천역 경유→드라마촬영장→송광사→낙안읍성→순천만→순천역	팔마체육관→순천역 경유→선암사(차체험)→낙안읍성→순천만→순천역
이용기간및시간	09:20~17:30, 1월 1일, 설·추석 연휴 휴무		
요금	어른 8,000원 / 청소년 및 군인 6,500원 / 어린이 3,600원	어른 9,000원 / 청소년 및 군인 7,200원 / 어린이 4,600원	어른 9,000원 / 청소년 및 군인 7,500원 / 어린이 4,800원
출발장소	팔마체육관		
승차권 구입	온라인 예약, 전화 예약		
문의	tour.suncheon.go.kr 061-742-5200		

여수시티투어

	1코스	2코스
코스	여수역→2012여수세계박람회홍보관→오동도→진남관→해양수산과학관→향일암→여수수산시장→여수역	여수역→2012여수세계박람회홍보관→오동도→진남관→애양원역사박물관→흥국사→여수수산시장→여수역
이용기간및시간	9:30, 10:30~18:10	
요금	성인(대학생) 4,000원 / 장애인·군인·경로 3,000원 / 초·중·고등학생 1,500원	
출발장소	여수 신역사 광장 앞	
승차권 구입	온라인 예약, 전화 예약	
문의	tour.yeosu.go.kr 061-666-1201	

영광시티투어

	4~9월	10~11월
코스	불갑사→내산서원→불갑저수지 수변공원→백제불교최초도래지→영광원전전시관→백수해안도로→노을전시관→광주역	불갑사→내산서원→불갑저수지 수변공원→백제불교최초도래지→백수해안도로→노을전시관→기독교 순교지→설도→광주역
이용기간및시간	4~11월 토요일 운행, 09:00~18:00	
요금	20,000원	
출발장소	광주역	
승차권 구입	전화 예약	
문의	yeonggwang.jeonnam.kr/tour 061-350-5751~3	

제주도

제주시티투어

	운행코스
코스	뉴크라운호텔→더호텔→제주공항(4번 게이트 앞)→제주시외버스터미널→제주칼호텔(삼성혈, 제주민속자연사박물관)→동문시장(음악분수대 앞)→산지천, 중국피난선(중앙다리 앞)→제주부두(여객선터미널 앞)→라마다호텔→오리엔탈 호텔→탑동 공연장 경유→관덕정, 제주목관아지→제주항교→용연 구름다리, 용두암→제주 해녀촌→제주시 해안도로 카페촌→도두봉→이호해변→뉴크라운호텔
이용기간및 시간	1회 15시 30분, 2회 17시 30분, 3회 19시 30분
요금	성인 8,000원 / 소아 5,000원
출발장소	뉴크라운호텔 앞, 제주공항 4번 게이트, 시외버스터미널 앞
승차권 구입	전화 예약
문의	064-747-4004

찾아보기

ㄱ

가거도	162
가마미해변	103
가맥	45
가파도	227
갓바위	143
강진다원	155
강진청자박물관	138
강천산군립공원	72
거금도	182
거문도	176
거문오름	202
격포해변	55
고망난돌	225
고인돌유적지	119
고창 고인돌유적지	39
고창읍성	61
곽금8경	216
관매도	165
관방제림	93
광주시립미술관	140
광주호	151
광한루원	60
구례장터	129
구림마을	107
국립제주박물관	208
국흘도	163
군산 구불길	47
군산 철길마을	83
근대문화유산투어	46
금둔사	125
금산사	48
기당미술관	211
김녕미로공원	203
김녕요트	235
김영갑갤러리	207

ㄴ

나로도	174
나주목사내아	116
나주영상테마파크	117
낙안읍성	124
남도진성	167
남도향토음식박물관	140
남부시장	43
납읍난대림	217
내산서원	115
내소사	54
내용	
내장사	56
노화도	169
녹우당	108
논개생가지	53
능가사	157

ㄷ

다락빌레	197
다랑쉬오름	222
다빈치뮤지엄	213
다산초당	132
다희연	204
대둔산도립공원	74
대아수목원	36
대원사	109
대흥사	134
덕진공원	65
도두항 제주유람선	215
돈내코	232
돌머리해변	141
돌문화공원	201
돌산도	178
동고리해변	171
동리 신재효 고택	61
땅끝마을	101

ㅁ

마라도	226
마량항	139
마복산	183
마이산도립공원	76
만장굴	202
망해사	49
매화마을	96

메타세쿼이아길	92	사선대	85	식영정	111
목문화관	116	사성암	131	신비의 바닷길	166
목포근대역사관	143	산굼부리	219	신안해저유물기념비	159
무녀도	80	산방산	228	신지도	171
무등산옛길	151	산수유마을	94	신화레저	212
무안생태갯벌센터	142	삼길포	75	실상사	58
무위사	133	삼성혈	209	쌍봉사	120
무주구천동 33경	78	삼학도	156		
무주반디랜드	79	새만금방조제	82	**ㅇ**	
미당시문학관	71	새섬과 새연교	231	아리랑문학관	63
미황사	135	생각하는 정원	229	안덕-화순곶자왈	213
		서도역	64	어승생악	221
ㅂ		선녀와 나무꾼	204	에코랜드	200
방화동가족휴양촌	53	선암사	122	여서도	173
백도	177	선운산도립공원	70	영랑생가	100
백련사	100	선유도	80	영취산	179
백산성	69	섬진강기차마을	149	영화세트장	149
백수해안도로	184	섭지코지	234	영화의 거리	65
백양사	112	성산일출봉	194	오동도	180
백운산자연휴양림	96	성읍민속마을	196	오설록뮤지엄	212
법성포	102	성읍승마장	196	오스갤러리	37
벽골제	62	세방낙조	104	옥정호	84
변산마실길	68	세심자연휴양림	38	완도	170
보길도	168	소록도	182	왕인박사유적지	106
보성녹차밭	97	소쇄원	110	외돌개	233
보은강연꽃방죽	185	소전미술관	137	용눈이오름	222
봉래산	175	송강정	91	용머리해안	228
북촌돌하르방	208	송광사(완주군)	50	용천사	150
불갑사	114	송광사(순천시)	122	우도	224
불일암	123	송호해변	101	운암대교	84
비양도	223	쇠소깍	232	운림산방	136
비자림	195	수월봉	198	운조루	128
빌레못동굴	197	순창전통고추장마을	40	운주사	118
		순창향교	41	웅포관광지	81
ㅅ		순천만	148	월령리 선인장 군락지	223
사려니숲길	218	순천만자연생태관	148	월출산국립공원	154

유달산	156	천관문학관	144	화암사	51
유리박물관	206	천관산자연휴양림	145	화엄사	130
유수암천	205	천지연폭포	230	황산대첩비	59
율포해변	97	청산도	172	회문산자연휴양림	73
율포해수녹차탕	147	초의선사유적지	105	회산백련지	98
은수사	77	추사적거지	206	휴애리자연생활공원	193
이중섭미술관	210	축령산자연휴양림	152	흑산도	160
인월5일장	67	춘향테마파크	60
일지암	134
일출랜드	207
임실치즈마을	38

ㅌ

태백산맥문학기행	146
태안사	126
토요민속여행	104
톱머리해변	105
티벳박물관	109

ㅈ

장도 청해진유적지	170
적상산 사고지	52
적상산안국사	52
전주막걸리골목	44
전주한옥마을과 경기전	42
정읍사공원	57
제주민속자연사박물관	209
제주올레	214
제주허브동산	234
조금나루유원지	142
조도	164
조천-구좌해안길	235
조태일 시문학기념관	127
죽녹원	90
중문관광단지	190
증도	158
지리산둘레길	66
지리산온천스파랜드	95
지삿개주상절리	192
진남관	181

ㅍ

팔영산	157
퍼시픽마리나&요트	191
필암서원	113

ㅎ

학원관광농장	39
한라산	220
함라한옥마을	81
함평엑스포공원	141
함평자연생태공원	150
항몽유적지	205
해남공룡박물관	135
해남장터	108
해창만간척지	183
호담항공우주전시관	99
혼불문학관	64
홍길동테마파크	153
홍도	161
화순온천	121

ㅊ

차귀도	199